BACH-JAHRBUCH

Im Auftrag der Neuen Bachgesellschaft
herausgegeben von
Peter Wollny

100. Jahrgang 2014

EVANGELISCHE VERLAGSANSTALT
LEIPZIG

VERÖFFENTLICHUNG DER NEUEN BACHGESELLSCHAFT
Internationale Vereinigung, Sitz Leipzig
VEREINSJAHR 2014

Wissenschaftliches Gremium
Pieter Dirksen (Culemborg, NL), Stephen Roe (London),
Christoph Wolff (Cambridge, MA), Jean-Claude Zehnder (Basel)

Die redaktionelle Arbeit wurde unterstützt
durch das Bach-Archiv Leipzig – Stiftung bürgerlichen Rechts.
Die Neue Bachgesellschaft e.V. wird gefördert durch die Stadt Leipzig, Kulturamt.

Geschäftsstelle der Neuen Bachgesellschaft: Burgstraße 1–5, 04109 Leipzig
Anschrift für Briefsendungen: PF 100727, 04007 Leipzig

Anschrift des Herausgebers:
Prof. Dr. Peter Wollny, Bach-Archiv Leipzig, Thomaskirchhof 16, 04109 Leipzig
Anschrift für Briefsendungen: PF 101349, 04013 Leipzig
Redaktionsschluß: 1. August 2014

Evangelische Verlagsanstalt GmbH, Leipzig, 2014
Printed in Germany · H 7835
Notensatz: Frank Litterscheid, Hehlen
Gesamtherstellung: DZA Druckerei zu Altenburg GmbH, Altenburg
ISSN 0084-7682
ISBN 978-3-374-04036-0

INHALT

ABKÜRZUNGEN

1. Allgemein

AfMw	= *Archiv für Musikwissenschaft*, 1918–1926, 1952 ff.
Am. B.	= Amalien-Bibliothek (Dauerleihgabe in D-B)
AMZ	= *Allgemeine Musikalische Zeitung*, Leipzig 1799–1848
Bach-Kolloquium Rostock	= *Das Frühwerk Johann Sebastian Bachs. Kolloquium, veranstaltet vom Institut für Musikwissenschaft der Universität Rostock 11.–13. September 1990*, hrsg. von Karl Heller und Hans-Joachim Schulze, Köln 1995
Bach-Studien	= *Bach-Studien*, 10 Bde., Leipzig 1922–1991
Bach-Symposium Marburg	= *Bachforschung und Bachinterpretation heute. Wissenschaftler und Praktiker im Dialog. Bericht über das Bachfest-Symposium 1978 der Philipps-Universität Marburg*, hrsg. von Reinhold Brinkmann, Kassel 1981
BC	= Hans-Joachim Schulze und Christoph Wolff, *Bach Compendium. Analytisch-bibliographisches Repertorium der Werke Johann Sebastian Bachs*, Bd. I/1–4, Leipzig 1986 bis 1989
Beißwenger	= Kirsten Beißwenger, *Johann Sebastian Bachs Notenbibliothek*, Kassel 1992 (Catalogus Musicus. 13.)
BG	= *J. S. Bachs Werke. Gesamtausgabe der Bachgesellschaft*, Leipzig 1851–1899
BJ	= *Bach-Jahrbuch*, 1904 ff.
BWV	= Wolfgang Schmieder, *Thematisch-systematisches Verzeichnis der musikalischen Werke von Johann Sebastian Bach. Bach-Werke-Verzeichnis*, Leipzig 1950
BWV²	= *Bach-Werke-Verzeichnis* (wie oben); *2. überarbeitete und erweiterte Ausgabe*, Wiesbaden 1990
BzBF	= *Beiträge zur Bach-Forschung*, Leipzig 1982–1991
CPEB Briefe I, II	= *Carl Philipp Emanuel Bach. Briefe und Dokumente. Kritische Gesamtausgabe*, hrsg. und kommentiert von Ernst Suchalla, 2 Bde., Göttingen 1994 (Veröffentlichungen der Joachim Jungius-Gesellschaft der Wissenschaften. 80.)
CPEB:CW	= *Carl Philipp Emanuel Bach: The Complete Works*, Los Altos 2005 ff.

DDT
= *Denkmäler deutscher Tonkunst*, hrsg. von der Musikgeschichtlichen Kommission, Leipzig 1892–1931

Dok I–VII
= *Bach-Dokumente, herausgegeben vom Bach-Archiv Leipzig. Supplement zu Johann Sebastian Bach. Neue Ausgabe sämtlicher Werke.*
Band I: *Schriftstücke von der Hand Johann Sebastian Bachs*, vorgelegt und erläutert von Werner Neumann und Hans-Joachim Schulze, Leipzig und Kassel 1963
Band II: *Fremdschriftliche und gedruckte Dokumente zur Lebensgeschichte Johann Sebastian Bachs 1685–1750*, vorgelegt und erläutert von Werner Neumann und Hans-Joachim Schulze, Leipzig und Kassel 1969
Band III: *Dokumente zum Nachwirken Johann Sebastian Bachs 1750–1800*, vorgelegt und erläutert von Hans-Joachim Schulze, Leipzig und Kassel 1972
Band V: *Dokumente zu Leben, Werk und Nachwirken Johann Sebastian Bachs 1685–1800. Neue Dokumente. Nachträge und Berichtigungen zu Band I–III*, vorgelegt und erläutert von Hans-Joachim Schulze unter Mitarbeit von Andreas Glöckner, Kassel 2007
Band VI: *Ausgewählte Dokumente zum Nachwirken Johann Sebastian Bachs 1801–1850*, hrsg. und erläutert von Andreas Glöckner, Anselm Hartinger, Karen Lehmann, Kassel 2007
Band VII: *Johann Nikolaus Forkel. Ueber Johann Sebastian Bachs Leben, Kunst und Kunstwerke (Leipzig 1802). Editionen. Quellen. Materialien*, vorgelegt und erläutert von Christoph Wolff unter Mitarbeit von Michael Maul, Kassel 2008

Dürr Chr 2
= Alfred Dürr, *Zur Chronologie der Leipziger Vokalwerke J.S. Bachs. Zweite Auflage: Mit Anmerkungen und Nachträgen versehener Nachdruck aus Bach-Jahrbuch 1957*, Kassel 1976 (Musikwissenschaftliche Arbeiten, hrsg. von der Gesellschaft für Musikforschung. Nr. 26.)

Eitner Q
= Robert Eitner, *Biographisch-bibliographisches Quellenlexikon der Musiker und Musikgelehrten*, 10 Bde., Leipzig 1900–1904

Gerber ATL
= Ernst Ludwig Gerber, *Historisch-Biographisches Lexikon der Tonkünstler*, Teil 1–2, Leipzig 1790–1792

Gerber NTL
= Ernst Ludwig Gerber, *Neues historisch-biographisches Lexikon der Tonkünstler*, Teil 1–4, Leipzig 1812–1814

GraunWV
= Christoph Henzel, *Graun-Werkverzeichnis (GraunWV)*.

Verzeichnis der Werke der Brüder Johann Gottlieb und Carl Heinrich Graun, 2 Bde., Beeskow 2006

H = E. Eugene Helm, *Thematic Catalogue of the Works of Carl Philipp Emanuel Bach*, New Haven und London 1989

HoWV = Uwe Wolf, *Gottfried August Homilius (1714–1785). Thematisches Verzeichnis der musikalischen Werke (HoWV)*, Stuttgart 2014 (Gottfried August Homilius. Ausgewählte Werke, Reihe 5: Supplement, Band 2)

HWV = Bernd Baselt, *Georg Friedrich Händel. Thematisch-systematisches Verzeichnis*, 3 Bände, Leipzig und Kassel 1978–1986 (Händel-Handbuch, Band 1–3)

Jahrbuch SIM = *Jahrbuch des Staatlichen Instituts für Musikforschung Preußischer Kulturbesitz Berlin*, 1969 ff.

Kobayashi Chr = Yoshitake Kobayashi, *Zur Chronologie der Spätwerke Johann Sebastian Bachs. Kompositions- und Aufführungstätigkeit von 1736 bis 1750*, in: Bach-Jahrbuch 1988, S. 7–72

Krause I = Peter Krause, *Handschriften der Werke Johann Sebastian Bachs in der Musikbibliothek der Stadt Leipzig*, Leipzig 1964 (Bibliographische Veröffentlichungen der Musikbibliothek der Stadt Leipzig. 3.)

LBB = *Leipziger Beiträge zur Bach-Forschung*, hrsg. vom Bach-Archiv Leipzig

Band 1: *Bericht über die wissenschaftliche Konferenz anläßlich des 69. Bach-Fests der Neuen Bachgesellschaft, Leipzig 29.–30. März 1994. Passionsmusiken im Umfeld Johann Sebastian Bachs. Bach unter den Diktaturen 1933–1945 und 1945–1989*, hrsg. von Ulrich Leisinger, Hans-Joachim Schulze und Peter Wollny, Hildesheim 1995

Band 2: Ulrich Leisinger und Peter Wollny, *Die Bach-Quellen der Bibliotheken in Brüssel – Katalog, mit einer Darstellung von Überlieferungsgeschichte und Bedeutung der Sammlungen Westphal, Fétis und Wagener*, Hildesheim 1997

Band 3: Evelin Odrich und Peter Wollny, *Die Briefkonzepte des Johann Elias Bach*, Hildesheim 2000; zweite, erweiterte Auflage 2005

Band 4: Barbara Wiermann, *Carl Philipp Emanuel Bach. Dokumente zu Leben und Wirken aus der zeitgenössischen Hamburgischen Presse (1767–1790)*, Hildesheim 2000

Band 5: *Bach in Leipzig – Band und Leipzig. Konferenzbericht Leipzig 2000*, hrsg. von Ulrich Leisinger, Hildesheim 2002

Band 6: Karen Lehmann, *Die Anfänge einer Bach-Ge-samtausgabe. Editionen der Klavierwerke durch Hoff-meister und Kühnel (Bureau de Musique) und C. F. Peters in Leipzig 1801–1865. Ein Beitrag zur Wirkungsgeschich-te J. S. Bachs*, Leipzig und Hildesheim 2004
Band 7: *Musik, Kunst und Wissenschaft im Zeitalter Jo-hann Sebastian Bachs*, hrsg. von Ulrich Leisinger und Christoph Wolff, Leipzig und Hildesheim 2005
Band 8: Wolfram Enßlin, *Die Bach-Quellen der Sing-Akademie zu Berlin. Katalog*, 2 Teilbände, Leipzig und Hildesheim 2006
Band 9: Ulrich Leisinger, *Johann Christoph Friedrich Bach. Briefe und Dokumente*, Leipzig und Hildesheim 2011
Band 10: Christine Blanken, *Die Bach-Quellen in Wien und Alt-Österreich. Katalog*, 2 Teilbände, Leipzig und Hildesheim 2011
Band 11: Andreas Glöckner, *Die ältere Notenbibliothek der Thomasschule zu Leipzig. Verzeichnis eines weitge-hend verschollenen Bestands*, Leipzig und Hildesheim 2011

Mf	= *Die Musikforschung*, Kassel 1948 ff.
MGG	= *Die Musik in Geschichte und Gegenwart. Allgemeine En-zyklopädie der Musik*, hrsg. von Friedrich Blume, Kassel 1949–1979
MGG^2	= *Die Musik in Geschichte und Gegenwart. Allgemeine En-zyklopädie der Musik. Begründet von Friedrich Blume. Zweite neubearbeitete Ausgabe*, hrsg. von Ludwig Fin-scher, Kassel und Stuttgart 1994–2007
NBA	= *Neue Bach-Ausgabe. Johann Sebastian Bach. Neue Aus-gabe sämtlicher Werke. Herausgegeben vom Johann-Se-bastian-Bach-Institut Göttingen und vom Bach-Archiv Leipzig*, Leipzig, Kassel 1954–2007
NBA rev.	= *Johann Sebastian Bach. Neue Ausgabe sämtlicher Werke. Revidierte Ausgabe. Herausgegeben vom Bach-Archiv Leipzig*, Kassel 2010 ff.
New Grove 2001	= *The New Grove Dictionary of Music and Musicians*, hrsg. von Stanley Sadie, London 2001
NV	= *Verzeichniß des musikalischen Nachlasses des verstorbe-nen Capellmeisters Carl Philipp Emanuel Bach*, Hamburg 1790. – Faksimileausgaben: 1. *The Catalogue of Carl Phi-lipp Emanuel Bach's Estate*, hrsg. von R. Wade, New York und London 1981; 2. *C. P. E. Bach. Autobiography. Ver-*

zeichniß des musikalischen Nachlasses, Buren 1991 (Facsimiles of Early Biographies. 4.)

RISM A/I = *Répertoire International des Sources Musicales. Internationales Quellenlexikon der Musik*, Serie A/I: *Einzeldrucke vor 1800*, Kassel 1971 ff.

RISM A/II = *Répertoire International des Sources Musicales. Internationales Quellenlexikon der Musik*, Serie A/II: *Musikhandschriften nach 1600* (http://opac.rism.info/)

Schulze Bach-
Überlieferung = Hans-Joachim Schulze, *Studien zur Bach-Überlieferung im 18. Jahrhundert*, Leipzig und Dresden 1984.

Schulze K = Hans-Joachim Schulze, *Die Bach-Kantaten. Einführungen zu sämtlichen Kantaten Johann Sebastian Bachs*, Leipzig und Stuttgart 2006 (Edition Bach-Archiv Leipzig)

Spitta I, II = Philipp Spitta, *Johann Sebastian Bach*, 2 Bde., Leipzig 1873, 1880

TBSt = *Tübinger Bach-Studien*, herausgegeben von Walter Gerstenberg.
Heft 1: Georg von Dadelsen, *Bemerkungen zur Handschrift Johann Sebastian Bachs, seiner Familie und seines Kreises*, Trossingen 1957
Heft 2/3: Paul Kast, *Die Bach-Handschriften der Berliner Staatsbibliothek*, Trossingen 1958
Heft 4/5: Georg von Dadelsen, *Beiträge zur Chronologie der Werke Johann Sebastian Bachs*, Trossingen 1958

TVWV = Werner Menke, *Thematisches Verzeichnis der Vokalwerke von Georg Philipp Telemann*, 2 Bde., Frankfurt am Main 1981, 1983

Weiß = *Katalog der Wasserzeichen in Bachs Originalhandschriften, von Wisso Weiß, unter musikwissenschaftlicher Mitarbeit von Yoshitake Kobayashi*, Bd. 1/2, Kassel und Leipzig 1985 (NBA IX/1)

Wq = Alfred Wotquenne, *Thematisches Verzeichnis der Werke von Carl Philipp Emanuel Bach*, Leipzig 1905, Reprint Wiesbaden 1968

ZfMw = *Zeitschrift für Musikwissenschaft*, Leipzig 1918–1935

2. Bibliotheken

A-Wgm	= Wien, Gesellschaft der Musikfreunde
A-Wn	= Wien, Österreichische Nationalbibliothek, Musiksammlung
B-Bc	= Bruxelles, Conservatoire Royal de Musique, Bibliothèque
B-Br	= Bruxelles, Bibliothèque Royale Albert Ier
D-B	= Staatsbibliothek zu Berlin – Preußischer Kulturbesitz, Musikabteilung mit Mendelssohn-Archiv (siehe auch BB und SBB). Als Abkürzung für die Signaturen der Bach-Handschriften (*Mus. ms. Bach P* bzw. *St*) dienen *P* und *St*
D-Bsa	= Bibliothek der Sing-Akademie zu Berlin (Depositum in D-B)
D-Dl	= Dresden, Sächsische Landesbibliothek – Staats- und Universitätsbibliothek, Musikabteilung
D-Ha	= Hamburg, Staatsarchiv
D-HAu	= Halle/Saale, Martin-Luther-Universität, Universitäts- und Landesbibliothek
D-Hs	= Hamburg, Staats- und Universitätsbibliothek Carl von Ossietzky
D-ROu	= Rostock, Universitätsbibliothek, Fachgebiet Musik
F-TLc	= Toulouse, Conservatoire à Rayonnement Régional
GB-Cfm	= Cambridge, Fitzwilliam Museum
GB-Lbl	= London, The British Library
US-Wc	= Washington, DC, Library of Congress, Music Division

Warum endet die *Fuga a 3 Soggetti* BWV 1080/19 in Takt 239?

Von Anatoly Milka (St. Petersburg)

Es wird allgemein vermutet, daß Bachs Kunst der Fuge ein Torso ist, weil der Komponist nicht mehr in der Lage war, das Werk zu vollenden. Die Handschrift des letzten Contrapunctus (BWV 1080/19) bricht unvermittelt in Takt 239 ab – an einer Stelle, an der eigentlich noch ein abschließender Teil folgen müßte. An diesem Sachverhalt scheint kein Zweifel möglich zu sein. Es lohnt jedoch, noch einmal darüber nachzudenken, ob das Abbrechen in Takt 239 wirklich nur auf diese eine Weise interpretiert werden kann oder ob noch andere Erklärungen möglich sind. Einige Autoren lehnen die gängige Deutung ab und sind der Überzeugung, daß die Fuge vollendet ist.[1] Christoph Wolff schreibt: „Die letzte Fuge blieb nicht unvollendet, wie es heute den Anschein hat; vielmehr muß die Kunst der Fuge zum Zeitpunkt von Bachs Tod im Prinzip ein abgeschlossenes Werk gewesen sein" (S. 263). Wolff gibt auch eine Erklärung dafür, warum das Stück an dieser spezifischen Stelle endet und nicht zufällig hier abbricht. Zur Begründung, daß Bach nicht vorhatte, die Niederschrift auf der fraglichen Seite fortzuführen, stellt er folgende Überlegungen an (S. 260 f.):

1. Das Autograph *P 200/3* ist ein „Kompositionsmanuskript", also eine im Verlauf des Kompositionsprozesses entstandene Handschrift.[2]

---

[1] Siehe C. Wolff, *The Last Fugue: Unfinished?*, in: Current Musicology 19 (1975), S. 71–77; revidierter Wiederabdruck unter dem Titel *Bach's Last Fugue: Unfinished?*, in C. Wolff, *Bach. Essays on His Life and Music*. Cambridge (Mass.) 1991, S. 259–264. Seitenangaben im Haupttext beziehen sich auf den letztgenannten Aufsatz.

[2] Wolffs Schlußfolgerungen sind nicht durchgängig auf Zustimmung gestoßen. Gregory Butler nimmt an, daß Wolff das vorliegende Autograph für eine Reinschrift hält und schreibt mit Bezug auf dessen Artikel (S. 72): „Der Status dieser Quelle als Reinschrift sowie physische Merkmale der Quelle veranlaßten Wolff zu der Schlußfolgerung, daß das Werk von Bach vollendet worden war." Siehe G. G. Butler, *Scribes, Engravers, and Notation Styles: The Final Disposition of Bach's Art of Fugue*, in: About Bach, hrsg. von G. G. Butler, G. Stauffer und M. Greer, Urbana 2008, S. 122, Fußnote 27. Butlers Interpretation ist allerdings nicht korrekt: Wolff hält die Handschrift nicht für eine Reinschrift, sondern beschreibt sie als Kompositionsmanuskript; vgl. Wolff, *The Last Fugue*, S. 73, sowie Wolff, *Bach's Last Fugue*, S. 261.

2. Die Komposition einer Quadrupelfuge sollte von einem Entwurfsfragment (Wolff nennt es „Fragment x") ausgehen, in dem die Kombination aller vier Themen ausgearbeitet ist. Dieses Fragment muß einmal vorhanden gewesen sein, ging aber später verloren.

3. Bach hat nicht beabsichtigt, nach Takt 239 mit der Niederschrift fortzufahren, da an dieser Stelle der aus einer Reihe von in der üblichen Manier miteinander verknüpften Themen bestehende Schlußteil der Fuge folgen sollte. Dieser Teil mußte nur noch aus Fragment x abgeschrieben werden, in dem die unterschiedlichen Kombinationen der Themen bereits realisiert waren.

Es gibt keinen Grund, der Vermutung zu widersprechen, daß vor der Komposition einer Quadrupelfuge einige Vorarbeiten notwendig sind. Der Sinn und Zweck dieser Planung ist, Möglichkeiten für die simultane Präsentation aller Themen zu ergründen. Auf anderem Wege wäre die Komposition von mehrthemigen Fugen schlicht nicht möglich.

Wolffs Vermutung, Bach habe nicht beabsichtigt, nach Takt 239 mit der Beschriftung des Blattes fortzufahren, scheint durch die Beobachtung bestätigt zu werden, daß der untere Teil der fünften und letzten Seite des Autographs so nachlässig rastriert ist, daß es gar nicht möglich wäre, an dieser Stelle weiterzuschreiben. Das Blatt war derart verdorben, daß Bach, hätte er es trotzdem weiterverwenden wollen, wohl nur einige wenige Takte im Sinn haben konnte, für die er lediglich den oberen Teil der Seite benötigt hätte.

Allerdings erscheint mir Wolffs Erklärung, nach der der Rest der Fuge bereits in Fragment x enthalten und daher an dieser Stelle nicht vonnöten war, nicht zwingend. Erstens könnte es mehr als einen Grund für das Abbrechen geben; andere mögliche Gründe werden weiter unten erörtert. Zweitens – und dies ist gravierender – bedeutet die Existenz von Fragment x nicht notwendigerweise, daß die Fuge vollendet war; dieses Fragment hätte als Grundlage für viele weitere Elaborationen dienen können, mit denen die Fuge hätte schließen können. Wenn die Fuge nicht wenigstens im Entwurf bis zu ihrem Ende schriftlich fixiert war, so war der Kompositionsprozeß noch nicht abgeschlossen, selbst wenn dieser sich aufgrund von Bachs wohlvorbereitetem Fragment x einfacher gestaltete. Schließlich kann das Ende einer mehrthemigen Fuge eine ganze Reihe von Themeneinsätzen und verschiedene Episoden enthalten. Es ist daher unmöglich, das Ende – oder die Gesamtlänge – einer spezifischen Fuge lediglich auf der Basis eines Fragments x festzulegen, selbst wenn dessen Existenz überaus plausibel ist. Sich ausschließlich auf diese Plausibilität zu verlassen, bietet keine hinreichende Basis für die Schlußfolgerung, daß die letzte Fuge und damit die gesamte Kunst der Fuge „nicht unvollendet blieb".

Während die Frage, ob diese Fuge vollendet wurde oder nicht, also offenbleiben muß, ist sie eng mit einer weiteren Frage verknüpft – der nach der

Beschaffenheit und Funktion des vorliegenden Autographs. Die in der Fachwelt weithin akzeptierte Annahme, daß es sich hierbei um eine Kompositionshandschrift handelt, ist jedoch nicht gesichert und bedarf weiterer Überlegungen.

Kompositionshandschrift oder Stichvorlage?

In der Tat sieht das Manuskript wie eine Kompositionshandschrift aus. Es genügt, einen Blick auf die fünfte Seite zu werfen (Abb. 1). Als erstes fällt der nichtkalligraphische Charakter auf: Der Notenschrift ist ein flüchtiger Duktus eigen; die Notenhälse sind nachlässig in verschiedenen Winkeln ausgerichtet, es gibt Flecken und verlaufene Tintenklekse. Auch musikalisch suggeriert der Inhalt dieser Seite einen Entwurf: Jede der vier Stimmen endet an einer anderen Stelle. In der Tat deutet all dies auf einen plötzlich unterbrochenen Kompositionsprozeß. Der von C. P. E. Bach hinzugefügte Vermerk „Ueber dieser Fuge […] ist der Verfasser gestorben" bekräftigt diesen Eindruck. Das vorliegende Manuskript kann nur als eine im Verlauf der Komposition gefertigte Niederschrift gedeutet werden.

Eine kritische Analyse des Autographs als Ganzes fördert allerdings einige Beobachtungen zutage, die die Befürworter der „Kompositionsentwurf"-Theorie verwirren dürften. So weisen etwa die Qualität des Papiers, bestimmte Aspekte der Handschrift und insbesondere die Korrekturen speziell auf der

Abb. 1. *P 200/3:* Fünfte Seite der Fuge BWV 1080/19 (T. 227–239)

Abb. 2. *P 200/3:* Erste Seite der Fuge BWV 1080/19 (T. 1–68)

ersten Seite des Autographs (Abb. 2) Eigenschaften auf, die sich kaum mit
unserer Vorstellung einer Kompositionshandschrift vereinbaren lassen. All
diese Elemente bedürfen genauerer Untersuchung.

Das Papier

Das für die *Fuga a 3 soggetti* verwendete Papier ist dünn und porös. Papier
dieser Art wurde für Vorlagen für den Notenstecher verwendet – sogenannte
Abklatschvorlagen. Es mußte porös sein, um den Ölfirnis besser absorbieren
zu können, und dünn, damit nach dem Einölen der seitenverkehrte Text auf der
verso-Seite besser zu sehen war. Bis heute ist noch nie eine Kompositionshandschrift Bachs auf Papier dieser Qualität aufgetaucht. Ebenfalls typisch für
traditionelle Stichvorlagen ist der Umstand, daß der Notentext jeweils nur auf
der recto-Seite eingetragen ist; alle verso-Seiten blieben leer. Die zahlreichen
Belege für Bachs stetes Bemühen um einen sparsamen Umgang mit seinen
kostbaren Papiervorräten lassen eine solch untypische Verschwendung für
einen Entwurf kaum plausibel erscheinen.[3] Er hätte ohne weiteres beide Seiten
des jeweiligen Blattes beschreiben können. Dies wird auch durch die Errata-

---

[3] Auf diesen Umstand haben zahlreiche Autoren hingewiesen. Siehe etwa Wolff, *Bach's
Last Fugue* (wie Fußnote 1), S. 260 f.; Butler (wie Fußnote 2), S. 122; NBA VIII/2
Krit. Bericht (K. Hofmann, 1996), S. 82.

liste bestätigt, die C. P. E. Bach nach dem Tod seines Vaters zusammenstellte und auf der verso-Seite des fünften Blattes eintrug. Außerdem vermerkte Johann Christoph Friedrich Bach, sein Vater habe in der letzten Fassung der Kunst der Fuge „einen andern Grund Plan" verwirklicht. Das Papier liefert also überzeugende Argumente dafür, das vorliegende Manuskript als eine Stichvorlage und nicht als eine Kompositionshandschrift einzuordnen.

Die Schrift

Die erste Seite weist sehr saubere Schriftzüge auf. Der Duktus ist langsam, als wäre große Sorgfalt auf ein kalligraphisches Erscheinungsbild verwendet worden; die Noten sind verhältnismäßig groß, wobei vor allem die Notenköpfe deutlich größer sind als gewöhnlich. Vergleichbare Beispiele in Bachs Autographen finden sich ausschließlich in Reinschriften (die gelegentlich als Geschenke dienten), doch niemals in Kompositionshandschriften. Die Noten sind im Takt rhythmisch genau ausgerichtet. Dies wäre in einem Entwurf praktisch unmöglich, vor allem wenn es sich um polyphone Musik handelt und ganz besonders in einem Werk voller Imitationen und komplexer kontrapunktischer Kombinationen. Die Rastrierung der ersten vier Seiten wurde mit einem Lineal gezogen. Dies tat Bach grundsätzlich nur bei Stichvorlagen und bei Abschriften, die er aus der Hand zu geben beabsichtigte, niemals jedoch bei Kompositionshandschriften. Das fünfte Blatt hingegen bietet ein anderes Erscheinungsbild. Es ist freihändig ohne Verwendung eines Lineals rastriert. Einige Autoren sind der Ansicht, daß für die ersten vier Blätter Reste von Papier verwendet wurden, die übriggeblieben waren, nachdem Bach die vier Kanons vollendet hatte, da er in beiden Fällen das gleiche Papier verwendete und alle Blätter auch ähnlich rastriert waren – fünf zweizeilige Akkoladen pro Seite.[4] Ein Blick auf die Originalausgabe von 1751 zeigt jedoch, daß Bach die Stichvorlagen der Kanons selbst vorbereitete, und dies bedeutet, daß er genau wußte, wieviel Platz er für ihre Niederschrift benötigen würde, wieviel Papier er also bereithalten mußte. Wenn wir bedenken, daß Bach seinen Papierbedarf grundsätzlich minimierte, erscheint die Hypothese zweifelhaft, daß er vier zusätzliche Blätter vorbereitet hätte, ohne sicher zu sein, daß er sie auch füllen würde. Somit widersprechen nicht nur die Besonderheiten des Papiers, sondern auch die Charakteristika der Notenschrift auf den ersten vier Seiten dem Erscheinungsbild von Bachs Kompositionshandschriften. Andererseits unterstützen sie die Bewertung der ersten vier Seiten als Stichvorlage.

---

4 Siehe zum Beispiel Wolff, *Bach's Last Fugue* (wie Fußnote 1), S. 260f.

Korrekturen

Wenden wir uns nun den Korrekturen zu, die der Komponist in das hier zur Diskussion stehende Manuskript eintrug. Oftmals erlaubt uns die Art der Eingriffe, die Umstände zu definieren, unter denen sie vorgenommen wurden – während des Komponierens, während des Kopierens, nach der Vollendung der Komposition oder nach Abschluß der Kopierarbeiten. Ich will an dieser Stelle nicht auf die spezifischen Eigenheiten von Bachs Korrekturen eingehen (die von Robert Marshall in seiner zweibändigen Studie bereits akribisch erforscht und klassifiziert worden sind[5]), sondern lediglich für unsere Diskussion relevante Beispiele anführen.[6] Die erste Korrektur findet sich auf der ersten Seite der Handschrift (Abb. 3). Es ist kaum noch festzustellen, wie T. 19 ante correcturam genau lautete. Deutlich zu sehen ist allerdings, daß die vorhergehenden Zeichen mit einem Messer ausgekratzt,[7] die Notenlinien akkurat nachgezogen und sodann die neuen Noten eingetragen wurden. Die neue Lesart wurde äußerst sorgfältig eingefügt und der kalligraphische Duktus vor und nach dieser Passage beibehalten. Warum sollte Bach in einer Kompositionshandschrift an einer kalligraphischen Ausführung interessiert gewesen sein? Das tat er in Konzepten nie und selbst in seinen Reinschriften nur höchst selten (etwa in *P 200*).[8] Wenn er einen Fehler entdeckte oder seine Meinung änderte, nachdem er etwas niedergeschrieben hatte, fügte er gewöhnlich seine Korrektur über dem Notentext ein oder strich, wenn dies nicht möglich war, die zu korrigierende Passage einfach aus und fuhr mit dem Komponieren oder Kopieren auf derselben Zeile fort. Beispiele für dieses Verfahren finden sich in der Arie „Schließe, mein Herze" aus dem Weihnachts-Oratorium BWV 248 (Abb. 4) und im Confiteor der h-Moll-Messe BWV 232 (Abb. 5). Eine andere Art von Korrektur begegnet uns auf der zweiten Seite der Fuge. Ihr Erscheinungsbild (unordentlich, zahlreiche Korrekturen) scheint zunächst die Deutung zu stützen, daß es sich um eine Kompositionshandschrift handelt (Abb. 6).

---

[5] R. L. Marshall, *The Compositional Process of J. S. Bach. A Study of the Autograph Scores of the Vocal Works*, 2 Bde., Princeton 1972; siehe auch T. Shabalina, *Rukopisi I. S. Bakha: klyuchi k tainam tvorchestva* [J. S. Bachs Handschriften. Ein Schlüssel zu den Geheimnissen seiner Arbeit], St. Petersburg 1999, S. 118–128.

[6] Hier können nur einige ausgewählte Korrekturen angeführt werden, auch wenn andere nicht weniger aussagekräftig sind.

[7] Zu Bachs Verwendung eines Messers für Korrekturen in seinen Handschriften siehe Y. Kobayashi, *Bachs Notenpapier und Notenschrift*, in: Der junge Bach. „weil er nicht aufzuhalten". Erste Thüringer Landesausstellung. Begleitbuch, hrsg. von R. Emans, Erfurt 2000, S. 427.

[8] Wolff, *Bach's Last Fugue* (wie Fußnote 1), S. 268.

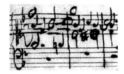

Abb. 3. Korrektur auf der ersten Seite der Handschrift (T. 19–20).

Abb. 4. Korrektur im Autograph des Weihnachts-Oratoriums
(Arie „Schließe, mein Herze", T. 68–72)

Abb. 5. Korrekturen im Confiteor der h-Moll-Messe (T. 167–175)

Abb. 6. Korrekturen auf der zweiten Seite von *P 200/3*

An dieser Stelle wurden zwei Takte ausgestrichen und drei eingefügt. Man beachte, daß die neue Variante in deutscher Orgeltabulatur am unteren Rand der Seite eingetragen wurde und nicht unmittelbar auf die ausgestrichene Passage folgt, wie etwa im Weihnachts-Oratorium oder in der h-Moll-Messe. Unser Versuch, die einzelnen Schritte dieser Korrektur nachzuvollziehen, beginnt mit den Noten, die ursprünglich in T. 109–114 standen. Der Notentext erscheint unverdächtig mit Ausnahme von zwei fraglichen Stellen, die nicht recht zu Bachs Stil zu passen scheinen. Die erste betrifft das Fehlen einer Subdominante in der Kadenz in T. 111–113, die zweite die Linienführung des Basses in T. 110–111, die untypisch ist für Bachs Art, in Kadenzen die Dominante vorzubereiten. Eine solche Stimmführung findet sich weder in anderen Stimmen noch irgendwo sonst in dieser Fuge oder dem gesamten Zyklus. Das Zusammenfallen dieser beiden uncharakteristischen Merkmale könnte implizieren, daß hier bei der Niederschrift ein Takt ausgelassen wurde, der die Stufe der Subdominante eingeführt hätte. Diese Erklärung wird auch von Bachs Korrektur bestätigt (Beispiel 1a–b):

Beispiel 1a: T. 109–114 ante correcturam

Beispiel 1 b: T. 109–115 post correcturam (mit dem zusätzlichen Takt)

Offenbar hat Bach den Fehler nicht sogleich bemerkt. Hätte er dies rechtzeitig getan (das heißt, unmittelbar nachdem er den anschließenden Takt eingetragen hatte, also T. 111 oder auch T. 111–112) und würde es sich hier tatsächlich um eine Kompositionshandschrift handeln, dann wäre er wahrscheinlich genauso verfahren wie in vergleichbaren Fällen und hätte seine Korrektur entweder über den bereits eingetragenen Takten eingefügt oder die fehlerhafte Passage ausgestrichen und anschließend weitergeschrieben (vgl. die obigen Beispiele aus dem Weihnachts-Oratorium und der h-Moll-Messe). Die Analyse zeigt also, daß Bach die Korrekturen beim Anfertigen einer Abschrift und nicht während des Komponierens vornahm.

Ein ganzer Komplex von Faktoren – die Qualität des Papiers, der Duktus der musikalischen Schriftzeichen und die Art der Korrekturen –, weist also darauf hin, daß das Beschriften dieser Seiten nicht während des Kompositionsprozesses stattfand, sondern beim Erstellen einer Abschrift. Außerdem lassen zahlreiche weitere Merkmale vermuten, daß es sich nicht um eine einfache Kopie handelte, sondern vielmehr um eine Stichvorlage. Diese erste Schlußfolgerung beruht auf der Analyse der ersten vier Blätter des Autographs. Das fünfte Blatt hingegen präsentiert ein gänzlich anderes Bild (Abb. 1)

Das fünfte Blatt

Das fünfte und letzte Blatt unterscheidet sich in seinem Aussehen wesentlich von den vorhergehenden: Format und Papiersorte weichen von den ersten vier Blättern ab; das Blatt weist zahlreiche Flecken auf und ist daher recht unansehnlich; der Schreibduktus wirkt flüchtiger, die Noten sind kleiner als auf den vorhergehenden Seiten und die Handschrift zeigt keinerlei kalligraphische Ambitionen. Schließlich wurde die Rastrierung freihändig und recht nachlässig gezogen. Die untersten Systeme sind unbrauchbar. Andererseits ist der Notentext absolut deutlich und auch sämtliche Proportionen der rhythmischen Notation wurden sorgfältig beachtet, was zusätzlich zur Klarheit des Notenbilds beiträgt.

Es kann daher mit gutem Grund angenommen werden, daß sämtliche graphologischen Merkmale der fünften Seite Bachs Bemühen um ein einziges Ziel reflektieren – die gute Lesbarkeit des Notentextes.[9] Alles übrige scheint nicht von Bedeutung gewesen zu sein. Handschriften dieses Typs wurden gewöhnlich an einen Kopisten gegeben und mußten daher vor allem deutlich sein, um die Chancen zu minimieren, daß sich beim Abschreiben Fehler einschlichen.

Was könnte der Grund sein für diesen Unterschied zwischen den ersten vier Seiten und der fünften, die wirkt, als gehöre sie zu einer anderen Handschrift? Welcher Intentionswandel könnte sich dahinter verbergen? Meiner Ansicht nach reflektiert das hier diskutierte Autograph einen außerordentlichen Kopiervorgang, in dessen Verlauf sich die Beziehung des Komponisten zu seiner Handschrift veränderte. Die erste Seite ist eine Stichvorlage, die fünfte (und letzte) eine schlichte Abschrift. Dies ist die zweite Schlußfolgerung.

Dieser Sachverhalt ist recht ungewöhnlich und wirft daher die Frage auf, wie es dazu kam. Andere Aspekte sind gleichermaßen rätselhaft. Wofür benötigte Bach eine Stichvorlage? Wofür eine einfache Abschrift? Und warum gab er im Verlauf der Anfertigung dieser Handschrift seine ursprüngliche Intention auf? Die Zweckbestimmung der Stichvorlage ist eindeutig: Bach hatte vor, diese Fuge in Druck zu geben. Dabei ist allerdings bemerkenswert, daß die Fuge in zweisystemiger Klaviernotation geschrieben ist, während alle übrigen Contrapuncti der Kunst der Fuge als Partituren notiert sind. Dies ist von entscheidender Bedeutung, da diese Fassung nicht für die Veröffentlichung der Kunst der Fuge verwendet werden konnte. Somit ist völlig unklar, was der Zweck dieser zweisystemigen Variante der Fuge gewesen sein mag. Diese Diskrepanz weckte die Aufmerksamkeit von Gregory Butler, der zu der Schlußfolgerung gelangte, daß Bach wohl nicht beabsichtigte, diesen Contrapunctus in die Kunst der Fuge aufzunehmen, sondern ihn als Jahresgabe für die Mizlersche Societät bestimmt hatte.[10] Wenden wir uns aber zunächst den konkreten Fakten zu.

Die *Fuga a 3 Soggetti* im biographischen Kontext

Mit seinem Geburtstag am 21. März 1750 beschloß Bach sein 65. Lebensjahr. Für Mitglieder der Societät der musicalischen Wissenschaften,[11] der Bach seit 1747 angehörte, war dieses Alter von besonderer Bedeutung. Nach den Statuten der Gesellschaft hatte jedes Mitglied jährlich eine originale Komposition beizusteuern. Allerdings war dies noch nicht genug – das Werk mußte auch

[9] Wolf, *Bach's Last Fugue* (wie Fußnote 1), S. 260.
[10] Butler (wie Fußnote 2), S. 117 f.
[11] Die Societät der musicalischen Wissenschaften wurde 1738 von Bachs Freund und vormaligem Studenten, dem Philosophen und Musikschriftsteller Lorenz Christoph Mizler von Kolof (1711–1778) gegründet.

veröffentlicht werden. Vollendete ein Mitglied aber sein 65. Lebensjahr, so galt es als *pro emerito* und war fortan von dieser alljährlichen Verpflichtung wie auch vom Mitgliedsbeitrag befreit.[12] Bachs Beitrag für das Jahr 1747 ist allgemein bekannt dank des von Elias Gottlob Haußmann angefertigten Porträts (1746), auf dem der Komponist das Blatt mit dem sechsstimmigen Tripelkanon in der Hand hält. In dieser Form kann das Werk aber nur bedingt als „legitime" Veröffentlichung gelten. Tatsächlich erschien es auch in Mizlers *Musikalischer Bibliothek*. 1748 bestand Bachs Beitrag höchstwahrscheinlich aus den Kanonischen Veränderungen über „Vom Himmel hoch, da komm ich her" BWV 769. Das Stück wurde von Balthasar Schmid gestochen und in Nürnberg gedruckt.[13] Im Jahr 1749 nun sollte Bach zum letzten Mal seinen Beitrag für die Gesellschaft einreichen. Ab 1750 würde er zu den *emeriti* gehören und von dieser Verpflichtung befreit sein. Wenn man allerdings die 1749 von Bach komponierten Werke durchsieht (soweit die Überlieferungslage der Handschriften dies erlaubt), findet sich kein Stück, das für diesen Zweck besonders geeignet erscheint. Am ehesten noch erfüllt die Kunst der Fuge die entsprechenden Kriterien. Tatsächlich ist die Hypothese, der Komponist habe den Zyklus hierfür verwendet, unter Bach-Forschern recht populär. Vehement wird sie von Hans Gunter Hoke verfochten.[14] Hokes Argumentation stützt sich vor allem auf die Tatsache, daß die Kunst der Fuge perfekt zu der Forderung eines jährlichen kompositorischen Beitrags paßt und daß Bach im Jahr 1750 sein 65. Lebensjahr vollendete. Ich schließe mich Hokes Meinung an und möchte hier zusätzlich auf einige Details hinweisen, die im vorliegenden Kontext von Belang sind, bei Hoke aber keine Erwähnung finden.

Eine der Besonderheiten der Musicalischen Societät war, daß die Mitglieder schriftlich miteinander verkehrten; selbst der erweiterte Name der Gesellschaft enthielt den Begriff „correspondirende Societät".[15] Es gab ein spezielles „Paket", das auf dem Postweg unter den Mitgliedern der Gesellschaft zirkulierte und verschiedene Materialien enthielt – Informationen zu aktuellen Ereignissen, Besprechungen von Werken, die Mitglieder komponiert hatten, die Werke selbst (einschließlich der Kompositionen, die als ihre Jahresbeiträge galten, sofern diese nicht in der *Musikalischen Bibliothek* veröffentlicht wur-

---

12 Siehe L. Mizler, *Neue eröffnete musikalische Bibliothek* [...], Bd. III, 2. Teil, Leipzig 1746, S. 355 f.: „Wenn ein Mitglied 65 Jahr alt ist, so ist er für verdient (*pro emerito*) zu halten, und von Arbeiten frey, und nur zu einem freywilligen Beytrage zur Casse verbunden [...]."

13 Schmid zählte wahrscheinlich zu Bachs Schülerkreis. Er war auch an den Sticharbeiten zum Dritten Teil der Clavier-Übung beteiligt.

14 H. G. Hoke, *Zu Johann Sebastian Bachs „Die Kunst der Fuge"*, Leipzig 1979, S. 14 f.

15 Mizler (wie Fußnote 12), S. 348.

den). In einem am 1. September 1747 verfaßten Brief Mizlers, den dieser aus dem polnischen Końskie an das Gesellschaftmitglied Meinrad Spieß im Kloster Irsee schickte, lesen wir:

Auf meiner Rückreise über Leipzig habe Herrn Capellm. Bach gesprochen, welcher mir seine Berlinische Reise u. Geschicht von der Fuge, die er vor dem König gespielt, erzählt, welche nächstens in Kupfer wird gestochen werden, u. in dem Packet der Soc. ein Exemplar zum Vorschein kommen.[16]

Dieser Brief vermittelt uns einen Eindruck von dem Umfang des Materials, das der Umschlag gewöhnlich enthielt. Bei dem von Bach erwähnten Werk handelte es sich offensichtlich um das sechsstimmige Ricercar aus dem Musikalischen Opfer. Dessen Umfang beträgt sieben Druckseiten auf vier Blättern. Wie bereits erwähnt, bestand Bachs Beitrag für die Societät im Jahr 1748 aus den Kanonischen Veränderungen BWV 769. Hier betrug der Umfang sechs Druckseiten auf vier Blättern. Es erscheint daher plausibel zu folgern, daß dieser Umfang optimal war.

Wie wir sehen, hatten die Veröffentlichungen, die als Jahresbeiträge dienen sollten, ein Standardformat, und Bach unternahm alle möglichen Anstrengungen, diesem zu entsprechen. Erstens weisen die Variationen 1, 2 und 3 der Kanonischen Veränderungen ein ungewöhnliches Merkmal auf: Eine der Kanonstimmen (risposta) ist verschlüsselt, obwohl sie im Autograph des Werks noch voll ausgeschrieben ist. Hätte Bach hierauf verzichtet, so hätte er acht zusätzliche Systeme benötigt, wodurch er das Format von vier Blättern überschritten hätte (oder er hätte den Text auf der Rückseite der Ausgabe abdrucken müssen, was recht stillos gewesen wäre). Zweitens ist zu sehen, daß Bach sich in dieser Veröffentlichung darum bemühte, das Umblättern mitten in einer Variation zu vermeiden. Hätte er den Kanon in den ersten beiden Variationen nicht verschlüsselt, dann hätte man bei der letzten Variation (Nr. 5) in der Mitte des dritten Kanons (Kanon in der Sekunde) umwenden müssen. Das Verschlüsseln der Kanons erlaubte Bach also, dem Spieler einen leicht lesbaren Notentext zu präsentieren, eine ganze Seite einzusparen und damit dem erwünschten Format von vier Blättern zu entsprechen.

Wer einmal die Originalausgabe der Kunst der Fuge in den Händen gehalten hat, kennt ihren Umfang (70 Seiten) und ihr Gewicht. Offensichtlich war die Kunst der Fuge zu umfangreich, um sie mit dem Paket der Societät zu verschicken. Wenn allerdings lediglich die *Fuga a 3 Soggetti* eingereicht wurde – und diese nicht als Partitur, sondern in Klaviernotation – und wenn zudem nur die *rectus*-Gestalt der Themen verwendet wurde, dann wären Umfang und Gewicht für das „Paket" ideal gewesen. In der Tat ergeben entsprechende Berechnungen, daß der Umfang des ersten Teils (*rectus*) des letzten Contrapunc-

[16] Dok II, Nr. 557.

tus aus der Kunst der Fuge als Partitur neun Seiten betragen würde – in Klaviernotation entsprechend weniger.[17] Zum Vergleich: Das sechsstimmige Ricercar aus dem Musikalischen Opfer ist als Partitur im Originaldruck sieben und in Klaviernotation im Autograph (*P 226*) nur vier Seiten lang. Es sei daran erinnert, daß nach T. 239 des letzten Contrapunctus der Kunst der Fuge noch etwa 90 Takte Musik folgen sollten. Nach der Gedrängtheit der Notenschrift im Autograph von *P 200/3* zu urteilen, würde dies weniger als zwei Seiten ausmachen, die zu den bereits vorhandenen vier hinzukämen. Mit anderen Worten, die vollständige Fuge hätte im Klavier-Layout etwa sechs Seiten umfaßt. Einschließlich der Titelseite und der leeren verso-Seite des letzten Blattes ergäbe dies vier Blätter, mithin genau das Format des bis dahin mit der Post der Societät verschickten Materials. Unsere dritte Schlußfolgerung ist mithin, Butler stützend, die Hypothese, daß Bach die Stichvorlage vorbereitet hat, um sie in Klaviernotation als seinen schöpferischen Beitrag für die Musicalische Societät für das Jahr 1749 zu veröffentlichen.

Warum aber könnte Bach während der Ausführung dieses Plans den Gedanken an eine Stichvorlage fallengelassen und stattdessen eine einfache Abschrift angefertigt haben? Der Anfang der Fuge (S. 1–4) weist Merkmale auf, die Bachs Bemühen um eine kalligraphische Ausführung zeigen – eine notwendige Voraussetzung für eine Stichvorlage. Der im Verlauf der Kopierarbeit versehentlich ausgelassene Takt und die anschließende Korrektur verdarben jedoch die zweite Seite und zwangen ihn, den zunächst gefaßten Plan aufzugeben. Da es sich aber um eine Niederschrift in Klaviernotation handelte, konnte die Fuge nicht einfach in das gleichzeitig von ihm vorbereitete Druckmanuskript der Kunst der Fuge integriert werden, denn dafür hätte Bach als Stichvorlage eine Partitur benötigt. Zu diesem Zeitpunkt aber war er körperlich bereits zu geschwächt, um eine solche Arbeit selbst auszuführen; außerdem erkannte er wohl, daß seine kalligraphischen Fähigkeiten der benötigten Qualität nicht mehr entsprachen.

Der nächste Schritt wäre, die Dienste eines Notenstechers in Anspruch zu nehmen, dem man eine einfache, leicht lesbare Abschrift aushändigen würde. Und dies ist höchstwahrscheinlich auch geschehen. Da er die Stichvorlage

---

[17] Die Berechnung basiert auf dem Umstand, daß es im Autograph *P 200/1* zwei unterschiedliche Paginierungen gibt. Ihre Analyse zeigt, daß im letzten Stadium der Arbeit an der Kunst der Fuge noch Kanons ausgetauscht wurden. Dies erlaubt uns zu berechnen, wie viele Seiten Bach für die letzte Fuge (*rectus + inversus*) reservierte. Da diese Fuge ebenso wie die beiden vorangehenden eine Spiegelfuge ist und die Struktur *rectus + inversus* aufweist, scheint er für dieses Stück insgesamt 18 Seiten reserviert zu haben, also neun Seiten für jeden Teil. Siehe auch A. Milka, *Iskusstvo fugi I. S. Bakha: k rekonstruktsii i interpretatsii* [Die Kunst der Fuge. Zu ihrer Rekonstruktion und Interpretation], St. Petersburg 2009, S. 186–191, und ders., *Zur Datierung der H-Moll-Messe und der Kunst der Fuge*, BJ 2010, S. 53–68.

nicht mehr selbst anfertigen konnte, beschloß Bach, einfach die vorhandenen fünf Seiten als Vorlage für einen Kopisten zu benutzen. Bach muß diese Seiten von einem Entwurf abgeschrieben haben. Wie bereits bemerkt wurde, sollte man vor der Komposition einer Quadrupelfuge eine gründlich erprobte Kombination aller vier Themen ausgearbeitet haben. Erst nach dieser Vorarbeit können andere, jeweils auf den einzelnen Themen basierende Abschnitte komponiert werden.[18] Gewöhnlich finden sich die meisten für eine Kompositionshandschrift so typischen Korrekturen in eben solchen Abschnitten, besonders in den für Fugen charakteristischen kontrapunktischen Konstruktionen. Eine Analyse des überlieferten Teils des Autographs *P 200/3* weist tatsächlich solche Änderungen in großer Dichte auf. Der Entwurf dieser Fuge war sicherlich mit Korrekturen übersät und daher kaum lesbar. Während der Komponist ihn natürlich noch entziffern konnte, hätte ein Kopist dies wohl absolut unmöglich gefunden. Der Schlußabschnitt der Fuge mußte auf der bereits vorbereiteten gemeinsamen Präsentation aller Themen aufbauen. Es ist daher sehr wahrscheinlich, daß dieser Abschnitt des Entwurfs deutlich genug war, um als Grundlage für eine Stichvorlage zu dienen.[19] Es war mithin nicht notwendig, ihn erneut zu kopieren, vor allem wenn man seinen Umfang von 90 Takten bedenkt sowie den Umstand, daß Bachs Sehvermögen zu diesem Zeitpunkt ernsthaft beeinträchtigt war.

Die vierte Schlußfolgerung lautet daher: Es ist anzunehmen, daß Bach die ersten vier Seiten der eigenhändigen Reinschrift als ersten Teil einer Stichvorlage verwenden wollte, während ihr letzter Abschnitt im originalen Entwurfsstadium verblieb (und mithin die Kompositionshandschrift darstellt). Die zwölf verbleibenden Takte des schwer lesbaren Entwurfs wurden somit auf der fünften Seite eingetragen.

Unsere letzte und wichtigste Schlußfolgerung lautet, daß es – basierend auf der Interpretation der sich aus der Analyse des Autographs *P 200/3* ergebenden Indizien – gewichtige Gründe dafür gibt, die Kunst der Fuge als vollendetes Werk zu betrachten. Folglich wäre sie wohl von Bach selbst und nicht erst von seinen Söhnen veröffentlicht worden, wenn nicht der unglückselige Besuch des berühmten Okulisten John Taylor in Leipzig dazwischengekommen wäre.

---

[18] Gewöhnlich handelt es sich dabei um die Exposition des ersten Themas, gefolgt von den Expositionen des zweiten und dritten Themas. Diese Abschnitte sind obligatorisch. Nach jeder Exposition können allerdings freie Abschnitte folgen, und genau das ist in dieser Fuge der Fall. Hier fehlt die Exposition des vierten Themas, da es in diesem Fall offenbar als eine Art cantus firmus verwendet werden sollte.

[19] Wenn Wolff (*Bach's Last Fugue*, wie Fußnote 1, S. 261) Fragment x als einen fertigen „kombinatorischen Abschnitt" der Fuge betrachtet, muß der hierauf basierende Abschnitt zumindest deutlich geschrieben gewesen sein.

Der Verbleib der Abschriften

Was geschah mit den Abschriften, die in dieser Studie eine Rolle gespielt haben – die für Klavier und die zweite, als Partitur angelegte?

1. Die Abschrift in Klaviernotation: Dies war die Kopie, die als Druckvorlage für die Jahresgabe an die Societät bestimmt war. Von dieser Handschrift gibt es keinerlei Spuren; sie kann lediglich aus dem Autograph *P 200/3* als von Bach intendiert erschlossen werden. Mit großer Wahrscheinlichkeit wurde diese Kopie nie wirklich angefertigt. Das bedeutet, daß Bach seine Verpflichtung gegenüber der Musicalischen Societät für das Jahr 1749 nicht erfüllte. Hätte er sich seinen Kollegen gegenüber in eine solch peinliche Situation gebracht und gegen die Statuten der Societät verstoßen? Das würde nicht zu seinem Charakter passen. Allerdings spezifiziert die achte Klausel ihrer Verfassung bestimmte Ausnahmeregelungen, unter die auch gesundheitliche Probleme fielen. Nach dieser Klausel konnte nur eine längere Erkrankung eines Mitglieds der Societät rechtfertigen, das dieses die Ablieferung seines Jahresbeitrags versäumte.[20] Und genau dies traf auf Bach zu.

2. Die Partiturabschrift: Gäbe es nicht den bei der Kopienahme entstandenen Fehler, dann wüßten wir kaum etwas über die Existenz dieser Stichvorlage.[21] Die zusätzliche Paginierung, die Bach im zweiten Teil der Kunst der Fuge verwendete, erlaubt uns, die Zahl der von ihm für die Quadrupelfuge reservierten Seiten zu berechnen. Der Kopist „tat Bach einen Gefallen", indem er eine Seite einsparte und den musikalischen Text der Fuge enger eintrug, als der Komponist vorgesehen hatte. Anschließend mußte Bach weitere Stücke in den Zyklus einfügen. Die Spuren dieses Vorgehens finden sich in einem weiteren Autograph, das sich als Gegenstand einer separaten Untersuchung anbieten würde.[22] Im vorliegenden Kontext ist der wichtigste Punkt jedoch, daß die Stichvorlage der Partitur der Kunst der Fuge von dem Kopisten auf der Basis der folgenden ihm von Bach zur Verfügung gestellten Materialien erstellt wurde: a) fünf Seiten: 4 + 1 (*P 200/3*)

---

[20] Mizler (wie Fußnote 12), S. 350: „Wer es unterlässet, liefert zur Casse 1 Rth. und entschuldiget nichts, als langwierige Krankheit."

[21] Wie Peter Wollny festgestellt hat, war Bachs Hauptkopist zu dieser Zeit sein Schüler Johann Nathanael Bammler. Siehe Wollny, *Neue Bach-Funde*, BJ 1997, S. 7–50, speziell S. 44. Zu weiteren Ermittlungen bezüglich der Fehler dieses Kopisten siehe A. Milka, *Zur Datierung der H-Moll-Messe* (wie Fußnote 17), S. 65–67.

[22] Weitere Einzelheiten bei Milka, *Iskusstvo fugi I. S. Bakha* (wie Fußnote 17), S. 174–190.

und b) das Ende des (verschollenen) Entwurfs, dessen Notentext deutlich lesbar war, da er auf dem (ebenfalls verschollenen) Fragment x basierte.[23]

Die vorstehende Analyse zeigt, daß nicht nur die musikalischen Details der Handschrift *P 200/3*, sondern auch ihr Erscheinungsbild ebenso wie die Gestalt der Korrekturen (einschließlich „externer" Elemente wie Tintenkleckse, Rasuren und die generelle Flüchtigkeit) uns eine Menge erzählen können über die Intentionen und Strategien des Komponisten und deren Realisierung im Verlauf seiner Arbeiten von der Komposition bis zur Veröffentlichung.

Übersetzung: Stephanie Wollny

---

[23] Spuren der einstigen Existenz dieser Materialien finden sich im Autograph und in der Erstausgabe.

Der Augmentationskanon in BWV 769
Rekonstruktion eines möglichen Kompositionsprozesses

Von Jürgen Essl (Stuttgart)

Für Ludger Lohmann

Johann Sebastian Bach hinterließ mit den Kanonischen Veränderungen über das Weihnachtslied „Vom Himmel hoch, da komm ich her" BWV 769 ein in seiner Kunstfertigkeit überwältigendes und immer noch rätselhaftes Werk, das in einer eigenhändigen Reinschrift (*P 271*) und im Originaldruck von 1746/47 überliefert ist. Obwohl etliche Wissenschaftler sich mit der Frage der Chronologie der beiden Quellen beschäftigt haben, wurde das kompositorische Verfahren des besonders komplexen „Canon per augmentationem", wie es im Autograph heißt, offenbar noch nicht entschlüsselt. Ein Weg, wie Bach vorgegangen sein könnte, soll im folgenden dargelegt werden.

Gregory Butler hat überzeugend nachgewiesen, daß die Entstehungsgeschichte der beiden Quellen verschränkt ist.[1] Es herrscht Einigkeit darüber, daß es mindestens eine Art Urschrift, wenn nicht noch zusätzliche Skizzen gab. So wurden – ausgehend von Befunden der Chronologie und der Textkritik – mehrere Versuche angestellt, den Entstehungsprozeß von den Skizzen der einzelnen Variationen bis zur Fertigstellung der beiden Quellen zu rekonstruieren. Die direkte Problemstellung der kontrapunktischen Faktur und die Konsequenzen aus dem kompositorischen Verfahren wurden dabei wenig oder gar nicht berücksichtigt. Wenn Bach den Augmentationskanon als letztes Werk innerhalb der Gruppe niederschrieb, wie Butler dargelegt hat, muß dies nicht zwangsläufig bedeuten, daß der Plan dafür erst nach der Komposition der drei im Erstdruck vorangehenden Kanons gefaßt wurde. Möglicherweise bildet der Augmentationskanon sogar den gedanklichen Ausgangspunkt des Zyklus. Wie wir später sehen werden, legt die Wahl der Liedmelodie mit ihren Besonderheiten dies nahe.

Die Reihenfolge der Kanons lautet im Erstdruck: I. Oktavkanon, II. Quintkanon, III. Kanon in der Septime, IV. Augmentationskanon, V. Cantus-firmus-Kanon. Wir übernehmen im folgenden diese Numerierung ohne jede Wertung einer „gültigeren" Reihenfolge. Im Autograph findet sich die Satzfolge I, II, V, III, IV. Der Augmentationskanon steht in beiden Quellen nach der Sätzen I, II und III. Diese drei Variationen, die Butler als „erste Schicht" bezeichnet, haben einige Gemeinsamkeiten:

---

[1] G. Butler, *J. S. Bachs Kanonische Veränderungen über „Vom Himmel hoch" (BWV 769). Ein Schlußstrich unter die Debatte um die Frage der „Fassung letzter Hand"*, BJ 2000, S. 9–34.

– Zwei Stimmen setzen nacheinander im Kanon ein.
– Der c.f. wird fast unverändert und unverziert in Notenwerten von Vierteln oder Halben zitiert.
– Der c.f. setzt erst ein, wenn die beiden kanonisch geführten Stimmen ihr motivisches Wesen präsentiert haben, also nach einhalb bis dreieinhalb Takten.
– Der Abstand zwischen den c.f.-Zeilen, also die Länge der Pausen, ist immer gleich, zum Beispiel im ersten Kanon eineinhalb Takte.
– Die Länge des Schlußtons des c.f. entspricht in etwa der Länge der Pause vor dem ersten c.f.-Einsatz; so ist in II die Pause vor dem ersten Einsatz zweieinhalb Takte lang, der Schlußton dauert zwei Takte. Dadurch entsteht eine formale Balance zwischen Anfang und Ende, eine nicht ganz genaue, aber doch gefühlte Symmetrie.

Damit entsprechen diese drei Variationen in etwa dem Prinzip eines Choralvorspiels mit Vorausimitation mehrerer Stimmen und dem Einsatz des cantus firmus in längeren Notenwerten (vgl. etwa die Choralvorspiele der „Schübler"-Sammlung).

Eine weitere Beobachtung innerhalb der „ersten Schicht" betrifft die Stimmlage des cantus firmus: In I befindet er sich in der Unterstimme; folgt man den Betrachtungen von Bernhard Haas, so wäre die Registrierung 16füßig, die Funktion des c.f. also diejenige der Baßstimme, wenngleich es viele Stimmkreuzungen mit der linken Hand gibt. In II liegt er klar im Baß, in III im Sopran.[2] Diese Merkmale aus Kanon I, II und III sind bedeutsam als Voraussetzungen für die Anlage des Augmentationskanons.

Bei einem Augmentationskanon schreitet eine Stimme geschwinder voran, die andere langsamer. Es bietet sich an, die schnellere Stimme nach oben zu legen und die langsamere nach unten. Nach der vorstehend geschilderten Beobachtung zur Lage der Choralmelodie wäre es in einem zyklischen Werk angebracht, den cantus firmus nun in die Mitte zu nehmen, also in den Tenor oder in den Alt. Zur Frage der Stimmlage (Tenor oder Alt, 8' oder 4') hat wiederum Bernhard Haas wertvolle Hinweise gegeben.[3] Mit diesen Faktoren wäre der grobe Rahmen für die Disposition des Augmentationskanons abgesteckt. Das Prinzip der Vorausimitation zweier Stimmen, der Einsatz des c.f. nach wenigen Takten, der gleiche Abstand der Zeilen bringen bei einer konsequenten Augmentation allerdings gewaltige kompositorische Probleme mit sich. Damit sind wir am Ausgangspunkt der Untersuchung angelangt.

Das Verfahren eines Canon per augmentationem ist an sich nicht sehr kompliziert: Man beginnt damit, einige Noten der schnelleren Stimme zu schreiben (a) und legt sie in größeren Werten darunter (A). Ganz einfach ist das Verfahren, wenn Töne eines Dreiklangs verwendet werden (Beispiel 1). Auf diese

---

[2] B. Haas, *Zur Registrierung der canonischen Veränderungen über „Vom Himmel hoch da komm ich her" BWV 769/769a von J. S. Bach*, in: Ars Organi 56 (2008), S. 165–167.
[3] Ebenda.

Beispiel 1:

Weise ist die Zweistimmigkeit in kontrapunktischer Hinsicht ohne Mühe korrekt zu gestalten. Das augmentierte Element (A) überragt das Ausgangsmotiv (a) um zwei Viertelwerte. Nun wird über diese Strecke in kontrapunktischer Manier ein Element (b) gesetzt. Das gewonnene neue Material wird als (B) an (A) angefügt. Über (B) kann nun (c) eingefügt werden. Die Strecken verdoppeln sich bei jedem weiteren Schritt. Sollen die Stimmen nicht gleichzeitig, sondern nacheinander einsetzen, ist das Verfahren entsprechend unkompliziert. Erst durch zusätzliche Aufgabenstellungen wie etwa bei BWV 1080/14 („Canon per augmentationem in contrario motu") wird die Sache wieder schwierig. Wenn nun aber wie in BWV 769 nach einiger Zeit ein cantus firmus einsetzen soll – hier in der Mittelstimme –, muß die Unterstimme diesem angepaßt werden. Werden nun Korrekturen vorgenommen, um einen eleganten Baßverlauf zum c.f. zu erzielen, müssen diese Korrekturen rückwirkend in die Oberstimme eingearbeitet werden. Der Baß ist dann wiederum zu korrigieren. Daraus wird ersichtlich, daß der Einsatzpunkt für den c.f. gut gewählt, ja berechnet werden muß und daß eine derartige Komposition in Gefahr steht, sich leicht in einem Flickwerk von Korrekturen zu verlieren.

Beispiel 2:

Um diesem Dilemma zu entgehen, mag Bach mit der Komposition nicht von vorne, sondern ab dem Einsatz des c.f. begonnen haben. Wir setzen also einen Baß unter die erste c.f.-Zeile (A) und stellen diesen als Oberstimme (a) davor (Beispiel 2). Der Baß (A) reicht von der ersten c.f.-Note bis zum Ende der vorletzten Note h. Der letzte Ton der c.f.-Zeile ist c'. Es wäre auch möglich, das Baß-Element (A) bis zum Ende der letzten Note gehen zu lassen. Die letzte Note c' eignet sich aber bestens für die Ankoppelung von Tönen der beiden Außenstimmen: Es ist lediglich im melodischen Verlauf ein c anzusteuern. Das Überlappen und Koppeln der Segmente spielt, wie wir später noch sehen werden, im Kompositionsprozeß eine zentrale Rolle.

In unserer Beschreibung hat (A) eine Dauer von 7 Halben. Wählt man nun das oben genannte Verfahren und setzt das Element (A) diminuiert als (a) vor unsere zweistimmige Passage mit der ersten Liedzeile, so endet (a) direkt vor dem Beginn von (A). Der nächste Ton nach (a) ist ein c. Das c ist ebenso der erste und der letzte c.f.-Ton wie auch der Anschlußton am Ende von (A) und (a). In Bachs Lösung ist die Ankopplung genau in dieser Weise bewerkstelligt. Das Element (a) hat eine Länge von 7 Vierteln. Auf dieser Strecke kann nun als schlichter Kontrapunkt ein neuer Baß (B) hinzuerfunden werden. Um ein allzu plumpes Aneinanderkleben der Elemente zu vermeiden, könnte Bach sich an der Anschlußstelle von (B) nach (A) für die halbe Note e als synkopisches Bindeglied entschieden haben. Dadurch wirkt der c.f.-Einsatz wie aus einem natürlichen Fluß hervorgehend. Zudem verhindert der Sextakkord einen allzu spannungslosen c.f.-Einsatz (Beispiel 3).

Beispiel 3:

Das Element (B) kann nun wiederum als (b) vor (a) gestellt werden, der Anschluß von (b) nach (a) ist bereits in der Augmentation bewerkstelligt. Das Element (b) hat nun die Länge von 7 Achteln. Darunter ist wiederum der Baß (C) neu zu erfinden, der als (c) vor (b) gestellt wird. Die Strecken halbieren sich automatisch und (c) ist nun 7 Sechzehntel lang. Damit würde (c) in Bachs Komposition theoretisch auf dem Ton a' der Oberstimme beginnen, genaugenommen nach dem ersten Sechzehntelwert dieses Tons. Nun nähern wir uns dem Aufeinandertreffen der beiden Stimmen in ihrem jeweiligen Anfang: Das Element (D) wird unter (c) gesetzt und der Anfang kann ohne weitere Berechnung für beide Stimmen entworfen werden – am einfachsten durch die Verwendung von Tönen eines Dreiklangs. So wird der Takt nach vorne vervollständigt und damit auf eine Strecke von dreieinhalb Takten bis zum Einsatz des cantus firmus verlängert (Beispiel 4). Bachs Stück beginnt analog zum Prinzip dieses Verfahrens. Die Strecke vom Beginn der Komposition bis zum ersten c.f.-Einsatz setzt sich exakt aus den addierten Halbierungen von (A) zusammen.

Beispiel 4:

Dies erklärt, warum der Anfang so eigentümlich ungreifbar klingt: die ersten Töne bestehen aus den Dreiklangstönen des a-Moll-Akkords. In ihnen kann man zwar den Krebs der zweiten Zeile sehen, gegenüber der Natürlichkeit des Beginns der Kanonstimmen in I, II und III wirken sie aber ungelenk: Sie wurden aus kleiner werdenden Elementen im Rückwärtsgang gewonnen. Um sie plausibel werden zu lassen, zitiert Bach ihren Rhythmus (R) und ihre Ton-

folge (M) an mehreren Stellen (siehe Beispiel 9). In Takt 34/35 bringt er das
Anfangsmotiv sogar in der Diminution an (Md), als ob eine Reprisenwirkung
erzielt werden sollte. Die Proportion der Takte 35:42 entspricht dem Verhält-
nis 5:6. Hierin erscheinen die Zahlen 6 und 7, die für die Anlage des Satzes
von Bedeutung sind. Am besten lassen sich solche motivischen und rhythmischen Zitate natürlich dort anbringen, wo die Konstruktion des Ganzen
schon keine Probleme mehr macht: in der Oberstimme der zweiten Kanon-
hälfte. Nachdem der Beginn bewältigt ist, kann nun über der ersten c.f.-Zeile (Z 1)
und (A) die neue Stimme (e) geschrieben werden: Das ist eine verhältnismäßig
einfache Angelegenheit und Bach ist relativ frei darin, einen eleganten melodischen und rhythmischen Fluß zu erzeugen. Zu berücksichtigen ist lediglich,
daß diese Stimme später auch als Baß fungieren soll – ein möglichst linearer
Verlauf mit vielen Sekundschritten gewährleistet dies (Beispiel 5). Das neue
Element (e) wird in Augmentation als (E) an (A) angesetzt und ist doppelt so
lang wie (A). Der c.f. pausiert, die Strecke ist noch gänzlich leer und frei. Der
Einsatz der zweiten c.f.-Zeile (Z 2) kann im Anschluß an (E) geplant werden.
Damit beträgt der Abstand zwischen (Z 1) und (Z 2) sechs ganze und zwei
halbe Takte, die Pause umfaßt also 14 Halbe. Diese Strecke ist genau doppelt
so lang wie die Pause vor dem Einsatz von (Z 1). Gemessen an den Pausen
zwischen den Zeilen in Kanon I, II, und III ist das eine lange Strecke. Sie
ist aber notwendig, um das kompositionstechnische Problem überhaupt zu
lösen.

Beispiel 5:

Nun kann mit der Komposition der Oberstimme (f) über dem Baß (E) begonnen werden. Da (f) später als (F) hinter (E) gesetzt wird und dort der c.f.
mit (Z 2) einsetzen soll, muß (f) so geschrieben werden, daß nach dem ersten
Viertel (Z 2) – hier natürlich nicht in Halben, sondern in Viertelnoten (wir
nennen diese diminuierte Choralzeile z 2) – die Oberstimme (f) zugleich als
Sopran zu (E) und als Baß zu (z 2) funktioniert. Das bedeutet aber keinen drei-
stimmigen Kontrapunkt, denn (z 2) muß nicht zu (E) passen (Beispiel 6). In
diesem Kunstgriff liegt der Kern zur Lösung des gesamten Satzes. In (f) verbirgt sich also ein „doppelter Kontrapunkt", aber zu zwei verschiedenen Stimmen, die ihrerseits nicht kongruent zu sein brauchen.

Beispiel 6:

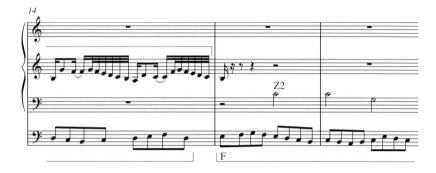

Die diminuierte zweite Choralzeile (z 2) beginnt also auf dem zweiten Viertel von (f) und endet zwei Takte später mit dem ersten Viertel von Takt 10. Die Strecke ab dem zweiten Viertel von Takt 10 bis zum Ende von (f) beträgt 19 Viertel. Für die Planung von Zeile 3 der Liedmelodie ist zu berücksichtigen, daß die Zeilen immer auftaktig sind. Der Abstand müßte also auf 18 oder 20 Viertel begradigt werden. Beide Lösungen wären aber denkbar schlecht: Zum einen würde sich der Zeilenabstand zu sehr vergrößern (von 14 Vierteln zwischen den beiden ersten Zeilen auf 18 oder 20 zwischen Zeile 2 und 3); zum anderen würde bei dieser Lösung die diminuierte Zeile 3 (z 3) in den Abschnitt mit den Elementen (F), (Z 2) und (g) ragen – die Stimme (g) könnte kaum noch so viele kontrapunktische Zwänge berücksichtigen.

Die dritte Choralzeile in diminuierter Form (z 3) muß also vor dem Ende von (f), somit vor dem Beginn von (Z 2) eingepaßt werden. Hierfür bieten sich zwei Lösungen an:

1. Der Einsatz kann nach einer Pause von 14 Vierteln erfolgen, dabei würde der letzte Ton von (z 3) auf den ersten Ton von (Z 2) fallen. Das sollte kein Problem sein, die Überlappung würde funktionieren, da alle Liedzeilen mit Tönen des C-Dur Dreiklangs beginnen und enden. Die Nahtstellen lassen sich mithin überall mit einem C-Dur Akkord mühelos bewältigen.
2. Der Einsatz kann nach einer Pause von 12 Vierteln erfolgen, dabei endet (z 3) auf dem ersten Ton von (F) und ragt nicht in (Z 2) hinein.

Bach entschied sich für die zweite Lösung. Die möglichen Gründe dafür werden später erörtert. Die Zeilenabstände (Z 1)–(Z 2) und (Z 2)–(Z 3) betragen somit 14 und 12 Halbe (in der Diminution Viertel). Um eine ästhetisch befriedigende Gesamtform zu erzielen, mußte Bach dafür sorgen, daß der Abstand zwischen (Z 3) und (Z 4) wieder 14 Halbe beträgt. Damit ergeben sich Abstände in der Folge 14–12–14, wodurch eine symmetrische Anlage entsteht (Beispiel 7).

Beispiel 7:

Es ist nun zwingend, die Oberstimme (g) über (F) und (Z 2) so neu einzurichten, daß die diminuierte Zeile 4 (z 4) den Abstand von 14 Vierteln zu (z 3)
einhält. Sie muß somit in Takt 18 auf dem 4. Viertel einsetzen und eine fiktive
Kollision oder Überlappung mit dem Ende von (Z 2) ertragen. In der Planung
der Harmonie ist dies aber nicht sehr problematisch, weil der erste Ton von
(z 4), ein c, mit dem f von (Z 2) zusammenfiele und das h von (z 4) mit dem e.
Die dazwischen liegende Terz bietet dafür eine einfache Lösung, sie paßt
jeweils zu beiden gegebenen Tönen (Beispiel 8).

Beispiel 8:

Damit sind fast alle Konstruktionsprobleme gelöst. Die vierte Choralzeile ist in (g) angelegt, der Schlußton von (z 4) fällt auf das dritte Viertel von Takt 20.

Um eine Analogie zu den Kanons I, II und III zu erzeugen, kann ein Liegenbleiben des letzten Melodietons c geplant werden. Wie lange dieser Schlußton dauern soll, hängt von folgenden Erwägungen ab: Soll der Schlußton eine Ganzenote lang sein, so muß die Oberstimme (g) in Takt 20 entsprechend als Ende eines Baßverlaufs eingerichtet werden. Es ist aber auch möglich, den Ton länger zu disponieren, etwa wenn (g) sich über 2 oder 3 Halbe erstreckt, was dann real 2 oder 3 Takte ergäbe. Für den Aspekt der Symmetrie ist eine Dauer von 3 Takten am besten, dies entspricht am ehesten der Pause vor dem ersten Melodieeinsatz zu Beginn des Stücks und erzeugt auch eine schöne Analogie zu den Kanons I, II und III. Neben diesen Aspekten kann aber auch die Gesamtlänge der Komposition und damit eine proportionale, zahlenmäßige Ordnung an dieser Stelle bestimmt werden (40, 41 oder 42 Takte). Bach entschied sich für 42 Takte, also ein Aushalten des Schlußtons über drei Takte. Damit mußte (g) in Takt 20 und 21 so angelegt werden, daß die Stimme einen schönen Baßverlauf zu einem liegenden Schlußton c ergibt. Für den Schlußakkord kann also die Taktmitte von Takt 21 vorgesehen werden. Damit die Oberstimme (g) an dieser Stelle ein längeres c berücksichtigen kann, ist es notwendig, den Baß (F) dafür tauglich einzurichten, also ebenfalls um das c herum kreisen zu lassen (S). Auch das ist nicht sehr kompliziert, da rückwirkend die analoge Stelle in (f) (Takt 11 auf Schlag 1) mit keinem anderen Element kollidiert, also lediglich den Baß (E) zu berücksichtigen hat; siehe Element (s) in Beispiel 9. Daraus ist auch ersichtlich, daß es bei aller Planung der Konstruktion zu ständigen Anpassungen von Details (immer von hinten nach vorne) kommen mußte, verbunden mit dem grundsätzlichen Bestreben nach Natürlichkeit auf allen Ebenen. Vermutlich waren dafür mehrere Skizzen notwendig (Beispiel 8 und 9).

Da mit der Mitte von Takt 21 die Gesamtlänge definiert wurde, kann das Element (g) als beendet betrachtet und als (G) an (F) im Baß angefügt werden. Die Zeilen 3 und 4 des Liedes werden nur noch wie perfekte Formsteine eingebaut. Danach ist es möglich, die Oberstimme ab Takt 21 als frei aufschwingende Melodie (h) neu zu komponieren. Gleich bei der ersten Gelegenheit fügt Bach das erste Motiv des Satzes ein. Der weitere Verlauf ist in kontrapunktischer Hinsicht nicht mehr kompliziert, es folgt die Kür auf die Pflicht (Beispiel 9).

Die einzelnen Schritte des Kompositionsvorgangs lassen sich wie folgt zusammenfassen:

- Disposition der Anlage mit schnellerer Oberstimme und augmentierter Unterstimme, c.f.-Einsatz nach wenigen Takten
- Entwerfen des Basses zu Zeile 1 (A)

- Voranstellen dieses Segments in diminuierter Form (a)
- Entwerfen des Basses (B) zu (a)
- Schrittweises Nach-vorne-Komponieren bis zum Aufeinandertreffen der Kanonstimmen im Beginn
- Komponieren der Oberstimme (e) über Zeile 1 und Baß (A)
- Anfügen als Baß (E) im Anschluß an (A)
- Planung von Zeile 2 im Anschluß an (E)
- Komposition der Oberstimme (f) über (E) unter Berücksichtigung der 2. Choralzeile (z 2) nach der ersten Viertelnote von Takt 8 sowie unter Bemessung des Zeilenabstands zu Choralzeile 3 (z 3) und Berücksichtigung von (z 3)
- Ausnotieren des Basses (F) im Anschluß an (E) mit Zeile 2 und 3 des c.f.
- Komponieren der Oberstimme (g) unter Bemessung des Zeilenabstands zwischen den Zeilen 3 und 4 und unter Berücksichtigung der zwangsläufigen Überlappung von (Z 2) mit (z 4)
- Planung der Länge des Schlußtons des c.f. und Anpassung der Oberstimme für die Schlußwirkung der späteren Unterstimme
- Anpassen der Unterstimme in den Takten 20 und 21
- Ausnotieren der schon fertig geplanten Unterstimme mit dem c.f.
- Komponieren der freien Oberstimme (h)

Nun kann die vierte Stimme als Füllstimme eingepaßt werden. Mit ihr glättet sich der rhythmische und harmonische Verlauf. Gleichzeitig können noch kleinere Anpassungen wie Durchgänge in der Liedmelodie und andere Verfeinerungen vorgenommen werden.

Beispiel 9:

Bleibt noch die Frage nach den Zeilenabständen 14–12–14 und der Möglichkeit, den Abstand auch in der Folge 14–14–14 zu disponieren. In den Zahlen verbergen sich als Teiler die Zahlen 6 und 7, die multipliziert 42 (= Anzahl der Takte) ergeben. Ob eine solche zahlenmäßige Proportion für Bach den Ausschlag gegeben hat oder ob der Gedanke der Symmetrie beziehungsweise die Frage der Gesamtzahl der Takte maßgeblich war, wissen wir nicht. Naheliegend ist aber, daß Bach den Augmentationskanon von Beginn an als kompositionstechnischen Höhepunkt nach den Kanons I, II und III plante. Mit kaum einer anderen Melodie wäre es möglich gewesen, eine so schwierige Aufgabe zu bewältigen. Die gleiche Länge aller 4 Zeilen, die Anfangs- und Schlußtöne der Zeilen aus dem C-Dur-Dreiklang, der melodische Verlauf mit vielen Sekundschritten und Dreiklangsbrechungen machen eine so komplexe kontrapunktische Struktur überhaupt erst möglich. Es ist daher durchaus vorstellbar, daß Bach die Möglichkeit des Augmentationskanons entdeckt hat und davon ausgehend den Plan und die Anlage für den gesamten Zyklus entwarf. Die Variationen I–III wären dann auf IV hin konzipiert worden. Ob Variation V nun als Apotheose (Pleno, Vollgriffigkeit, Stretta) am Ende oder als Zäsur (andere Art des Kanons) in der Mitte des Zyklus steht, ist unter diesem Gesichtspunkt nicht mehr von großer Bedeutung.[4]

---

[4] Mein herzlicher Dank gilt Bernhard Haas, Bernd Asmus, Michael Radulescu und Hans Fagius für Unterstützung und gedanklichen Austausch.

Johann Sebastian Bach, Johann Heinrich Eichentopf und die Hautbois d'amour in Leipzig

Von Christian Ahrens (Bochum)

Daß Johann Sebastian Bach die Hautbois d'amour[1] erstmals in der Kantate „Du wahrer Gott und Davids Sohn" BWV 23 zu seiner Kantoratsprobe am 7. Februar 1723[2] sowie in der Kantate BWV 75 zu seinem Dienstantritt am 30. Mai 1723 einsetzte, ist unstrittig. Ob er das Instrument bereits in einer Geburtstagskantate für den Zerbster Fürsten Johann August am 9. August 1722 vorgeschrieben hat, wie Rüdiger Pfeiffer 1994 vermutete,[3] bleibt hingegen ungewiß. Zwar wurden laut den dortigen Archivquellen kurz zuvor zwei derartige Instrumente für je 2 Taler angeschafft, aber ob Bach sie in dieser Komposition tatsächlich einsetzen wollte, läßt sich nicht sagen, da die Musik verschollen ist. Überdies fand die Aufführung der Kantate wegen der Abwesenheit des Fürsten vermutlich gar nicht statt.[4] Wie Hans-Joachim Schulze[5] und der Verfasser[6] plausibel machen konnten, spricht vieles dafür, daß die Hautbois d'amour in Thüringen ihren Ursprung hat – vielleicht nicht unbedingt im Sinne der ‚Erfindung' des Instruments, ganz sicher aber im Sinne von dessen frühester Herstellung und Verwendung – und daß Gera und Schleiz dabei eine besondere Rolle spielten. Daß J. S. Bach im

---

[1] In deutschen Archivquellen findet sich bis zum Ende des 18. Jahrhunderts fast ausschließlich die französische Namensform, die italienische Variante Oboe d'amore kam erst später in Gebrauch.

[2] Zur Entstehungsgeschichte und Aufführungssituation dieser Kantate vgl. C. Wolff, *Bachs Leipziger Kantoratsprobe und die Aufführungsgeschichte der Kantate „Du wahrer Gott und Davids Sohn" BWV 23*, BJ 1978, S. 78–94.

[3] R. Pfeiffer, *Johann Friedrich Fasch 1688–1758. Leben und Werk*, Wilhelmshaven 1994, S. 421.

[4] Vgl. H.-J. Schulze, *Johann Sebastian Bach und Zerbst 1722: Randnotizen zu einer verlorenen Gastmusik*, BJ 2004, S. 209–213, hier S. 212 f.

[5] H.-J. Schulze, *Johann Sebastian Bachs Konzerte – Fragen der Überlieferung und Chronologie*, in: Beiträge zum Konzertschaffen Johann Sebastian Bachs, hrsg. von P. Ahnsehl, K. Heller und H.-J. Schulze, Leipzig 1981 (Bach-Studien. 6.), S. 9–26, hier S. 14 f.

[6] C. Ahrens und S. Schmidt, *Die Hautbois d'amour – Quellen zu ihrer Frühgeschichte und akustische Untersuchungen*, in: Flöte, Oboe, Klarinette und Fagott. Holzblasinstrumente bis zum Ende des 18. Jahrhunderts. Symposium im Rahmen der 33. Tage Alter Musik in Herne 2008, hrsg. von C. Ahrens und G. Klinke, München und Salzburg 2011, S. 50–70, hier S. 50–59.

August 1721 in Schleiz gastierte, ist durch eine zuverlässige Quelle (Dok II,
Nr. 107) belegt.

Fritz Hennenberg wies bereits in den 1970er Jahren nach,
daß Gottfried Heinrich Stölzel in Gotha in seinem Kantatenjahrgang von
1720/21 Hautbois d'amour einsetzte (erstmals am ersten Weihnachtstag 1720).[7]
Stölzels enge Beziehungen zu Schleiz basierten auf familiären Banden – er
heiratete im Mai 1719 die Tochter des dortigen Diakons Johann Knauer. Im
Dezember 1721 besorgte er von einem nicht namentlich genannten Schleizer
Instrumentenmacher zwei Hautbois d'amour für den Gothaer Hof.[8]
Bruce Haynes hat darauf aufmerksam gemacht, daß Johann Kuhnau 1717
zwei Oboen in A vorschrieb, und nahm an, daß es sich um Hautbois d'amour
gehandelt habe.[9] In der Partitur findet sich jedoch lediglich die Angabe „Haut-
bois", die Bezeichnung „Hautbois d'amour" stammt aus späterer Zeit. Nach
Haynes verwendete Kuhnau den Zusatz „d'amour" erstmals in der Kantate
„Lobe den Herrn, meine Seele" (D-Dl, Mus. 2133-E-503), die, ausweislich
eines Eintrags mit andersfarbiger Tinte auf dem Titelblatt, am 7. Sonntag nach
Trinitatis (19. Juli) 1722 aufgeführt wurde, vielleicht aber bereits ein Jahr
früher entstanden ist.[10] Obschon die von Reine Dahlqvist postulierte und von
Haynes übernommene These im Hinblick auf die Verwendung einer Hautbois
d'amour in dieser Kantate durchaus widersprüchlich ist,[11] legen mehrere

7 F. Hennenberg, *Das Kantatenschaffen von Gottfried Heinrich Stölzel*, Leipzig 1976
(Beiträge zur musikwissenschaftlichen Forschung in der DDR. 8.), S. 44.
8 Thüringisches Staatsarchiv Gotha, Friedensteinsche Kammerrechnungen – Rechnungen 1721/22 (Datum: 21.12.1721). Ich danke der Fritz Thyssen Stiftung Köln
für die finanzielle Förderung meiner Archivarbeiten in Gotha.
9 B. Haynes, *The Eloquent Oboe. A History of the Hautboy from 1640 to 1760*, Oxford 2001, S. 369.
10 R. Dahlqvist, *Taille, Oboe da Caccia and Corno Inglese*, in: Galpin Society Journal
26 (1973), S. 58–71, hier S. 67.
11 Auf dem Titelblatt ist als Blasinstrument „Hautbois" angegeben. Die zugehörige
Stimme mit der Bezeichnung „Hautbois. (Anglois.) A #." ist auf abweichendem
Papier geschrieben, das mit einem anderen Rastral liniert wurde. Auf dem Titelblatt
findet sich als zweites Datum, von der gleichen Hand wie das erste, das Fest Mariae
Heimsuchung (25. März) 1732. Die Hautbois-d'amour-Stimme steht erwartungsgemäß in F-Dur, eine kleine Terz höher als die Stimmen der übrigen Mitwirkenden
(Alt und Tenor solo; Violine und Orgel). Die einzige Ausnahme bildet eine zweite
Organo-Stimme – insofern sind die Angaben bei Haynes (*The Eloquent Oboe*, wie
Fußnote 9, S. 369) zu korrigieren. Diese Stimme trägt zwar den Zusatz „Zur Hautbois d'Amour", ist jedoch in C-Dur notiert, augenscheinlich für eine Orgel mit anderer Stimmtonhöhe. Aufgrund der Identität von Schrift, Rastral und Papier ist davon
auszugehen, daß beide Orgelstimmen zur gleichen Zeit geschrieben wurden. Es
leuchtet daher nicht ohne weiteres ein, warum gerade dieses, einen Ganzton höher
stehende Instrument zur Begleitung des Hautbois d'Amour geeignet gewesen sein
sollte. Trotz gewisser Übereinstimmungen mit der Violinstimme – etwa in der

Dokumente die Annahme nahe, daß die Jahre zwischen 1717 und 1720 als terminus ad quem für die Erfindung der Hautbois d'amour angesehen werden müssen.[12] Dabei sprechen die erwähnten Indizien für Sachsen/Thüringen als Entstehungsraum. Die älteste erhaltene Hautbois d'amour stammt aus der Werkstatt von Johann Gottfried Bauer[mann] in Leipzig (1666–1721)[13] und trägt das Datum 1719 (siehe Abb. 1 und 2).

*

Die bislang bekannten Quellen belegen, daß J. S. Bach keineswegs als erster Komponist die Möglichkeiten des neuen Instruments erkannte und musikalisch nutzte, daß er aber immerhin sehr früh Hautbois d'amour einsetzte und sie in relativ vielen Werken vorschrieb.[14] Ob auch andere Instrumentenmacher in Leipzig bereits zu jenem Zeitpunkt Hautbois d'amour fertigten, läßt sich bislang nicht mit Sicherheit sagen,[15] wir wissen nicht einmal genau, ob

---

Schreibung des Schlüssels – spricht einiges für die Annahme, daß die Hautbois-d'amour-Stimme später hinzugefügt wurde und eine ursprünglich vorhandene Oboenstimme ersetzte (siehe auch die Digitalisate der Quelle unter http://digital. slub-dresden.de/id382405900). Die angesprochenen Eigentümlichkeiten des Notenmaterials nähren jedenfalls Zweifel an der These, daß es sich bei Kuhnaus Kantate um das früheste in Leipzig entstandene Werk für Hautbois d'amour handelt. Vielleicht gebührt diese Ehre doch Bachs Kantate BWV 23.

[12] Für die Behauptung von K. Neefe (*Die Entwicklung der kur- und königl. sächsischen Infanteriemusik. Von den ältesten Zeiten bis Ende des XVIII. Jahrhunderts*, in: Neues Archiv für Sächsische Geschichte 17, 1897, S. 109–125, hier S. 111), der zufolge die Regimentsmusik der „kursächsischen Feldinfanterie und der Leibgarde" bereits vor 1711 neben den ‚normalen' Oboen sowie „Wald- oder Jagd-Oboen in F" auch „Liebes-Oboen in A" führten, hat sich bislang kein Beweis gefunden.

[13] B. Haynes, *Johann Sebastian Bachs Oboenkonzerte*, BJ 1992, S. 23–43, hier S. 30, Fußnote 31. Das Instrument befindet sich im Musik- och teatermuseet Stockholm (Inv.-Nr. 150; vgl. Abbildung in der Internet-Inventarliste: http://instrument. statensmusikverk.se/samlingar/detalj.php?l=sv&iid=1792&v=2008-11-19%2015: 00:52&str=). Die Hautbois d'amour ist mit „Bauer" signiert, doch lautet der Name in den zeitgenössischen Adreßbüchern durchgängig „Bauermann".

[14] Vgl. hierzu umfassend U. Prinz, *Johann Sebastian Bachs Instrumentarium. Originalquellen – Besetzung – Verwendung*, Stuttgart und Kassel 2005 (Schriftenreihe der Internationalen Bachakademie Stuttgart. 10.), S. 322–359, insbesondere die Tabelle S. 353–359. Im gesamten ersten Leipziger Kantatenjahrgang verwendet Bach das Instrument achtmal einzeln und zwölfmal paarweise. Stölzel setzt es hingegen im Kantatenjahrgang 1720/21, in dem er erstmals die Hautbois d'amour vorschreibt, fast ausschließlich einzeln ein. Lediglich in der Pfingstkantate „Also hat Gott die Welt geliebet" (Hennenberg, wie Fußnote 7, S. 120, Nr. 336) verlangt er zwei Instrumente (vgl. Prinz, S. 347).

[15] Vgl. Dahlqvist, *Taille, Oboe da Caccia and Corno Inglese* (wie Fußnote 10), S. 67.

das Instrument vor Bachs Bewerbung in der Stadt allgemein bei den Ratsmusikern in Gebrauch war.

Es könnte daher durchaus sein, daß Bach mit der
Verwendung der Liebesoboe ein Wagnis einging, das nicht ohne Risiko war
und durchaus negative Auswirkungen auf die Bewerbung hätte haben können.
Jüngst aufgetauchte Quellen belegen nun aber, daß die Hautbois d'amour tatsächlich bereits einige Jahre vor Bachs Dienstantritt in Leipzig bekannt war,
und daß einer der bedeutendsten Holzblasinstrumentenmacher jener Zeit,
Johann Heinrich Eichentopf (auch: Eicheltopf;[16] 1678–1769, seit 1707 in Leipzig ansässig), sie dort spätestens seit 1721 fertigte.
Bei den angesprochenen einschlägigen Dokumenten handelt es sich um
mehrere gleichlautende Anzeigen in dem seit Januar 1722 erschienenen Blatt
Wöchentliche Franckfurter Frag- und Anzeigungs-Nachrichten.[17] Dort war
am 7. September 1722, also zur Herbstmesse, zu lesen:

Denen Herrn Music-Liebhabern wird hiermit kund und zu wissen gethan/ daß Leipziger Musicalische Instrumenten/ welche zum andernmal auff hiesige Meß gebracht wor-
den/ als Perfors-Horn/ Hautbois, Passons, Floedus [Flutes douces], Floet Traversen,
Trompeten in Handschuen/ Violinen, Hautbois de Lamur, und allerhand Musicalische
Instrumenten mehr/ welche allesamt richtig und gut/ sowohl Dutzend als auch Stuck-
weisse/ allhier auff dem Römerberg in dem von Cronstettischen Hauß ohnweit dem
Fahr-Thor gelegen/ um billichen Preiß zu haben und zu verkauffen sind.

Die Formulierung „zum andernmal" läßt keinen Zweifel daran, daß der Her-
steller beziehungsweise Vertreiber dieser Instrumente bereits einmal zuvor in
Frankfurt war. Offen ist, ob zur Ostermesse 1722 oder zur Herbstmesse 1721.
Da die nächste Annonce zur Ostermesse 1723 erschien und dann weitere je-
weils zu den Messe-Terminen, spricht vieles dafür, daß die Instrumente, dar-
unter eben auch die „Hautbois de Lamour" – ein nur allzu verständlicher
Schreibfehler –, zu Ostern 1722 erstmals in Frankfurt angeboten wurden. Das
Instrument müßte mithin einige Zeit zuvor, spätestens 1721, fertiggestellt wor-
den sein, denn man wird davon ausgehen können, daß der Hersteller es in
Frankfurt präsentierte, nachdem es sich in Leipzig bewährt hatte.[18]
In den ersten Frankfurter Anzeigen ist nur von „Leipziger Instrumenten" die
Rede, ohne daß der Name des Herstellers genannt würde. Aber die Aufzählung

---

[16] Im *Leipziger Adreß- Post- und Reise-Calender* von 1753, S. 120–121, hier S. 120, ist
„Joh. Heinrich Eicheltopf, für dem Ranstädter Thore, an der alten Brücke" als einer
von 16 „Instrument- und Pfeifenmacher[n]" genannt.
[17] Vgl. J. Großbach, *Besaitete Tasteninstrumente in Frankfurt am Main und ihre Erbauer im 18. und 19. Jahrhundert*, Frankfurt/Main 2012, S. 10f. Ich danke dem
Autor, daß er mir weitere Anzeigen, die er nicht in seinem Buch veröffentlichte, zur
Verfügung stellte.
[18] Leider hat sich keine Verkaufsanzeige in den *Leipziger Zeitungen* nachweisen lassen.

der Produkte macht klar, daß es sich um einen Instrumentenmacher gehandelt haben muß, der auch Blechblasinstrumente fertigte. Aufschluß über die fragliche Person gibt eine Anzeige vom 19. April 1724, also zur damaligen Ostermesse; sie lautet:

Denen Herren Music-Liebhabern dienet zur Nachricht/ daß des Hrn. Eichentopffs in Leipzig weit und breit berühmte Musicalische Instrumenten zum fünftenmal auf hiesige Meß gebracht werden/ als Parfors Hörner/ Hautbois/ Bassons /Flöthusen [Flutes douces]/ Flöthra Vers [Flutes traverses], Violins, Hautbois de Lamor, in specie ein Paar Trompeten in Handschuh/ auch englische Waldhornen/ und sonst allerhand dergleichen Instrumenten mehr/ [...] im Cronstettischen Hauß [...] zu erfragen.

Damit war Johann Heinrich Eichentopf gemeint, der zwischen 1716 und 1757 als „musicalischer Pfeifenmacher" in Leipzig nachweisbar ist; er baute Holz- und Blechblasinstrumente.[19] Daß auch die zuvor in Frankfurt angebotenen Instrumente von ihm stammten, läßt sich der Formulierung „zum fünftenmal" entnehmen: Oster- und Herbstmesse 1722; Oster- und Herbstmesse 1723; Ostermesse 1724. Eichentopf lieferte augenscheinlich erstmals im Frühjahr 1722 Hautbois d'amour nach Frankfurt am Main. Zugleich läßt sich der Anzeige entnehmen, daß er neben den verschiedensten Holzblasinstrumenten Waldhörner und die seinerzeit gefragten Trompeten in Handschuhen[20] fertigte. Die genannten Violinen hat er hingegen sicher nicht selbst hergestellt, er betätigte sich vielmehr als „Verleger" von Saiteninstrumenten, wie schon Herbert Heyde vermutete.[21] Ebenso bemerkenswert wie aufschlußreich ist die Quellenlage in Frankfurt freilich noch aus einem anderen Grund. Zur Herbstmesse 1723, an der Eichentopf, der oben mitgeteilten Formulierung vom April 1724 zufolge, teilgenommen haben muß, erschien keine Anzeige von ihm. Dafür findet sich am

---

[19] Biographisches zu Eichentopf bei H. Heyde, *Der Instrumentenbau in Leipzig zur Zeit Johann Sebastian Bachs*, in: 300 Jahre Johann Sebastian Bach. Sein Werk in Handschriften und Dokumenten. Musikinstrumente seiner Zeit. Seine Zeitgenossen, hrsg. von U. Prinz unter Mitarbeit von K. Küster, Tutzing 1985, S. 73–88, hier S. 81.

[20] Zu dieser Mode vgl. C. Ahrens, *„Zu Gotha ist eine gute Kapelle..." Aus dem Innenleben einer thüringischen Hofkapelle des 18. Jahrhunderts*, Stuttgart 2009 (Friedenstein-Forschungen. 4.), S. 172 und 205. Diese und andere kuriose Modelle vertrieb unter anderem der Organist und Instrumentenbauer Johann Georg Gleichmann (1685 bis nach 1770) aus Ilmenau, der auch Gambenklaviere fertigte (vgl. ebd., S. 227 f. und S. 231 f.).

[21] Heyde, *Der Instrumentenbau in Leipzig zur Zeit Johann Sebastian Bachs* (wie Fußnote 19), S. 82. Eine Violine (1726) Eichentopfs ist im Inventar der Köthener Hofkapelle von 1773 aufgeführt.

17. September 1723 eine Annonce des Baseler Holzblasinstrumentenmachers
Christian Schlegel (ca. 1667–1746):

Christian Schlegel/ von Basel/ auff dem Römerberg seinen Stand habend/ hat zu ver-
kauffen/ Hautbois, Fagot, Flouthe Traversiere, Flouthe d'Amour, Hautbois d'Amour
und Zwerg-Pfeiffen von Buchsbaum/ in einer guten Gegend Mayland gemacht.

Daß der zunächst in Zürich, seit 1712 in Basel ansässige[22] Schlegel schon 1723
Hautbois d'amour baute und in Frankfurt/Main feilbot, ist einigermaßen überraschend. Allerdings hatte Andreas Küng 1987 auf eine Hautbois d'amour
dieses Herstellers aufmerksam gemacht, die er auf das Jahr 1717 datierte, und
zwar aufgrund eines Ankaufbelegs vom 30. Dezember 1717: „[…] zwey neüe
Hautbois von Meister Chrit. Schlegel […] sammt 6 Blättlinen".[23] Die Formulierung „neüe Hautbois" scheint mir jedoch keineswegs unzweifelhaft auf ein
neues Modell – eben die Hautbois d'amour – hinzudeuten, es könnte damit
durchaus eine neu gebaute gewöhnliche Hautbois gemeint gewesen sein. Somit
bleibt die bereits oben erwähnte Hautbois d'amour von Bauer[mann] aus dem
Jahr 1719 das älteste überlieferte und sicher datierbare Instrument.[24]
Geht man aufgrund der in jüngster Zeit veröffentlichten Quellen davon aus,
daß die Erfindung der Hautbois d'amour tatsächlich in Mitteldeutschland erfolgte, dann müßte man für die Verbreitung in den süd- und südwestdeutschen
Raum bis hinüber nach Basel sicher eine gewisse Zeitspanne ansetzen, mit
anderen Worten: die „Invention" müßte bereits deutlich vor 1720 liegen. Sollte
jedoch die Datierung von Schlegels Hautbois d'amour auf das Jahr 1717 korrekt sein, würde die insbesondere von Michael Finkelman vertretene These
von der Entstehung des Instruments in „Süddeutschland" wieder in den Blick
geraten.[25] Allerdings faßte Finkelman[26] den Terminus relativ weit und gab den
geographischen Raum vage mit „etwa zwischen Leipzig, Dresden, Nürnberg

[22] W. Waterhouse, *The New Langwill Index. A Dictionary of Musical Wind-Instru-
ment Makers and Inventors*, London 1993, s.v. Schlegel, (1) Christian, S. 354.
[23] A. Küng, *„Schlegel a Bale". Die erhaltenen Instrumente und ihre Erbauer*, in:
Baseler Jahrbuch für historische Aufführungspraxis 11 (1987), S. 63–88, hier S. 74.
Es handelt sich um die Nr. 2687 der Allgemeinen Musikgesellschaft Zürich. P. T.
Young (*4900 Historical Woodwind Instruments. An Inventory of 200 Makers in
International Collections*, London 1993, S. 211) übernahm diese Informationen in-
klusive der Datierung. Von C. Schlegel hat sich auch eine „Flute d'amore" erhalten.
[24] Vgl. M. Finkelman, Artikel *Oboe. III. Large and smaller European oboes. 3. Mez-
zo-soprano oboes. (III)*, in: Oxford Music Online (Zugriff: 16. 6. 2013).
[25] Vgl. beispielsweise M. Finkelman und H.-O. Korth, Artikel *Oboe. V. Die tiefen
Oboen*, in: MGG², Sachteil, Bd. 7 (1997), Sp. 550–556, hier Sp. 551.
[26] M. Finkelman, *Die Oboeninstrumente in tieferer Stimmlage*, in: Tibia 23 (1998),
S. 274–281; Tibia 24 (1999), S. 364–368, 415–456, 537–541, 618–624; Tibia 25
(2000), S. 25–31, 106–111, 204–208; hier Tibia 23 (1998), S. 364.

und Frankfurt" – gemeint ist insbesondere Butzbach und der dort ansässige Johannes Scherer (1664–1722)²⁷ – an. Leipzig und Dresden würde ich, wie auch Thüringen in seiner Gesamtheit, eher Mitteldeutschland zurechnen; es blieben also Nürnberg und Frankfurt/Main – und vielleicht eben Basel. Allerdings sprechen derzeit alle Indizien dafür, daß tatsächlich Sachsen respektive Thüringen als Entstehungsort angesetzt werden müssen, daß aber die Verbreitung in andere Teile Deutschlands bis hinüber in die Schweiz sich erstaunlich rasch vollzog. Dabei spielten augenscheinlich die Frankfurter Messen eine nicht zu unterschätzende Rolle.²⁸

*

Unabhängig davon, wann und wo die Hautbois d'amour entstanden ist, bleibt festzuhalten, daß sie schon vor Bachs Kantoratsprobe in Leipzig von Bauer-[mann] und Eichentopf gefertigt wurde und daß einige Musiker in der Stadt mit ihr vertraut waren. Dieser Umstand scheint Bach bekannt gewesen zu sein, als er die Aufführung seiner beiden Bewerbungskantaten am 7. Februar 1723 (Sonntag Estomihi) vorbereitete.²⁹ Um den Rat zu beeindrucken und ein positives Votum herbeizuführen, war es notwendig, etwas Besonderes zu bieten, wie Christoph Wolff mit Blick auf den Einsatz des Doppelakkompagnements durch Orgel und Cembalo formulierte: „Dieses zeigt, wie sehr es Bach darauf angekommen sein muß, in Leipzig Eindruck zu machen."³⁰ Ob dieser Umstand allein ausgereicht hätte, die Entscheidung positiv zu beeinflussen, erscheint mir allerdings fraglich. Zudem war Bach sicher auch bestrebt, die beteiligten Musiker für sich zu gewinnen, und dazu bedurfte es anderer musikalischer Mittel.

---

²⁷ Da die Erfindung der Hautbois d'amour bereits vor 1720 zu datieren ist, kommt der Sohn des Johannes Scherer, Georg Heinrich (1703–1778), nicht in Frage.

²⁸ Ob und gegebenenfalls in welchem Maße die Leipziger Messe Einfluß auf die Verbreitung von neuen, aber auch von verbesserten Instrumenten Leipziger Hersteller nahm, bliebe zu untersuchen.

²⁹ Noch immer ist die Ansicht verbreitet, Bach habe die Hautbois d'amour erstmals in der Kantate BWV 75 eingesetzt (vgl. M. Finkelman, Artikel *Oboe. III. Large and smaller European oboes*, in: Oxford Music Online, Zugriff: 19. 10. 2013). Tatsächlich führte er BWV 75 erst nach seiner Anstellung auf, und zwar am 10. Mai 1723.

³⁰ Wolff (wie Fußnote 2), S. 85. Wolff läßt unberücksichtigt, daß auch zu den beiden Graupner-Kantaten jeweils zwei bezifferte Continuo-Stimmen überliefert sind, was für ein Doppelakkompagnement spricht; vgl. F. Noack, *Johann Seb. Bachs und Christoph Graupners Kompositionen zur Bewerbung um das Thomaskantorat in Leipzig 1722–23*, BJ 1913, S. 145–162, hier S. 154.

Bach war augenscheinlich sehr kurzfristig zur Probe aufgefordert worden (am 15. Januar), so daß ihm lediglich drei Wochen zur Vorbereitung blieben.[31] Daß er die Aufführung seines Konkurrenten Graupner am 17. Januar 1723 (3. Sonntag nach Epiphanias) persönlich miterlebte, ist nicht belegt. Aber es ist wohl davon auszugehen, daß er Informationen über die aufgeführten Werke und deren Instrumentalbesetzung erhielt. Zudem konnte beziehungsweise mußte er damit rechnen, daß Graupner die Möglichkeiten zur Prachtentfaltung, die ihm der Termin seiner Probe bot, nicht ungenutzt ließ (siehe unten). Wollte Bach sich nicht allein auf die Wirkung seiner Tonsprache und seines Kompositionsstils verlassen, dann mußte er in Erwägung ziehen, andere musikalische Elemente zu präsentieren, um seinen Erfolg sicherzustellen. Graupner hatte das zeremonielle, klangmächtige Besetzungs- und das akustische Wirkungspotential der Zeit ausgeschöpft (und gerade damit auch Erfolg gehabt)[32]; eine Steigerung war kaum denkbar. In der einen Kantate, „Lobet den Herren", setzte Graupner die traditionelle Blechbläsergruppe von zwei Trompeten und Pauken ein, dazu drei Posaunen als colla-parte-Instrumente für die Verstärkung der Vokalstimmen; den Sopran unterstützte die Trompete 1. In der zweiten Kantate, „Aus der Tiefen", verzichtete er auf ein separat geführtes Trompetenensemble, verwendete aber wiederum drei Posaunen und übertrug die colla-parte-Führung des Soprans einer Solo-Trompete.[33] Erstaunlicherweise enthält die Clarino-Stimme dieser Kantate im Kopfsatz, der als Satz 3 noch einmal wiederholt wird, mehrere Töne, die außerhalb der Naturtonskala liegen (fis^1, a^1, h^1, cis^2). Sie sind zwar durch die Sopranstimme gedeckt, aber a^1 und h^1 werden mehrmals im Sprung erreicht, der Trompeter

---

[31] Wolff (wie Fußnote 2), S. 81. Ähnlich auch H.-J. Schulze, „… *da man nun die besten nicht bekommen könnte …*". *Kontroversen und Kompromisse vor Bachs Leipziger Amtsantritt*, in: Bericht über die Wissenschaftliche Konferenz zum III. Internationalen Bach-Fest der DDR, Leipzig 1977, S. 71–77, hier S. 73 f. B. F. Richter, *Die Wahl Joh. Seb. Bachs zum Kantor der Thomasschule i. J. 1723*, BJ 1905, S. 48–67, hier S. 57 f., nahm an, daß Bach die Bewerbung um das Thomaskantorat, wie auch Graupner, persönlich vorgetragen, sich dazu bereits Ende November 1722 in Leipzig vorgestellt und dort eine Kirchenmusik aufgeführt habe.

[32] Vgl. Wolff (wie Fußnote 2), Besetzungsangaben in den Tabellen 1 und 2, S. 92 f. Nach Richter (wie Fußnote 31), S. 59 f., ist die Besetzung in den beiden Bewerbungskantaten prunkvoller als in jenen Werken, die Graupner für Darmstadt komponierte. Die Originalquellen von Graupners Bewerbungskantaten sind verfügbar über folgende Website: http://tudigit.ulb.tu-darmstadt.de/show/sammlung23. Siehe auch M. Geck, *Bachs Probestück*, in: Quellenstudien zur Musik. Wolfgang Schmieder zum 70. Geburtstag, hrsg. von K. Dorfmüller und G. von Dadelsen, Frankfurt/Main 1972, S. 55–68, hier S. 59 f.

[33] Wegen ihres beschränkten Tonvorrats geht die Trompete nur partiell mit dem Sopran colla parte.

mußte sie also frei intonieren[34] – alles andere als eine leichte Aufgabe. Es ist schwer vorstellbar, daß Graupner ein solches Experiment wagte, ohne sich vorher vergewissert zu haben, daß ein Leipziger Trompeter (mit hoher Wahrscheinlichkeit Gottfried Reiche) in der Lage war, die Partie korrekt auszuführen. Dazu hatte er mehr Zeit als Bach, denn er war bereits vor Weihnachten 1722 in Leipzig eingetroffen.[35] Insgesamt gesehen – und keineswegs nur im Hinblick auf den Zeitfaktor bei der Vorbereitung der Kantoratsprobe – war Graupner gegenüber Bach eindeutig im Vorteil. Beide hatten, soweit wir wissen, keinen Einfluß auf die Bestimmung des exakten Termins und damit dessen Position innerhalb des Kirchenjahres, und sie konnten nicht aus eigenem Antrieb die Kantatentexte wählen; diese wurden ihnen vielmehr vom Rat vorgegeben.[36] Aber Graupners Vorlagen ließen immerhin in der ersten Kantate den Einsatz des Trompetenensembles zu, ja, sie forderten ihn geradezu heraus. Bachs Texte und der für ihn bestimmte Sonntag beziehungsweise dessen Position im Kirchenjahr boten diese Möglichkeit hingegen nicht. Denn für Estomihi galten in Leipzig ähn-

---

[34] In der Kantate „Lobet den Herrn" verlangt Graupner als einzigen leiterfremden Ton das h^1 (im Choral, daher durch den Sopran gedeckt). Es ist bemerkenswert, daß Bach in seinen Werken zwar die Töne h^1 und cis^2 verwendet, nicht aber, wie Prinz mitteilt (*Bachs Instrumentarium*, wie Fußnote 14, S. 53), die Töne fis^1 und a^1. Allerdings enthält die Clarin-Partie (Tromba in G) in der Sinfonia zur Einleitung des zweiten Teils der Kantate BWV 75 (Choralmelodie „Was Gott thut das ist wohlgetan") neben dem leiterfremden h^1 auch das a^1 als Durchgangston vom c^2 zum g^1. In der Tabelle der transponierenden Trompeten-Notierungen (S. 69) hat Prinz, in Übereinstimmung mit der von Alfred Dürr besorgten Edition in NBA I/15, die Stimme der Tromba in G nach unten transponiert und den Umfang mit klingend d^1–e^2 angegeben. Trompetenstimmungen über D sind freilich im 18. Jahrhundert grundsätzlich Hoch-Stimmungen (vgl. die Partie der Tromba in F im ersten Brandenburgischen Konzert), die Partie in Satz 8 von BWV 75 muß daher eine Quinte nach oben transponiert werden. Der Umfang lautet dann d^2–e^3 (vgl. die Einspielung der Kantate von Philippe Herreweghe bei Harmonia Mundi, 2003. Die Tromba-Partie reicht zwar ‚nur' bis zum notierten a^2 (klingend e^3), doch ist das ein intonationsmäßig problematischer Ton – er ist um fast 75 Cent zu tief. Der freie Einsatz zu Beginn der zweiten Choralzeile, völlig ungedeckt durch die Violinen, ist daher überaus heikel für den Trompeter. Diese Stelle bot ihm aber eben auch die Möglichkeit, sich auszuzeichnen, und das scheint Bach zu diesem Anlaß besonders wichtig gewesen zu sein.

[35] Wolff (wie Fußnote 2), S. 82. Graupner konnte sich auf Ersuchen des Rates schon vor der offiziellen Kantoratsprobe „auf der Orgel wie auch mit eigenen Compositionen" hören lassen; vgl. Richter (wie Fußnote 31), S. 54.

[36] Wolff (wie Fußnote 2), S. 81. Demnach sind die Überlegungen von Geck (wie Fußnote 32), S. 56, zu Bachs Auswahl der Texte für die Probekantaten augenscheinlich hinfällig.

liche Regeln wie für die Passionszeit; die Verwendung von Trompeten und Pauken wäre unmöglich gewesen.[37] Eine musikalische Prunkentfaltung blieb Bach mithin verwehrt. Daß er in dem Kantatenpaar ein „breitgefächertes und vielschichtiges Spektrum [seiner] Vokalkunst" präsentierte,[38] steht außer Frage, ebenso die Tatsache, daß er in BWV 23 „den Leipzigern das Beste und Aufrichtigste" gab, „zu dem er auf dem Gebiet der Kirchenmusik fähig war."[39] Gerade deshalb wären für eine positive Resonanz bei den Ratsmitgliedern wie bei den Stadtmusikern besondere Klangwirkungen sicher sehr hilfreich gewesen, zumal Bach mit der Kantate BWV 23, wie Martin Geck formulierte, „ein Stück komponierte, das seiner Komplexität, seiner dialektischen Anlage wegen von den Zeitgenossen nur schwer verstanden werden konnte."[40] Da Graupner praktisch alle Besetzungs- und Klangmöglichkeiten, die allein schon von sich aus Eindruck zu erwecken vermochten,[41] ausgeschöpft hatte, mußte Bach sich mit einer deutlich kleineren und weniger spektakulären Besetzung zufrieden geben. Aber es blieb ihm immerhin die Möglichkeit, klanglich etwas ganz anderes, neues zu bieten.

Werfen wir einen Blick auf die Besetzung der Kantaten BWV 22 und BWV 23. Beide zeichnen sich dadurch aus, daß als einzige Blasinstrumente und damit als klangfarbliches Element Oboen beziehungsweise Hautbois d'amour eingesetzt werden. Eine tabellarische Zusammenstellung mag verdeutlichen, welche Funktion diese in den einzelnen Sätzen erfüllen.

---

[37] Für diese Informationen danke ich Herrn Marc-Roderich Pfau, Berlin. Vgl. dazu auch Richter (wie Fußnote 31), S. 61
[38] Wolff (wie Fußnote 2), S. 85.
[39] Geck (wie Fußnote 32), S. 57.
[40] Ebenda, S. 56. Hans-Joachim Schulze rechnet die Kantate „zu den erlesensten und anspruchsvollsten Kompositionen des gesamten Bachschen Kantatenwerkes" (Schulze K, S. 154).
[41] Der Einsatz von Posaunen, insbesondere aber von Trompeten und Pauken, hatte in der damaligen Zeit neben der musikalischen auch eine starke visuelle Komponente. Aufgrund dieser Besonderheiten hatte Graupner, der bereits vor 1720 Oboen in A – vielleicht tatsächlich Hautbois d'amour – verwendet (vgl. Haynes, *The Eloquent Oboe*, wie Fußnote 9, S. 369), keine Veranlassung, das neue Instrument einzusetzen.

BWV 22

Satz	Satztyp	Besetzung	Funktion der Oboe(n)
1	Chor	Streicher; Oboe; Bc.	Oboe (evtl. 2 Oboen unisono[42]) Oberstimme zum Streichersatz; teilweise echoartig dialogisierend mit Violino I; im Chorsatz weitgehend colla parte mit Violino I
2	Arie (Alt)	1 Oboe; Bc.	solistisch
3	Accompagnato-Rezitativ (Baß)	Streicher; Bc.	–
4	Arie (Tenor)	Streicher; Bc.	–
5	Figurierter Choral	Oboe; Streicher; Bc.	Oboe (evtl. 2 Oboen unisono) col Violino I

Eine relativ ‚normale' Besetzung also, keineswegs ungewöhnlich, weder für die Zeit noch für die Lokalität, wobei der Klang der Oboe dort, wo sie eingesetzt wird, ziemlich dominant ist. Der Vergleich mit BWV 23 offenbart weitgehende prinzipielle Übereinstimmungen. Allerdings treten die Klangeigenheiten der beiden Hautbois d'amour noch viel deutlicher hervor, als das für die Oboe(n) in BWV 22 gilt.

BWV 23[43]

Satz	Satztyp	Besetzung	Funktion der Hautbois d'amour
1	Duett (Sopran, Alt)	2 Hautbois d'amour; Bc.	solistisch konzertierend[43]
2	Accompagnato-Rezitativ (Tenor)	2 Hautbois d'amour (unisono); Streicher; Bc.	unisono mit Violino I (= Choralmelodie „Christe du Lamm Gottes")

---

[42] Im Vorwort zur Edition dieser Kantate in NBA I/8.1, S. VI, weist Wolff darauf hin, daß die Partitur genaue Anweisungen zur Differenzierung von Soli und Tutti in den Vokalstimmen enthält. Es wäre demnach durchaus möglich, daß Bach im letzten Teil des Kopfsatzes (Allegro), in dem die Oboenstimme colla parte mit dem Sopran geht, sowie im Finalsatz zwei Oboen unisono spielen ließ.

[43] Auf die besondere Bedeutung der Oboenlinie für die Gesamtkonzeption des Satzes hat Geck (wie Fußnote 32), S. 57, hingewiesen.

Satz	Satztyp	Besetzung	Funktion der Hautbois d'amour
3	Chor	2 Hautbois d'amour; Streicher; Bc.	teils konzertierend, teils unisono mit Violino I + II
4	Figurierter Choral[44]	2 Hautbois d'amour; Streicher; Bc.	teils solistisch konzertierend, teils Vorimitation der einzelnen Choralzeilen

Die Hautbois d'amour wirken nicht nur in allen Sätzen mit, sondern sie agieren fast ausnahmslos solistisch. Im Rezitativ intonieren sie zusammen mit der Violine I die Choralmelodie, die im Schlußsatz wieder aufgegriffen wird und deren jeweiligen Zeilenbeginn sie dort allein vortragen. Niemand konnte die ‚neuen' Instrumente überhören – deren etwas verschleierter, weicherer Klang eigentlich besser zum Text paßt, als der der ursprünglich vorgesehenen Oboen –, niemandem konnten die klanglichen Unterschiede zu den normalen Oboen entgehen.[44]

Wolff bewertete die Hinzuziehung der Hautbois d'amour vornehmlich unter dem Gesichtspunkt, daß aufgrund des tieferen Stimmtones eine Transposition der gesamten Kantate von c-moll nach h-moll notwendig wurde, so daß die ursprünglich vorgesehenen Oboen nicht mehr verwendet werden konnten. Er räumte jedoch ein:[45]

Die Heranziehung der Oboi d'amore mag Bach gar nicht so unlieb gewesen sein, da sie ihm die Möglichkeit gab, eine klangliche Abwechslung gegenüber BWV 22 zu erzielen. Außerdem hatte Bach, soweit wir wissen, die Oboe d'amore bislang in seinem Vokalwerk nicht benutzt, so daß der Reiz des Neuen gegeben war.

Welche Bedeutung und welchen Einfluß die genannten äußeren Bedingungen auf die Bearbeitung der Kantate BWV 23 tatsächlich hatten, läßt sich heute nicht mit letzter Sicherheit entscheiden. Aber es scheint nicht ausgeschlossen, daß Bach eine Chance darin sah, zwei Werke mit dominierenden, zugleich aber sehr unterschiedlichen Oboenklängen zu präsentieren, und daß er diese Gelegenheit konsequent nutzte. Schließlich hatte er die Situation bewußt herbeigeführt, denn im Prinzip wäre es durchaus möglich gewesen, die Oboen

---

[44] Bach hatte die Kantate mit drei Sätzen konzipiert und das Notenmaterial in Köthen fertiggestellt, den Choral fügte er erst „in letzter Minute" hinzu. Vermutlich griff er dabei auf einen bereits in Weimar komponierten Satz zurück; vgl. Wolff (wie Fußnote 2), S. 82.

[45] Ebenda, S. 84. Geck (wie Fußnote 32), S. 66, wies sicher zu Recht darauf hin, daß die Transposition von c-moll nach h-moll nicht zuletzt deswegen notwendig wurde, weil Zinken und Posaunen, wie die Orgel, im Chorton standen und daher deren Partien, wäre die Originaltonart beibehalten worden, in b-moll/f-moll hätten geblasen werden müssen.

durch Soloviolinen zu ersetzen – wenngleich er damit klanglich gegenüber Graupner noch mehr ins Hintertreffen geraten wäre.[46] Wie oben angesprochen, gibt es bislang nur einen, allerdings keineswegs eindeutigen Beleg aus Leipzig für die Verwendung von Hautbois d'amour vor Bachs Kantoratsprobe: Kuhnau hatte sie 1722 in seiner Kantate „Lobe den Herren" eingesetzt.[47] In jedem Falle war ihr Klang sicher noch nicht allen vertraut, mithin noch unverbraucht.

In der Gegenüberstellung der beiden Kantaten führte Bach den Juroren und den Zuhörern die Innovation unmittelbar vor Ohren, aber durchaus auch vor Augen – der eigentümliche Schallbecher, der sogenannte Liebesfuß, war auffallend genug.

Es kommt ein zweites Element hinzu. Wolff hat darauf hingewiesen, daß Bach die in Köthen geschriebene Kantate „in letzter Minute" um einen vierten Satz erweiterte und postulierte, der Komponist müsse dafür „gute Gründe" gehabt haben. Freilich: „Was ihn im einzelnen dazu bewogen hat, bleibt unbekannt."[48] Die genauen Gründe liegen noch immer im Dunkel.[49] Aber ausgehend von den Ausführungen zu Bachs Klangkonzeption sowie seinem Ziel, den Rat, die Zuhörer und die Musiker zu beeindrucken, bleibt zu konstatieren, daß er mit der Gestaltung des Choralsatzes zweierlei erreichte. Zum einen schuf er eine Bogenform zur Verarbeitung des Choral-cantus-firmus im Rezitativ und bot den Zuhörern damit Orientierungs- und Erinnerungspunkte. Zum anderen stellte er dem Bild des Innovators – durch die Verwendung der noch sehr neuen Hautbois d'amour – das Bild eines in der Tradition wurzelnden gelehrten Tonsetzers gegenüber,[50] indem er im Schlußsatz nicht nur Posaunen colla parte

---

[46] Auf geeignete Blasinstrumente konnte Bach nicht zurückgreifen: Alt-Blockflöten kamen wegen der 4'-Lage wohl nicht in Frage, ‚normale' Querflöten waren wegen der fehlenden Töne in der Tiefe nicht geeignet und Flutes d'amour (Terzflöten in A) standen damals noch nicht zur Verfügung; vgl. P. Thalheimer, *Flauto d'amore, B flat Tenor Flute und „tiefe Quartflöte". Ein Beitrag zur Geschichte der tiefen Querflöten im 18. und 19. Jahrhundert*, in: Tibia 8 (1983), S. 334–342.

[47] Die melodische Führung der Hautbois-d'amour-Stimme spricht nicht dafür, daß Kuhnau von Beginn an bestrebt war, das neue Instrument klangspezifisch einzusetzen. Berücksichtigt man die Töne in der Tiefe ab (klingend) d^1, dann kommen sie nur äußerst selten vor: d^1 = 18mal; cis^1 = 4mal; c^1 = 2mal. Der Umfang einer normalen Oboe wird also nicht unterschritten und der auf dieser fehlende Ton cis^1 lediglich 4mal erreicht. Für Bachs Kantate BWV 23 ergibt sich ein vollkommen anderes Bild: d^1 erklingt 35mal; cis^1 23mal und h 10mal (letzterer Ton, namentlich in Satz 1, häufig im Oktavsprung h/h^1).

[48] Wolff (wie Fußnote 2), S. 82.

[49] H.-J. Schulze vermutete, die Verwendung des Finalsatzes sei „vielleicht mit Rücksicht auf die veränderte Funktion der Kantate als Abendmahlsmusik" erfolgt (Schulze K, S. 155).

[50] Auf Bachs Intention, mit dem Satz „das Moment der Traditionsverbundenheit" zu demonstrieren, hatte bereits Geck (wie Fußnote 32), S. 67, hingewiesen.

mit den Singstimmen gehen ließ,[51] sondern für den Sopran einen Cornetto (Zink) wählte, ein schon damals etwas altertümlich anmutendes, jedoch fest in der kirchenmusikalischen Tradition verwurzeltes Instrument.[52] Hier hatte Graupner zweifellos die modernere Variante genutzt – eine Trompete für die Oberstimme. Diese Besetzungsalternative schied für Bach schon allein aufgrund der speziellen Textsituation und der Einordnung des Gottesdienstes in das Kirchenjahr aus. Aber vielleicht kam ihm auch diese Besonderheit nicht ungelegen, hatte er doch seine Innovationskraft schon durch die Einbeziehung der Hautbois d'amour unter Beweis gestellt, so daß er sich im Schlußchoral die Allusion eines „stile antico" erlauben konnte.[53] Sicher war Bach bei seiner Bewerbung „mit den lokalen Verhältnissen nicht vertraut".[54] Aber die Verwendung der Hautbois d'amour legt zumindest die Hypothese nahe, daß er sicher war, in Leipzig Musiker zu finden, die das neue Instrument in ihrem Besitz hatten und es auch beherrschten. Andernfalls wäre der ebenso repräsentative wie technisch anspruchsvolle Einsatz von gleich zwei dieser Instrumente ein unkalkulierbares Wagnis für Bach gewesen, der zunächst in der Kantate BWV 23 eine Standardbesetzung vorgesehen hatte, „da er offensichtlich kein Risiko eingehen wollte."[55] Daß er bei der kurzfristig erfolgten Umarbeitung dann auf die Hautbois d'amour zurückgriff, war nun das genaue Gegenteil – es war in hohem Maße riskant. Auflösen läßt sich dieser Widerspruch nur dann, wenn man annimmt, daß Bach eben doch über

---

[51] Insofern muß Wolffs These (wie Fußnote 2, S. 83), die Posaunen dienten „wohl ausschließlich der Chorstützung und bot[en] somit einen willkommenen Sicherheitsfaktor bei der Aufführung der Probestücke", zumindest im Hinblick auf Bach relativiert werden. Weder ist die Führung der Singstimmen in Satz 3 einfacher, noch ist ihr Umfang geringer als im Finalsatz, und dennoch sah Bach keine Notwendigkeit, sie im ersteren durch Instrumente zu stützen. Insgesamt stellte Bach in BWV 23 an die Vokalisten allerdings erheblich höhere Anforderungen als Graupner in seinem Werk, was sich auch auf den Schwierigkeitsgrad der Posaunenstimmen auswirkte.

[52] Bach war einer der wenigen Komponisten, „die dieses zu Beginn des 18. Jahrhunderts veraltete Instrument" in der Funktion als Oberstimme zu drei Posaunen einsetzten (Prinz, *Bachs Instrumentarium*, wie Fußnote 14, S. 160), allerdings lediglich in neun Kantaten (vgl. ebenda, S. 170). Bemerkenswert scheint mir in dem Zusammenhang, daß Gottfried Reiche, der mit hoher Wahrscheinlichkeit Bachs Zink-Partie ausführte, im Jahre 1696 eine Sammlung von 24 Quatricinien für Zink und drei Posaunen herausgegeben hatte; vgl. A. Schering, *Zu Gottfried Reiches Leben und Kunst*, BJ 1918, S. 133–140, hier S. 133 f.

[53] Es ist dies im übrigen der erste Beleg für den Einsatz eines Zinken in Bachs Oeuvre. Prinz schreibt zwar (*Bachs Instrumentarium*, wie Fußnote 14, S. 162), Bach habe den Cornetto zum ersten Mal in BWV 25 (29. 8. 1723) verwendet, doch führt er BWV 23 in der davorstehenden Aufstellung explizit an.

[54] Wolff (wie Fußnote 2), S. 81 f.

[55] Ebenda, S. 83.

die erforderlichen Informationen verfügte, und zwar vor seiner Ankunft in Leipzig, die Wolff auf den 2. Februar datiert,[56] den Tag der Kantoratsprobe seines Mitbewerbers Georg Balthasar Schott. Es spricht einiges dafür, daß Bach in Kontakt stand mit einem oder beiden bereits genannten Instrumentenbauern, die sehr früh Hautbois d'amour fertigten: Bauer[mann] und Eichentopf. Wenn Bach jedoch, wie Richter vermutete (vgl. Fußnote 31), tatsächlich bereits im November 1722 nach Leipzig gekommen wäre, erschiene die Verwendung der zwei Hautbois d'amour in einem völlig anderen Licht: nämlich als bewußte Aufnahme einer in Leipzig bereits verankerten neuen klanglich-technischen Entwicklung im Instrumentenbau und als der gezielte Versuch, deren Besonderheiten einem Publikum und dem Rat der Stadt zu vermitteln.[57] Wie auch immer: Die eigentümliche Besetzung und die solistische Verwendung des neuen Instruments in der Kantate BWV 23 – wie auch in der Kantate zum Amtsantritt BWV 75, die überdies, wie bereits angesprochen, eine besondere Faktur der Trompetenpartie aufweist – waren gleichsam eine Verbeugung vor dem Leipziger Rat einschließlich seiner Musiker[58] sowie eine gezielte Werbestrategie für sich selbst als innovativer, dem modernen Klangempfinden zugewandter und zugleich der Stadt schon vor einem potentiellen Amtsantritt verbundener Musiker.[59] Wie die Quellen erkennen lassen, vermochte Bach damit zunächst weder die Mehrheit der Ratsmitglieder umzustimmen, noch deren grundsätzliche Vorbehalte auszuräumen. Aber die Leipziger Stadtmusiker und die lokalen Instrumentenmacher wird er wohl beeindruckt und für sich eingenommen haben.

---

[56] Ebenda, S. 82. Vgl. jedoch die abweichende Ansicht Richters in dieser Frage (siehe Fußnote 31).

[57] Es gilt zu bedenken, daß angesichts des in Leipzig damals üblichen tiefen Kammertons von ca. 392 Hz der Klang der Hautbois d'amour besonders eindrücklich zur Geltung kam; vgl. hierzu S. Rampe, *Stimmtonhöhe und Temperatur*, in: Bachs Orchester- und Kammermusik, Bd. 2: Bachs Kammermusik, hrsg. von S. Rampe und D. Sackmann, Laaber 2013 (Das Bach-Handbuch. 5.), S. 309–313.

[58] Dies hatte bereits Bruce Haynes (Artikel *Oboe d'amore*, in: Bachs Orchestermusik. Entstehung – Klangwelt – Interpretation. Ein Handbuch, hrsg. von S. Rampe und D. Sackmann, Kassel 2000, S. 284–285, hier S. 285) als Vermutung formuliert.

[59] Zur klanglichen Modernität der Hautbois d'amour vgl. M. Finkelman, *Die Oboeninstrumente in tieferer Stimmlage*, in: Tibia 23 (1998), S. 274–281, hier S. 280 f. Finkelmans These, daß die akustischen Besonderheiten des Instruments ganz wesentlich von der speziellen Bauform des Schallbechers geprägt seien, konnte jüngst durch akustische Messungen bestätigt werden; vgl. hierzu Ahrens und Schmidt, *Die Hautbois d'amour – Quellen zu ihrer Frühgeschichte und akustische Untersuchungen* (wie Fußnote 6), insbesondere S. 62–70.

Abbildung 1 und 2.
Hautbois d'amour aus der Werkstatt von Johann Gottfried Bauer[mann] in Leipzig
(1719). Musik- och teatermuseet Stockholm, Inv.-Nr. 150

Grundsätzliches zur Ritornellform
bei Johann Sebastian Bach

Von Siegbert Rampe (Spiegelberg)

Mehr als jeder anderen Art von Kompositionstechnik und -form, die Fuge eingeschlossen, bediente sich Johann Sebastian Bach der heute so genannten Ritornellform, die in seinem Œuvre sehr früh auftritt und bis in die 1740er Jahre hinein in Gebrauch blieb. Ritornellformen finden sich in allen Schaffensbereichen, ausgenommen Kanon und Motette, sie treten in Arie, Chorsatz und Fuge, im Konzert und in der Sonate und natürlich auch im Rahmen seines Tastenwerks auf, dort vor allem in Gestalt von Präludium und Toccata. Daß die Ritornellform über Jahrzehnte hinweg eine derart dominante Rolle spielen sollte, war eine zeittypische Modeerscheinung. Entwickelt in der zweiten Hälfte des 17. Jahrhunderts durch die venezianische Oper,[1] wurde sie in der Lagunenstadt bereits um 1700 auf Instrumentalmusik übertragen[2] und fand durch die gedruckten Opera mit venezianischen Konzerten sehr bald auch im deutschen Sprachgebiet Verbreitung. Georg Friedrich Händel beispielsweise bediente sich ihrer in seinen datierbaren Instrumentalwerken regelmäßig schon seit 1703, also mit gerade 18 Jahren.[3] Allerdings ist nicht einmal gewiß, ob die frühen deutschen Opern- und Kantatenarien bzw. -chöre in Ritornellform unmittelbar auf das Vorbild venezianischer Bühnenwerke zurückgehen oder erst auf dem Umweg über solche instrumentalen Varianten entstanden. Als Mittler zwischen Italien und dem nördlicheren Teil des Heiligen Römischen Reichs Deutscher Nation kommt auch der zunächst am kurbayerischen Hof in München wirkende und seit 1688 als Hofkapellmeister in Hannover tätige Agostino Steffani (1654–1728) in Frage, welcher aus dem Veneto stammte und bereits seit 1685 Ritornellformen in seinen Opern verwendete.[4] Da die

---

[1] N. Dubowy, *Arie und Konzert. Zur Entwicklung der Ritornellanlage im 17. und frühen 18. Jahrhundert*, München 1991 (Studien zur Musik. 9.), S. 32–160.

[2] Ebenda, S. 161–199.

[3] S. Rampe, *Jugendwerke*, in: Händels Instrumentalmusik, hrsg. von S. Rampe, Laaber 2009 (Das Händel-Handbuch. 5.), S. 105–122, speziell S. 118–120; ders., *Solokonzerte für Oboe sowie Violine*, in: ebenda, S. 382–391; ders., *Ouvertüren, Sinfonien und Einzelsätze*, in: ebenda, S. 497–504, hier S. 498 f.; ders., *Händel und die Anfänge des Solokonzerts*, in: Händel-Jahrbuch 56 (2010), S. 315–338.

[4] S. Rampe, *„Monatlich neüe Stücke" – Zu den musikalischen Voraussetzungen von Bachs Weimarer Konzertmeisteramt*, BJ 2002, S. 61–104, hier S. 75 f.; ders., *Italienische Vorbilder: Corelli, Steffani, Albinoni, Vivaldi*, in: Georg Friedrich Händel und seine Zeit, hrsg. von S. Rampe, Laaber 2009, S. 252–268, speziell S. 254 f.

Ritornellform im Bachschen Œuvre als Kompositionstechnik die zentrale Stellung schlechthin einnimmt, besteht also aller Grund, sich mit diesem Gegenstand, der Form und Technik zugleich ist, näher zu beschäftigen. Die Bach-Forschung hat sich der Ritornellform jedoch erst spät und dann nur sehr vereinzelt zugewandt – und auch das hat historische Gründe. Philipp Spitta identifizierte in seiner Bach-Monographie dieses Formgebilde zwar durchaus als solches, aber für ihn und seine Zeit blieb es fremd, da das 19. Jahrhundert ganz im Zeichen der Sonaten(hauptsatz)form stand, welche damals einen ähnlichen Status innehatte wie im Spätbarock die Ritornellform. Obwohl das Zeitalter der Klassik, etwa Mozart in seinen Konzerten,[5] Ritornell- und Sonatenform miteinander zu verknüpfen wußte, blieb die Ritornellform in Romantik und Spätromantik ein Fremdkörper, der mit der Ästhetik jener Zeit schwer vereinbar war. Die früheste eigene Studie zur Ritornellform bei Bach, verfasst von August Halm (1869–1929), datiert daher erst von 1919;[6] erst nach dem Zweiten Weltkrieg aber schloß die Forschung daran an, und es sollte bis heute keine weitere Darstellung mehr geben, die sich umfassend auf diesen kompositorischen Bereich konzentriert. Lediglich einzelne Aspekte wurden erforscht[7] und Probleme erörtert.[8]

Ich selbst habe mich mit der Ritornellform bei Bach seit fast 20 Jahren im Rahmen einer Untersuchung sämtlicher Instrumentalwerke dieser Art beschäf-

---

[5] Vgl. hierzu K. Küster, *Formale Aspekte des ersten Allegros in Mozarts Konzerten*, Kassel 1991.

[6] A. Halm, *Über J. S. Bachs Konzertform*, BJ 1919, S. 1–44.

[7] H.-G. Klein, *Der Einfluß der Vivaldischen Konzertform im Instrumentalwerk Johann Sebastian Bachs*, Straßburg und Baden-Baden 1970 (Sammlung musikwissenschaftlicher Abhandlungen. 54.); G. B. Stauffer, *The Organ Preludes of Johann Sebastian Bach*, Ann Arbor (Michigan) 1980 (Studies in Musicology. 27.); A. Dürr, *Zur Form der Präludien in Bachs Englischen Suiten*, in: Bach-Studien 6 (1981), S. 101–108; J.-C. Zehnder, *Zur Konzertform in einigen späten Orgelwerken Johann Sebastian Bachs*, in: Alte Musik – Praxis und Reflexion. Sonderband der Reihe „Basler Jahrbuch für Historische Musikpraxis" zum 50. Jubiläum der Schola Cantorum Basiliensis, hrsg. von P. Reidemeister und V. Gutmann, Winterthur 1983, S. 204–299; S. A. Christ, *Aria Forms in the Vocal Works of J. S. Bach, 1714–24*, Diss. Brandeis University 1988; J. Dehmel, *Toccata und Präludium in der Orgelmusik von Merulo bis Bach*, Kassel 1989; J.-C. Zehnder, *Giuseppe Torelli und Johann Sebastian Bach. Zu Bachs Weimarer Konzertform*, BJ 1991, S. 33–95; H.-I. Lee, *Die Form der Ritornelle bei Johann Sebastian Bach*, Pfaffenweiler 1993 (Musikwissenschaftliche Studien. 16.).

[8] W. Breig, *Probleme der Analyse in Bachs Instrumentalkonzerten*, in: Bachforschung und Bachinterpretation heute. Wissenschaftler und Praktiker im Dialog. Bericht über das Bachfest-Symposium 1978 der Philipps-Universität Marburg, hrsg. von R. Brinkmann, Kassel 1981, S. 127–136.

tigt[9] und dabei erstmals auch einen Zusammenhang zur Ritornellform in der Vokalmusik hergestellt, und zwar mit Blick auf den musiktheoretischen Hintergrund jener Zeit. Für den einzigen Autor, der sich zu Bachs Lebzeiten zu dieser Form äußerte, Johann Adolph Scheibe (1739), entspricht die „Konzertform", wie sie im 20. Jahrhundert bezeichnet wurde, nämlich in allen wesentlichen Punkten „einer wohlgesetzten Arie […] Was also daselbst von der Singestimme bemerket worden, das kann, mit veränderten Umständen, auf die Concertstimme ausgeleget werden" oder umgekehrt.[10] Somit waren Konzert- und Arienform grundsätzlich miteinander vergleichbar und man sollte daher heute allein von dem neutralen Begriff Ritornellform sprechen, da die Termini „Konzertform" und „Arienform" jeweils den einen oder anderen Bereich ausschließen. Um die Entwicklung von Bachs Ritornellform nachvollziehen zu können, untersuchte ich nicht allein die betreffenden Instrumentalwerke, sondern auch Arien und Chöre seiner geistlichen Vokalkompositionen und benannte Analogien und Unterschiede. Denn die Ritornellform setzt im überlieferten Schaffen Bachs noch vor seinem Vokalwerk ein: Als älteste Komposition dieser Art vermochte ich die Sonata a-Moll BWV 967 für Clavier zu identifizieren, deren früheste Quelle, eine Abschrift des älteren Bruders und ehemaligen Lehrers Johann Christoph Bach, Hans-Joachim Schulze und Robert Hill auf etwa 1705 datieren.[11] Es ist also durchaus wahrscheinlich, daß sich Bach ebenso wie Händel bereits in den Jahren zuvor mit der Ritornellform auseinandersetzte, jedenfalls aber noch in Arnstadt.

Derartige Neuerkenntnisse und die daraus zu ziehenden Konsequenzen auch für die Datierung anderer Instrumentalwerke Bachs werfen natürlich Fragen auf, und genau dies tut Jean-Claude Zehnder in seinem Beitrag im BJ 2012,[12] allerdings ohne auf den oben dargelegten Zusammenhang einzugehen. Einige seiner Antworten bedürfen einer Ergänzung und Erweiterung, da sie sich so

---

[9] S. Rampe, *Bachs Konzerte: Die Entstehungsgeschichte ihrer Musik*, in: ders. und D. Sackmann, *Bachs Orchestermusik: Entstehung, Klangwelt, Interpretation. Ein Handbuch*, Kassel 2000, S. 177–249; S. Rampe, *Die Ritornellform als Kompositionsschema*, in: Bachs Klavier- und Orgelwerke, hrsg. von S. Rampe, Laaber 2007 (Das Bach-Handbuch. 4.), Bd. 1, S. 194–207; ders., *Freie Werke IV: Erste Kompositionen in Ritornellform*, in: ebenda, S. 350–415; ders., *Freie Werke V: Die Ritornellform als Norm*, in: ebenda, Bd. 2, S. 767–796; ders., *Zur Entwicklung der Bach'schen Ritornellform*, in: Bachs Orchester- und Kammermusik, hrsg. von S. Rampe, Laaber 2013 (Das Bach-Handbuch. 5.), Bd. 1, S. 147–163.

[10] Zitiert nach der Ausgabe J. A. Scheibe, *Critischer Musikus*, Leipzig 1745 (Reprint: Hildesheim 1970), S. 631 ff.

[11] Rampe, *„Monatlich neüe Stücke"* (wie Fußnote 4), S. 104.

[12] J.-C. Zehnder, *Ritornell – Ritornellform – Ritornellkonstruktion. Aphorismen zu einer adäquaten Beschreibung*, BJ 2012, S. 95–106.

auf Bach nicht uneingeschränkt anwenden lassen. Meine folgenden Ausführungen beziehen sich also auf Zehnders Fragestellungen; ich gliedere sie
in unterschiedliche Abschnitte nach der Ordnung seines Beitrags.

1. Was ist ein Ritornell?

Der Terminus „Ritornell" war, wie Zehnder darlegt, zwar schon zur Bach-Zeit
in Gebrauch, aber eine hinreichende Definition sucht man in der zeitgenössischen Literatur vergeblich. Es handelt sich vielmehr um die Verkleinerungs-
form des italienischen Begriffs „ritorno" (Wiederkehr), ein Ritornell ist also
ein kurzes Gebilde, das im Rahmen eines Musikstücks wiederholt wird. Laut
Zehnder zeigt es als „instrumentales Vorspiel in der Regel eine in sich abge-
rundete Struktur, es schließt in der Haupttonart".[13] Eine solche Feststellung
findet man in der modernen Sekundärliteratur häufig, aber gerade dies ist
bei vielen Ritornellen des Spätbarock nicht der Fall. Hätte ein Ritornell nach
zeitgenössischer Auffassung in der Tonika zu enden gehabt, wie es auf die
meisten Ritornelle zutrifft, besäßen nicht nur manche Arien Bachs, sondern
auch beispielsweise der erste Satz seines a-Moll-Violinkonzerts BWV 1041
kein Ritornell. Denn deren Instrumentalvorspiele schließen auf der Dominante
und daher kann es nach der Musiklehre der Zeit in Wirklichkeit nicht zwingend
Ziel eines Ritornells gewesen sein, in die Haupttonart zurückzuführen. Dergleichen findet man übrigens auch in Bachs Tastenmusik, beispielsweise im
Präludium a-Moll BWV 894/1 für Clavier. Karl Heller hat 1991 als erster auf
solche „modulierende" Ritornelle in Bachs Clavierwerk hingewiesen (hier
am Beispiel der Toccata G-Dur BWV 916),[14] jedoch nicht benannt, welchem
Modell der Komponist diese Art der Ritornellgestaltung nachempfunden
hat. Man trifft nämlich auch sie in der venezianischen Oper des späten
17. Jahrhunderts an und derjenige, der modulierende Ritornelle auf die Instrumentalmusik übertrug, war nicht Bach selbst, sondern Tomaso Albinoni,
dessen *Sinfonie, e Concerti a Cinqve Due Violini Alto, Tenore, Violoncello,
e Basso* op. 2 im Jahre 1700 in Venedig erschienen. Dieses Opus enthält die
ältesten Instrumentalwerke in Ritornellform, dem modulierenden Ritornelltypus entsprechen hier die Kopfsätze von gleich drei seiner sechs Konzerte:
die Concerti G-Dur op. 2,8 (Allegro), C-Dur op. 2,10 (Allegro) und D-Dur
op. 2,12 (Allegro assai).[15] Eine Analyse des ersten Satzes im Concerto op. 2,8

[13] Ebenda, S.95.
[14] K. Heller, *Die freien Allegrosätze in der frühen Tastenmusik Johann Sebastian Bachs*, in: Beiträge zur Bach-Forschung 9/10, Leipzig 1991, S.173–185.
[15] Rampe, *Zur Entwicklung und Verbreitung des Concerto bis 1720*, in: Bachs Orchester- und Kammermusik (wie Fußnote 9), S.120–146, hier S.127.

habe ich wiederholt an leicht zugänglicher Stelle publiziert,[16] daher ist die Demonstration eines derartigen Bauplans hier nicht mehr erforderlich. Bemerkenswert erscheint das modulierende Ritornell jedoch aus zwei Gründen: Zum einen tritt es bei Bach nur in den früheren seiner Ritornellformen auf und fehlt beispielsweise in den Arien und Chören der Leipziger Vokalwerke vollständig. Andererseits ist ein Ritornell ohne Abschluß auf der Tonika natürlich für die Schlußgestaltung eines Werks untauglich und bedingt deshalb schon bei Albinoni einen zusätzlichen „Anhang" am Ende des Satzes, der zur Haupttonart zurückführt.[17] Solche Anhänge begegnen uns auch bei Bach, und zwar gelegentlich sogar dann, wenn das Eingangsritornell nicht moduliert, etwa in der erwähnten Sonata a-Moll BWV 967. Daher sind Anhänge also ebenfalls ein wichtiges Kriterium für die zeitliche Einordnung einer Komposition. Allerdings trifft man sowohl modulierende Ritornelle als auch Anhänge bei vielen Komponisten jener Zeit an, und zwar noch Jahre später als bei Albinoni und Bach. Händel beispielsweise schuf Ritornelle, die auch auf der III., IV. oder VI. Stufe enden können, noch in seinen Orgelkonzerten op. 4 (1735/36) und *Concerti Grossi* op. 6 (1739).[18]

Kommen wir auf die ursprüngliche Fragestellung zurück, so ist festzuhalten, daß ein Ritornell im 17. und frühen 18. Jahrhundert ein mehrteiliges, aber kurzes Gebilde darzustellen hatte, welches tonartlich nicht unbedingt festgelegt sein mußte.

Laut Zehnder hat ein Ritornell „oft die stringente Folge 1) eines thematisch hervorgehobenen Kopfes, 2) eines locker weiterführenden Abschnitts (‚Fortspinnung') und schließlich 3) einer (gelegentlich ausführlich gestalteten) Kadenzierung".[19] Gemeint ist der sogenannte Fortspinnungstypus, der sich nach der Theorie Wilhelm Fischers (1886–1962)[20] in „Vordersatz [Kopf], Fortspinnung und Epilog" gliedert. Aber diese Lehrmeinung hat in der barocken Welt ebenfalls nur bedingt Bestand; denn viele Ritornelle, auch solche von Bach, sind in Wirklichkeit nicht drei-, sondern nur zweiteilig, sie umfassen also einen Vordersatz und eine Fortspinnung mit integrierter Kadenz (oder einen fortgesponnenen Epilog). Unter Bachs Konzerten gehören zu diesem zweigliedrigen Typus beispielsweise die Kopfsätze des 2. und 6. Brandenburgischen

---

[16] Ebenda sowie Rampe, *Händel in der Geschichte des Concerto*, in: ders. (Hrsg.), Händels Instrumentalmusik (wie Fußnote 3), S. 375–381, hier S. 378; ders., *Italienische Vorbilder* (wie Fußnote 4), S. 258.

[17] Rampe, *Bachs Konzerte* (wie Fußnote 9), S. 181 f.; ders., *Zur Entwicklung und Verbreitung des Concerto* (wie Fußnote 15), S. 127 f.

[18] Rampe, *Händel in der Geschichte des Concerto* (wie Fußnote 16), S. 377.

[19] Zehnder, *Ritornell – Ritornellform – Ritornellkonstruktion* (wie Fußnote 12), S. 95.

[20] W. Fischer, *Zur Entwicklung des Wiener klassischen Stils*, in: Studien zur Musikwissenschaft. Beihefte der Denkmäler der Tonkunst in Österreich 3, Leipzig und Wien 1915, S. 24–84.

Konzerts F-Dur und B-Dur BWV 1047 und 1051 oder des A-Dur-Cembalo-
konzerts BWV 1055, und dieses Modell trifft man ebenfalls bereits in Albinonis Opus 2 an. Da Albinoni – und nicht, wie es nahezu in der gesamten Literatur zu lesen ist, Vivaldi – zugleich der Erste war, der auch ein Konzert mit
einem Ritornell des dreiteiligen Fortspinnungstypus veröffentlichte (op. 2,2
F-Dur),[21] ergeben sich aus diesen Befunden also keinerlei chronologische
Schlußfolgerungen. Vielmehr muß man einräumen, dass zwei- und dreiteilige
Ritornelle in der Barockzeit nebeneinander bestanden, selbst wenn letztere
deutlich häufiger auftraten. Jedenfalls aber wird man auch zweigliedrige
Modelle als vollgültige Ritornelle anzuerkennen haben, obschon sie Fischers
Theorie nicht unmittelbar entsprechen. Und schließlich sei, um Mißverständ-
nissen vorzubeugen, darauf hingewiesen, daß mitunter sogar vier- und fünf-
teilige Ritornelle auftreten können, sogar bei Bach.
Daher wird man die Antwort auf die Frage, was ein Ritornell ist, kaum klarer
formulieren können, als daß es sich um ein kurzes mehrteiliges Gebilde handelt, welches in seiner Gestaltung nicht näher festgelegt zu sein hat.

2. Was ist eine Ritornellform?

Gemäß dieser Definition muß eine Ritornellform also ein Bauplan sein, der
durch die Wiederkehr seines Ritornells gegliedert wird. Wie oft und in welcher
Gestalt das Ritornell wiederkehrt und ob es ganz, teilweise oder variiert erscheint, bleibt in das Belieben des Komponisten gestellt. Insofern bietet die
Ritornellform beim Komponieren einen vergleichsweise großen Handlungs-
spielraum. Für die Abschnitte zwischen dem Ritornell und seiner Wiederkehr
hat sich im 20. Jahrhundert der Begriff „Episode" eingebürgert. Wer ihn er-
fand, ist unbekannt und auch eher unwichtig, weil er dasselbe meint, was im
17. und 18. Jahrhundert „Solo" genannt wurde (auch im Unterschied zum
„Tutti"). Die ideale Ritornellform beruht auf dem Kontrast von Tutti und Solo,
allerdings muß es sich dabei nicht zwingend um einen Gegensatz handeln;
denn die frühen und späten Ritornellformen weisen oft eine Begleitung des
Solos durch das Ripieno auf, so daß eine Unterscheidung zwischen Ritornell
und Episode mitunter nur durch abweichendes, oft (aber nicht immer) gegen-
sätzliches thematisches oder motivisches Material möglich wird. Das gilt auch
für Arie und Chor in Ritornellform, selbst wenn dort eine Kontrastierung zu
den Instrumentalteilen durch den Einsatz der Singstimme(n) und die Unter-
legung eines Textes gegeben ist.

---

[21] Rampe, *Zur Entwicklung und Verbreitung des Concerto* (wie Fußnote 15), S. 125 f.

Jean-Claude Zehnder hat zurecht kritisiert, dass es unangemessen erscheint, die vokalen Abschnitte einer Arie mit ihrer zentralen Textaussage als bloße Episoden zu bezeichnen, und dabei auf mich verwiesen.[22] Tatsächlich habe ich die Vokalteile von Arien im Rahmen meiner Analysen ihrer Ritornellformen als Episoden dargestellt. Dabei ging es freilich ausschließlich um den Bauplan der Ritornellanlage und nicht um die Besprechung der Vokalwerke selbst, in der selbstverständlich der Text im Mittelpunkt zu stehen hat. Wie sonst aber sollte man die vokalen Soli benennen, um sie als Elemente einer Ritornellform verständlich zu machen? Zehnder schlägt statt dessen den Begriff „Vokaleinbau" für die vokale Episode vor,[23] der freilich gleich in mehrfacher Hinsicht wenig hilfreich ist: Zunächst suggeriert er, dass in die Instrumentalpartien ein Vokalsatz eingepasst wurde; nach Vorstellung der damaligen Zeit aber sind die instrumentalen Abschnitte einer Arie gerade um den Text der Singstimme(n) herum konstruiert. Zum anderen bildet „Vokaleinbau" einen Gegensatz und kein Synonym zur Episode. Akzeptiert man die Darstellung von Johann Adolph Scheibe (1739), daß vokale und instrumentale Ritornellformen miteinander vergleichbar sind, wird man also nicht umhin kommen, bei der formalen Analyse dieselben Termini zu verwenden, wobei es gegenstandslos bleibt, ob man die Episode nun als Solo bezeichnet oder nicht.

Auch für Sonatensätze in Ritornellform wünscht Zehnder eine andere Terminologie. Scheibe unterscheidet bei der Triosonate oder dem Quartett die „eigentliche Sonate" von jener „auf Concertenart",[24] was Zehnder – wie übrigens auch Matthias Geuting,[25] auf den er sich stützt[26] – auf die Ritornellanlage bezieht. Dabei hat David Schulenberg gerade gezeigt, daß Scheibe in seiner Abhandlung der Sonate mit keinem Wort von der Ritornellform spricht, sondern allein von der großformalen Struktur eines Werks:[27] Die „Sonate auf Concertenart" ist eine dreisätzige mit der Folge schnell-langsam-schnell nach dem Muster des venezianischen Concerto, die „eigentliche Sonate" also eine viersätzige. Folglich beruht Zehnders Vorschlag, Sonatensätze in Ritornellform als „eigentliche Sonatensätze" zu bezeichnen, auf einem Mißverständnis; seine Anregung muß hier also ebenfalls unberücksichtigt bleiben und

---

[22] Rampe, „*Monatlich neüe Stücke*" (wie Fußnote 4), S. 78 f.

[23] Zehnder, *Ritornell – Ritornellform – Ritornellkonstruktion* (wie Fußnote 12), S. 96 f.

[24] Scheibe, *Critischer Musikus* (wie Fußnote 10), S. 675.

[25] M. Geuting, *Konzert und Sonate bei Johann Sebastian Bach. Formale Disposition und Dialog der Gattungen*, Kassel 2006 (Bochumer Arbeiten zur Musikwissenschaft. 5.), passim.

[26] Zehnder, *Ritornell – Ritornellform – Ritornellkonstruktion* (wie Fußnote 12), S. 97f.

[27] D. Schulenberg, *The Sonate auf Concertenart – A Postmodern Invention?*, in: J. S. Bach's Concerted Ensemble Music, the Concert, hrsg. von G. G. Butler, Urbana und Chicago 2008 (Bach Perspectives 7), S. 55–96.

mit Blick auf die Benennung der Teile einer Ritornellanlage läßt sich nur
sagen, daß zu den Begriffen „Ritornellform" und „Episode" bis heute keine
wirklich besseren Alternativen bestehen.

3. Die Entstehung der instrumentalen Ritornellform

Auch hinsichtlich der Entstehung instrumentaler Ritornellformen will sich
Zehnder nicht den historischen Vorbildern anschließen: „Gleichsam eine Ge-
genposition nehmen die Analysen von Siegbert Rampe ein; die ‚Ritornellform'
wird nicht erst von Vivaldi (1711) hergeleitet, sondern schon von Albinoni
(1700)".[28] Richtig ist, daß es nicht ich oder Dominik Sackmann[29] waren, die
festgestellt haben, daß Albinoni (und nicht Vivaldi) die Ritornellform auf
das Instrumentalkonzert übertrug, sondern bereits 1991 Norbert Dubowy.[30]
Ich habe dessen Behauptung seit 2000 lediglich durch Analysen der Albino-
nischen Konzerte untermauert. Natürlich haben Carl Dahlhaus und Rudolf
Eller, wie Zehnder darlegt, bereits 1955 und 1961 Antonio Vivaldi als Bachs
Vorbild der Ritornellform benannt[31] und seitdem wurde diese Erkenntnis in
der gesamten Sekundärliteratur festgeschrieben. Aber kannten sie überhaupt
Albinonis Opus 2? Konnten sie schon damals wissen, daß es bei Bach und
Händel bereits vor 1711 Werke in Ritornellanlage gegeben haben muß? Albinonis Sonaten und Sinfonien von 1700, ursprünglich in Einzelstimmen veröffentlicht, sind erst in den Jahren 1982 bis 2000 als Neuausgabe in Partitur
herausgekommen.[32] Um sie bereits in den 1950er oder 1960er Jahren analysie-
ren zu können, hätte man also schon selbst Spartierungen anfertigen müssen,
wie es auch zur Bach-Zeit notwendig war, um die Werke bearbeiten zu können. Johann Gottfried Walther in Weimar richtete bekanntlich Albinonis
Konzerte op. 2,8 und 12 für Orgel ein, von Bach blieb eine Abschrift (ca. 1709/
10) der Continuostimme zum Concerto e-Moll op. 2,4 erhalten (= BWV Anh.
I 23). Zu Beginn des 18. Jahrhunderts war dem Opus nämlich ein ähnlich großer Erfolg beschieden wie seit 1711 Vivaldis berühmtem *L'Estro Armonico*
op. 3: Bereits 1702 erschien in Venedig eine Zweitauflage und im gleichen Jahr
brachte auch Vivaldis späterer Verleger Estienne Roger in Amsterdam eine
eigene Ausgabe heraus, die über Jahrzehnte hinweg im Katalog blieb und wiederholt neu aufgelegt wurde. 1709 folgte eine weitere Neuedition durch die

[28] Zehnder, *Ritornell – Ritornellform – Ritornellkonstruktion* (wie Fußnote 12), S. 99.
[29] D. Sackmann, *Bach und das italienische Concerto*, in: Rampe und Sackmann, Bachs Orchestermusik (wie Fußnote 9), S. 65–79.
[30] Dubowy, *Arie und Konzert* (wie Fußnote 1), S. 161.
[31] C. Dahlhaus, *Bachs konzertante Fugen*, in: BJ 1955, S. 47–72. R. Eller, *Vivaldi – Dresden – Bach*, in: Beiträge zur Musikwissenschaft 3 (1961), Heft 4, S. 31–48.
[32] Hrsg. von W. Kolneder und H. Bergmann in Adliswil (Schweiz).

Londoner Verleger John Walsh, Peter Randall und Joseph Hare senior.[33] Damit war diese Sammlung nördlich der Alpen allgemein verfügbar und man konnte sie, wie ich gezeigt habe, sogar per Katalog in Amsterdam bestellen, auch in Weimar: Johann Gottfried Walther ließ sich Amsterdamer Musikalien aus dem Verlag Rogers durch einen „Ost-Indien-Fahrer" direkt nach Hause liefern.[34] Es gibt also keinen Grund daran zu zweifeln, daß es zunächst Albinoni war, der für die Verbreitung der Konzertform sorgte, selbst wenn außer Frage steht, daß seine Werke durch den „Boom", welche die musikalisch und kompositionstechnisch überlegenen Konzerte Vivaldis seit 1711 auslösten, in der Gunst des Publikums abgelöst wurden.

Zehnder stört an der Ritornellanlage in Albinonis frühen Konzerten, daß dort die Episoden nicht stets solistisch hervorgehoben werden,[35] wie es dann in Giuseppe Torellis Concerti op. 8 (1709) und in Vivaldis Opus 3 meist der Fall ist. Aber war dies ein entscheidendes Kriterium bereits der Zeit um 1700? Wenn man von einer solchen Voraussetzung ausginge, müssten auch zahlreiche Ritornellformen in der Kammer- und Tastenmusik Bachs als fraglich gelten, weil dort ebenfalls ein Besetzungswechsel nicht ohne weiteres möglich ist. Wie meine Analysen beweisen, präsentieren Albinonis Episoden entweder neues motivisches Material oder verarbeiten die thematischen Gedanken des Ritornells, ebenso wie dies in vielen Bachschen Arien und Konzerten der Fall ist; daß es sich tatsächlich um Ritornellformen handelt, wird durch den Wiedereintritt der Ritornelle offensichtlich, der an der Ritornellanlage als solcher letztlich keine Zweifel aufkommen läßt. Für die Technik, Ritornellmaterial binnen Episoden zu zitieren und verwandeln, verwendete ich den Ausdruck „ritornellverarbeitender Teil". Dieser Begriff ist Zehnder „zu allgemein",[36] aber nur so lassen sich innere Bezüge zwischen Ritornell und Episode transparent machen, ohne deren genaue Faktur stets detailliert beschreiben zu müssen. Merkwürdig bleibt in diesem Zusammenhang übrigens, daß Zehnder für seine eigenen Schlußfolgerungen ebenso wie bereits Karl Heller 1991[37] ausgerechnet den Kopfsatz jenes Concerto e-Moll op. 2,4 heranzieht, der als einziger unter den sechs Konzerten eben keine frühe Ritornellform enthält.

4. Fugen in Ritornellform

Wirklich fundamental unterschiedlicher Auffassung ist Zehnder hinsichtlich der Kategorie von „Fugen in Ritornellform", deren Existenz er schlicht be-

[33] Rampe, *Zur Entwicklung und Verbreitung des Concerto* (wie Fußnote 15), S. 122 f.

[34] Rampe, *Die Ritornellform als Kompositionsschema* (wie Fußnote 9), S. 201.

[35] Zehnder, *Ritornell – Ritornellform – Ritornellkonstruktion* (wie Fußnote 12), S. 100 f.

[36] Ebenda, S. 104.

[37] Heller, *Die freien Allegrosätze* (wie Fußnote 14), S. 179.

zweifelt. Hingegen will er diesen Terminus durch „Fuge mit profilierten Zwischenspielen" ersetzt wissen.[38] Dabei muß zunächst wieder auf ein historisches Mißverständnis aufmerksam gemacht werden; denn erneut war es nicht ich, der erstmals auf Fugen in Ritornellform hingewiesen hat, wie Zehnder meint. Vielmehr identifizierte und benannte Ulrich Siegele diese Fugenart als erster,[39] und zwar im Unterschied zur kontrapunktisch definierten Fuge, deren Gestaltung durch die kontrapunktische Durchführung der Themen bestimmt wird, wie es traditionell seit dem frühen 16. Jahrhundert der Fall war. Daneben besteht jedoch im Spätbarock ein zweiter Typus, der außer bei Bach auch bei Albinoni (1700) und Corelli (1700) auftritt.[40] Diese Fugen besitzen tatsächlich sehr profilierte Zwischenspiele, aber ein solcher Terminus greift zu kurz, weil die Zwischenspiele in ihrer räumlichen Ausdehnung den Themendurchführungen nahekommen (oder diese gelegentlich sogar übertreffen!), weil die Zwischenspiele nicht etwa bloße Überleitungen darstellen, sondern eigenes motivisches oder gar thematisches Material erhalten und verarbeiten, weil dieses Material, und das gilt vor allem für Bachs Fugen, oft in späteren Zwischenspielen erneut aufgegriffen wird. Somit weisen solche Zwischenspiele sämtliche Eigenschaften auf, die den Episoden einer reifen Bachschen Ritornellform zukommen, und man ist deshalb veranlaßt, hier von wirklichen Episoden zu sprechen, während die Themendurchführungen der Fuge als Ritornelle fungieren.

Wie jedoch dachte Bach? Seine Haltung läßt sich unschwer an seinen Konzertsätzen ablesen, die tatsächlich als Fugen gestaltet sind. Ein schönes Beispiel ist das Presto-Finale des 4. Brandenburgischen Konzerts in G-Dur BWV 1049, in dem die Fugendurchführung von ausgedehnten Episoden unterbrochen wird, welche alle oben genannten Eigenschaften solcher Formteile aufweisen. Sie nehmen mit 90 zu 154 Takten rund 60 Prozent des Ritornellumfangs in diesem Satz ein, sind also weit mehr als profilierte Zwischenspiele und zu-

[38] Zehnder, *Ritornell – Ritornellform – Ritornellkonstruktion* (wie Fußnote 12), S. 104 ff.

[39] U. Siegele, *Kategorien formaler Konstruktion in den Fugen des Wohltemperierten Klaviers*, in: S. Rampe (Hrsg.), Bach. Das Wohltemperierte Klavier I: Tradition, Entstehung, Funktion, Analyse. Ulrich Siegele zum 70. Geburtstag, München und Salzburg 2002 (Musikwissenschaftliche Schriften. 38.), S. 321–471, speziell S. 462 bis 471; U. Siegele, *Von zwei Kulturen der Fuge. Ritornellform und kontrapunktische Definition im Wohltemperierten Klavier von J. S. Bach*, in: Musik und Ästhetik 40 (2006), S. 63–69.

[40] T. Synofzik und S. Rampe, *Ricercar, Canzone oder Fantasie? Zur Entwicklung der Fuge*, in: Rampe (Hrsg.), Bachs Klavier- und Orgelwerke (wie Fußnote 9), S. 80–91, speziell S. 88–91; Rampe, *Die Ritornellform als Kompositionsschema* (wie Fußnote 9), S. 203–206.

dem das eigentliche Zentrum der musikalisch-dramaturgischen Handlung.[41] Damit steht fest, daß Bach sogar Konzertsätze als Fugen in Ritornellform verstand, und es liegt nahe, dasselbe Modell auf andere seiner Fugen zu übertragen, beispielsweise innerhalb seiner Tasten- und Kammermusik. Zwei Fugen, die dem Finale des 4. Brandenburgischen Konzerts musikalisch entsprechen, sind die Orgelfuge in e-Moll BWV 548/2 und der zweite Satz (Allegro) der Flötensonate in e-Moll BWV 1034. In beiden Fällen erreicht das musikalische Geschehen wieder in den Episoden seinen Höhepunkt und die Episoden sind mit 73 zu 158 Takten (BWV 548/2) bzw. 25,5 zu 44,5 Takten (BWV 1034/2) erneut maßgeblich am Gesamtumfang der Sätze beteiligt. Was wollte man von Episoden also noch mehr erwarten?

Folglich war die Fuge in Ritornellform tatsächlich eine Kategorie der Bachschen Fuge, indem der Komponist das Modell der Ritornellform auch an diese Gattung adaptierte, und es wäre geradezu irreführend, derartige Stücke als Fugen mit profilierten Zwischenspielen zu bezeichnen, weil es der tatsächlichen musikalischen Handlung widerspräche. Erst recht aber ließen sich solche Fugen nicht von jenen unterscheiden, deren Bauplan kontrapunktisch definiert ist, selbst wenn dort die Zwischenspiele ein besonderes Profil erhielten. Vielmehr wird man einräumen und dies auch als seine historische Leistung anerkennen müssen, daß Bach als einziger Fugen in Ritornellform für Tasteninstrumente komponierte.

---

[41] Vgl. meine Analyse in S. Rampe, *Brandenburgische Konzerte BWV 1046–1051*, in: ders. (Hrsg.), Bachs Orchester- und Kammermusik (wie Fußnote 9), S. 197–206.

Kritische Nachbemerkung
zum Beitrag von Siegbert Rampe

Von Jean-Claude Zehnder (Basel)

Die Absicht meiner *Aphorismen* im BJ 2012 läßt sich, kurz zusammengefaßt, so umreißen: Die Bach-Forschung möge die Anknüpfung an die Überlegungen der älteren Generation nicht verlieren (z. B. Alfred Dürr über die Da-capo-Präludien der Englischen Suiten, Werner Breig über Probleme der Analyse von Konzerten, Rudolf Eller über Bach und Vivaldi, Karl Heller über Strukturen im Konzert-Allegro). Und die Begriffe, mit denen wir einem Leser die Struktur eines Stücks nahebringen wollen, mögen eher differenzierter (keinesfalls pauschaler) gefaßt werden.

Siegbert Rampe untermauert nun seine Sicht der „Ritornellform": Seiner Ansicht nach lassen sich von der Sonata a-Moll BWV 967 (um 1705 oder früher) bis etwa 1740 Concerti, Sonaten, Arien, Chöre, ja sogar Fugen in diese Kategorie einreihen. Das Gespräch mit abweichenden Ansichten wird nicht gesucht. Dabei kann gerade die Diskussion verschiedener Ansätze uns den möglichen Gedankengängen eines Komponisten näherbringen.

Beispiel Albinoni, Concerto G-Dur op. 2/8 (J. G. Walther hat davon eine Orgel-Transkription angefertigt): Nach der Ansicht von Breig und Heller ist die primäre kompositorische Absicht am adäquatesten zu verstehen als vier Perioden mit je ähnlicher Binnenstruktur. Innerhalb einer solchen Periode hören wir (dies kann man als sekundäre Schicht der Analyse bezeichnen) ein prägnantes Thema – in der Terminologie von Wolfgang Schicker ein „Motto" – und eine solistische Weiterführung. Nach Siegbert Rampe ist nun das erste „Motto" ein „Ritornell". Daraus resultiert die Notwendigkeit, einen modulierenden Ritornelltypus ohne Kadenzschluß anzunehmen. Daß diese Sicht den älteren Ansätzen von Dahlhaus, Breig, Heller und vielen anderen widerspricht, braucht kaum gesagt zu werden. Aber auch Wolfgang Schicker gibt zu bedenken, daß aufgrund der Concerto-Tradition die solistischen Takte am sinnvollsten als zweiter Teil einer „Mottophrase" aufzufassen seien; denn ein eigentlicher Phrasenschluß findet sich erst in Takt 12 (Schicker hat erstmals alle norditalienischen Konzertdrucke von 1692 bis 1711 herangezogen).[1]

---

[1] Wolfgang Schicker, *Phrasentransposition und Ritornellgedanke – Aspekte formaler Gestaltung im norditalienischen Instrumentalkonzert zwischen 1692 und 1711*, Tutzing 2010, S. 71.

Diese Wiederholung von längst Gesagtem hat keinen anderen Zweck als diesen Wunsch: Die „Community" der Bach-Forscher möge im Gespräch bleiben mit verschiedenen Zugängen. Die „heute so genannte Ritornellform" (Rampe, siehe oben) ist eine unzulässige Vereinfachung, mit der sich zweifellos viele Forscher nicht anfreunden können.

Die Hamburger Kirchenmusikreform von 1789 zwischen Tradition und Aufklärung[1]

Von Reginald L. Sanders (Gambier, Ohio)

Die aus dem späten 18. Jahrhundert stammenden Rechnungsbücher der Hamburger Kämmerei sind stattliche großformatige Bände (einige noch mit den alten Bindeverschlüssen), von denen ein jedes mehrere hundert Seiten umfaßt und mehrere Kilogramm wiegt. Diese Bände, die sowohl die – aus verschiedenen Quellen wie der Bier- und Weinsteuer stammenden – Einnahmen der Stadt dokumentieren als auch ihre Ausgaben (einschließlich der Zahlungen an städtische Angestellte wie Torwächter und Stadtmusiker), gewähren Einblick in fast alle Aspekte des zeitgenössischen öffentlichen Lebens. Die Gegenüberstellung der Einnahmen und Ausgaben spiegelt das gebotene Vorgehen, nach dem eine Stadtverwaltung zunächst Gelder von denjenigen einzieht, die mit ihren Geschäften in der Stadt Profit erwirtschaftet haben, und diese Mittel dann nach den ihr für das Wohlergehen des Gemeinwesens richtig erscheinenden Prinzipien neu verteilt. Während bestimmte Dienste wie etwa die Polizei und Feuerwehr kontinuierlich finanziert werden müssen, kann die Notwendigkeit oder der Wunsch zur Unterstützung anderer Bereiche sich im Laufe der Zeit wandeln, selbst wenn die eher statisch wirkenden Seiten der Rechnungsbücher von Jahr zu Jahr die gleichen zu bleiben scheinen. Es kommt jedoch unweigerlich ein Tag der Wahrheit, wenn die Diskrepanz zwischen den tatsächlichen Kosten einer Unternehmung und ihrer empfundenen Wohltat für die Gesellschaft zu groß wird. Für die in Hamburg seit den 1640er Jahren gepflegte kirchenmusikalische Tradition der regelmäßigen Aufführungen von Figuralmusik durch das Vokal- und Instrumentalensemble des Kantors kam dieser Tag im Februar 1789.

Obwohl zweifellos eine Neubewertung der kirchenmusikalischen Traditionen der Stadt Hamburg längst überfällig schien, wurde diese notwendigerweise bis nach dem Tod des langjährigen Kantors und Musikdirektors Carl Philipp Emanuel Bach im Dezember 1788 aufgeschoben, um jeglichen Anschein zu vermeiden, daß einem der größten Musiker Deutschlands irgendwelche Verfehlungen vorzuwerfen seien. Die Initiative zu den Reformen ging von der

[1] Die Forschungsarbeiten zu diesem Beitrag wurden von einem Faculty Development Grant des Kenyon College und einem Career Enhancement Fellowship der Woodrow Wilson Foundation großzügig unterstützt. Beiden Einrichtungen bin ich zu großem Dank verpflichtet. Danken möchte ich außerdem Ann Le Bar, Frank Hatje und Jeff Bowman für ihre wertvollen Anmerkungen zu früheren Fassungen dieses Texts.

Bürgerversammlung aus, die als das Collegium der Sechziger bekannt und insbesondere für pädagogische und religiöse Belange zuständig war.[2] Die Sechziger baten den Senat „im Concluso vom 6. Februar dieses Jahres um die Sistirung der Wahl eines Cantoris […], damit so wohl in Ansehung der Kirchen Musiken, als des Singe Unterrichts in der St. Johannis Schule, zum Besten der bedrückten Kirchen und der Kammer andere nöhtige, zweckmäßige Einrichtungen und Erspahrungen mögten getroffen werden können."[3] Der Senat gab seine Zustimmung und wandte sich für eine Beurteilung der Verhältnisse an das hierfür zuständige Collegium scholarchale[4] – die Verwaltungsinstanz, die das Johanneum beaufsichtigte, an dem der Kantor als Lehrer tätig war.[5]

In ihrem Bericht über die kirchenmusikalische Tradition waren die beiden für diese Aufgabe ausgewählten Mitglieder des Collegium scholarchale – Johann Jacob Rambach, Oberpastor an St. Michaelis, und Georg Heinrich Berkhan, Oberpastor an St. Katharinen – offensichtlich darum bemüht, Bach nicht zu verunglimpfen, der in ihren Augen „der größte Mann in seiner Kunst war, und auf den Hamburg stolz zu sein Ursach hat".[6] Sie argumentierten, die gegenwärtige Situation sei unbefriedigend, da die rund 130 jährlichen Aufführungen, die sonn- und festtäglichen Hauptgottesdienste sowie auch bestimmte Samstags- bzw. Festvorabendgottesdienste und Sonn- bzw. Festtagsvespern ausschmückten, den Kantor und sein Ensemble über Gebühr beanspruchten.[7] Die Anforderungen dieses Zeitplans resultierten nicht nur in unbefriedigenden Aufführungen, sie stahlen dem Kantor zudem auch die Zeit, die er für das Komponieren neuer Werke benötigte, und zwangen ihn, ältere Stücke mit

---

[2] Ausführlichere Informationen zu den bürgerlichen Kollegien finden sich bei J. Whaley, *Religious Toleration and Social Change in Hamburg 1529–1819*, Cambridge 1985, S. 19 ff.

[3] D-Ha, *Senat, 111-1, Cl. VII. Lit. He. No. 2, Vol. 8b, Fasc. 6*, fol. 9; abgedruckt bei J. Kremer, *Das norddeutsche Kantorat im 18. Jahrhundert. Untersuchungen am Beispiel Hamburgs*, Kassel 1995, S. 403. Wohltätige Organisationen innerhalb der Stadt trugen ebenfalls zur Finanzierung der Kirchenmusiken bei; siehe auch Tabelle 1.

[4] Das Collegium scholarchale setzte sich zusammen aus den Oberalten, den vier ältesten Senatoren, und den Oberpastoren der fünf Hauptkirchen.

[5] Eine detailliertere Schilderung dieser Ereignisse im Vorfeld findet sich bei R. von Zahn, *Musikpflege in Hamburg um 1800*, Hamburg 1991, S. 121 ff.

[6] Der Bericht der Pastoren findet sich in D-Ha, *Senat, 111-1, Cl. VII. Lit. He. No. 2, Vol. 8b, Fasc. 6*, fol. 5; abgedruckt bei Kremer (wie Fußnote 3), S. 398–403, speziell S. 399.

[7] Zu den jährlichen Aufführungsplänen an den Hauptkirchen und der in den verschiedenen Gottesdiensten dargebotenen Musik siehe R. Sanders, *Carl Philipp Emanuel Bach and Liturgical Music at the Hamburg Principal Churches from 1768 to 1788*, Diss. Yale University 2001, S. 6–76.

wenig erbaulichen Texten zu verwenden.[8] Die Lösung lag nach Meinung der Pastoren nicht darin, die Tradition gänzlich aufzugeben – wie es hier und da gefordert wurde –, sondern eher in einer Verminderung sowohl der Anzahl der jährlichen Aufführungen als auch des Umfangs der Musikdarbietungen in den Hauptgottesdiensten.

Unter diesen neuen Bedingungen wäre der Kantor nicht mehr gezwungen, ältere Kompositionen aufzuführen, sondern hätte vielmehr genügend Muße, neue Werke in einem guten und wahren Kirchenstil zu komponieren, für die er dann auch erbaulichere Texte auswählen könne. Er würde zudem genügend Sänger und Instrumentalisten verpflichten können und im Laufe der Zeit in der Lage sein, eine größere Zahl guter Vokalstimmen zu finden. Und indem er seinen Lehrverpflichtungen am Johanneum nachkam, was weder Bach noch sein Vorgänger Telemann getan hatten,[9] könnte der neue Kantor seine Schüler stimmlich besser ausbilden und möglicherweise Sopranisten und Altisten heranziehen, die im Gegensatz zu den derzeit verpflichteten Sängern ohne Bezahlung singen würden – eine Kostenersparnis. Dank seines Einflusses am Johanneum könnte der Kantor in Hamburg auch die Ausprägung eines besseren musikalischen Geschmacks fördern, da dieser nach Meinung der Pastoren hinter dem anderer Regionen – insbesondere Sachsens – zurückblieb.

Um ihre Position gegenüber denjenigen Parteien zu stärken, die für eine Abschaffung der Kirchenmusik plädierten, unternahmen die beiden Pastoren eine lebhafte Verteidigung der gottesdienstlichen Aufführungen. Sie griffen die von Luther selbst herrührende Überzeugung auf, daß die Musik die Andacht im Gottesdienst vertiefe und auf das Gemüt des Hörers eine starke Wirkung ausübe. Die Pastoren führten auch die im Alten Testament beschriebenen Gottesdienste der Leviten in der Stadt Davids an,[10] in denen die von zahlreichen Sängern und Instrumentalisten dargebotene Musik die „Feyerlichkeit" verstärkten. Um auch diejenigen auf ihre Seite zu ziehen, die um die Unterscheidung zwischen lutherischen und reformierten Gottesdiensten besorgt waren, brachten die beiden Pastoren die Befürchtungen dieser Gruppe zur Sprache und lobten sodann den Status quo:

---

8   Bereits 1767 hatte Johann Adam Hiller die schlechte Qualität der Aufführungen von konzertierender Kirchenmusik beklagt und darauf hingewiesen, wie wichtig es sei, angemessene Texte auszuwählen. Siehe J. A. Hiller, *Wöchentliche Nachrichten und Anmerkungen die Music betreffend*, Bd. 1, Leipzig 1766, S. 395 ff.

9   Gemäß den Vorschriften der Schulordnung von 1732 war der Kantor verpflichtet, bestimmten Schülern des Johanneums Gesangsunterricht zu erteilen. Siehe R. Hoche, *Beiträge zur Geschichte der St. Johannis-Schule*, Bd. 3, S. 129. Zu den Verhältnissen unter Bach und Telemann siehe Kremer (wie Fußnote 3), S. 296 und 298, sowie Sanders, *Carl Philipp Emanuel Bach and Liturgical Music* (wie Fußnote 7), S. 111 ff.

10   Siehe etwa 1 Könige 15:16–28.

Das seit einiger Zeit ausgestreute Gerücht, von Abschaffung der Kirchenmusiken hat, wie wir gewiß wißen, bey dem großen Haufen viel Mißvergnügen und sogar die Besorgnis erregt, als wolle man sie der reformirten Religion nach und nach näher bringen.

Ohnerachtet dieß nun ganz falsch ist; so scheint es doch rathsam zu seÿn, daß die Kirchenmusiken nicht abgeschaft, und der lutherische Gottesdienst in diesem Punkt nicht dem mehr simplificirten Gottesdienst der Reformirten gleich gemacht werde. Die Mitte zwischen diesem und dem prunkreichen katholischen Gottesdienst war bisher vortheilhaft.[11]

Es ist kaum überraschend, daß ein von Rambach mitverfaßter Bericht derartige traditionelle Ansichten über die Rolle der Musik im Gottesdienst enthält. Rambach stand in einer langen orthodoxen Tradition in Hamburg, zu der Erdmann Neumeister (Oberpfarrer an St. Jacobi von 1715 bis 1756), Johann Melchior Goeze (Oberpfarrer an St. Katharinen von 1755 bis 1786 und, laut Joachim Whaley, „der letzte der orthodoxen Giganten") sowie Johann Dietrich Winckler (Oberpfarrer an St. Nicolai von 1758 bis 1784) zählten.[12] Im Gegensatz zu Berkhan, der „von der empfindsamen Richtung der Aufklärung" beeinflußt war,[13] begegnete Rambach den von dieser Bewegung favorisierten Idealen mit Vorbehalt. Im Vorwort seiner Predigtsammlung aus dem Jahr 1796 heißt es: „Die theologische oder christliche Aufklärung, wie man sie nennen mag, hat schreckliche Übel hervorgebracht und eine moralische Verfinsterung zur Folge gehabt."[14]

Rambachs positive Einstellung zur Kirchenmusik rührte zweifellos auch von dem Umstand her, daß er selbst ein recht begabter Musiker und großer Musikliebhaber war, wie sein Sohn August Jacob Rambach berichtet:

Sie war ihm bey weitem mehr als bloßes Mittel der Unterhaltung und des Zeitvertreibs; er ehrte sie als eine der schönsten Gaben des Himmels, als das Organ und den Wecker der reinsten und seligsten Gefühle des menschlichen Herzens. Darum aber war ihm auch die religiöse und ernste Musik vorzüglich werth.[15]

Den beiden Pastoren war bewußt, daß ein wesentlicher Faktor in dem Disput die mit den Aufführungen verbundenen Kosten sein würden. Nachdem sie den Wert der bestehenden Tradition dargestellt und Möglichkeiten der Verbes-

---

[11] Kremer (wie Fußnote 3), S. 399–400.

[12] Ebenda, S. 172; Whaley (wie Fußnote 2), S. 152.

[13] G. Jaacks, „Zur Feyerlichkeit des öffentlichen Gottesdienstes beförderlich": Die Einschätzung der Hamburger Kirchenmusik in der Aufklärung, in: Hamburger Jahrbuch für Musikwissenschaft 18 (2001), S. 428.

[14] Zitiert nach J. H. Höck, Bilder aus der Geschichte der Hamburgischen Kirche seit der Reformation, Hamburg 1900, S. 263; ebenfalls zitiert bei Jaacks, „Zur Feyerlichkeit" (wie Fußnote 13), S. 428.

[15] A. J. Rambach, Johann Jacob Rambach [...] nach seinem Leben, Character und Verdienst, Hamburg 1818, S. 43 ff.

serung angeführt hatten, argumentierten sie daher, daß es weder praktikabel noch ratsam sei, die Ausgaben zu reduzieren, zumal die entsprechenden Mittel seit langem regelmäßig aufgebracht worden seien, es sich mithin nicht um neue Kosten handele. In ihren Augen waren die Aufwendungen gering, vor allem in Relation zu dem daraus resultierenden Gewinn: „Wenn wir auch den an sich fast nicht denkbaren Fall annehmen, daß die Kirchenmusiken gänzlich abgeschafft werden sollen; so würde doch die Erspahrniß für jede der fünf Hauptkirchen so geringfügig seÿn, daß es der Mühe nicht werth seyn könnte, um deswillen etwas Nüzliches abzuschaffen."[16] Aber wie „geringfügig" waren diese Kosten für die Kirchen und auf welche Summe beliefen sich die jährlichen Gesamtausgaben der Kirchenmusikaufführungen? Gegen Ende von C. P. E. Bachs Amtszeit kosteten die gottesdienstlichen Aufführungen an den Hamburger Hauptkirchen jährlich zwischen 6.710 Mark 8 Schilling und 7.010 Mark 8 Schilling, wobei die durchschnittlichen Aufwendungen je Kirche etwa 638 Mark betrugen, wie aus der Zwischensumme in Tabelle 1 zu ersehen ist. (Die Summe der regulären Gehaltszahlungen an die Stadtmusiker als städtische Bedienstete ist in Tabelle 1 im Anschluß an die Zwischensumme separat aufgeführt. Obwohl diese Zahlungen nicht unmittelbar mit der Kirchenmusik in Verbindung standen, dienten sie der Versorgung eines festen Ensembles, ohne dessen Mitwirkung derartige Aufführungen nicht möglich gewesen wären.)

Tabelle 1. Jahresausgaben für die konzertierende Kirchenmusik um 1788, aufgeschlüsselt nach Quellen und Empfängern[17]

Empfänger	Kämmerei	Hauptkirchen	Wohltätige Organisationen	Betrag
1. Bach	1.600 Mk	777 Mk 8 S	–	2.377 Mk 8 S
2. Sänger/ Sonstige	600–900 Mk	1.100 Mk	900 Mk	2.600–2.900 Mk
3. Regalist/ Kalkant	–	150 Mk	–	150 Mk

[16] Die beiden Pastoren endeten ihr Gutachten mit einem bemerkenswerten politischen Schachzug, indem sie argumentierten, der Versuch, eine Verminderung der Kosten durch eine Beschränkung der Kirchenmusik zu erzielen, komme einer Verletzung der Unabhängigkeit des Collegium scholarchale gleich. Siehe Kremer (wie Fußnote 3), S. 402.
[17] Zu den Grundlagen für diese Berechnung siehe R. Sanders, *Carl Philipp Emanuel Bach's Ensemble for Liturgical Performances at the Hamburg Principal Churches*,

Empfänger	Kämmerei	Hauptkirchen	Wohltätige Organisationen	Betrag
4. Stadtmusiker (für die Kirchenmusik)	–	1.043 Mk	–	1.043 Mk
5. Zusätzliche Instrumentalisten	420 Mk	120 Mk	–	540 Mk
Zwischensumme	**2.620–2.920 Mk**	**3.190 Mk 8 S (etwa 638 Mk je Kirche)**	**900 Mk**	**6.710 Mk 8 S bis 7.010 Mk 8 S**
6. Stadtmusiker (als städtische Bedienstete)	1.140 Mk	–	–	1.140 Mk
Summe	**3.760–4.060 Mk**	**3.190 Mk 8 S (etwa 638 Mk je Kirche)**	**900 Mk**	**7.850 Mk 8 S bis 8.150 Mk 8 S**

Die Rechnungsbücher von St. Katharinen und St. Jacobi (die einzigen erhaltenen kirchlichen Finanzakten) zeigen, daß diese beiden Kirchen sich um 1789 finanziell in einer recht guten Lage befanden. Für das Rechnungsjahr 1787/88 beliefen sich die Einnahmen von St. Katharinen auf 47.210 Mk und damit auf einen Überschuß von 6.211 Mk. Ähnlich große Überschüsse wurden auch in den folgenden Jahren erzielt – 6.277 Mk für 1788/89 und 7.467 Mk für 1789/90.[18] Im selben Zeitraum von drei Jahren verbuchte auch St. Jacobi Überschüsse – 1.339 Mk für 1787/88, 4.334 Mk für 1788/89 und 6.507 Mk für 1789/90.[19] Wie aus diesen Zahlen zu ersehen ist, war die jährliche Belastung von 638 Mk für diese Kirchen nicht übermäßig hoch; andererseits war sie aber auch nicht unerheblich.

---

in: Hamburger Jahrbuch für Musikwissenschaft 18 (2001), S. 373–391; sowie Sanders, *Carl Philipp Emanuel Bach and Liturgical Music* (wie Fußnote 7), S. 86–110. In diesen früheren Studien habe ich die Zahlungen an die Stadtmusiker allerdings nicht von denen an die zusätzlichen Instrumentalisten getrennt; außerdem wurden die Zuwendungen an die Stadtmusiker in ihrer Funktion als städtische Bedienstete nicht separat aufgeführt.

[18] Siehe die Rechnungsbücher der Leichnamsgeschworenen, D-Ha, *St. Katharinenkirche, 512-4, A. IV. b. 11*, und der Kirchgeschworenen, D-Ha, *St. Katharinenkirche, 512-4, A. III. b. 11*.

[19] D-Ha, *St. Jacobikirche, 512-5 A. I. a. 16*.

Die Hamburger Kämmerei befand sich in einer noch stärkeren Position als die Kirchen. Für das Rechnungsjahr 1787/88 ergab sich ein Überschuß von 638.372 Mk bei Gesamteinnahmen in Höhe von 3.479.861 Mk. Für 1788/89 verbuchte die Kämmerei einen ähnlich hohen Überschuß von 791.309 Mk bei Gesamteinnahmen von 3.941.594 Mk.[20] In Anbetracht dieser Zahlen war die von der Kämmerei beigesteuerte Höchstsumme von 2.920 Mk für ihre Bilanzen bedeutungslos. Tatsächlich hätte die Stadt die gesamten jährlichen Kosten für die Gottesdienstmusiken schultern können, und selbst dann hätte die höchste jährliche Ausgabe von 7.010 Mk 8 S nicht mehr als 1 % der Überschüsse von 1788/89 betragen.

Das Collegium der Sechziger, das in Bezug auf den Wert der konzertanten gottesdienstlichen Musik eine wesentlich weniger enthusiastische Haltung vertrat als die Geistlichkeit, muß über die finanzielle Lage der Kirchen und der Stadt informiert gewesen sein, stellte diese in seiner Reaktion auf den Bericht der Pastoren aber gleichwohl als „bedrängt" dar.[21] Der Bericht begann mit der grundsätzlichen Frage, ob es überhaupt notwendig sei, die Kirchenmusik aufrechtzuerhalten. Oder sollte diese aus Rücksicht auf die finanzielle Situation der Kämmerei und der Kirchen aufgegeben werden, da nicht zu erwarten stand, daß die Qualität der Aufführungen ohne zusätzliche Ausgaben verbessert werden könne, wozu aber keine der involvierten Parteien bereit war?

In Beantwortung dieser Frage wiederholten die Mitglieder des Collegiums noch einmal die von den Pastoren für die Beibehaltung der gottesdienstlichen Musik angeführten Gründe (sie ergänzten diese sogar um Argumente, die sie für ihre eigenen hielten, bei denen es sich aber letztlich um Erweiterungen der von den Pastoren vertretenen Standpunkte handelte) und nannten sodann ihre Gegenargumente. Das Sechziger-Collegium war der Ansicht, die im Alten Testament beschriebenen Gottesdienste könnten nicht als Vorbild dienen, da sie aus Opferhandlungen, der Darbringung von Weihrauch und verschiedenen anderen Ritualen bestanden, bei denen die Musik – ähnlich wie im katholischen Hochamt – nur die Lücken füllte. Sie gestanden ein, daß der Musik gegenwärtig eine zeremonielle Funktion zukam, fanden aber auch, daß sie die Andacht und geistige Erbauung eher schmälere, besonders bei denen, die das Abendmahl empfingen. Bedenken, daß ohne die Aufführung konzertanter Musik die Hamburger Gottesdienste sich denen der Reformierten Kirche annähern würden, begegneten sie einerseits mit der Versicherung, daß solche Ängste sich innerhalb kurzer Zeit verflüchtigen würden; andererseits deuteten

---

[20] D-Ha, *311-1 I, Kämmerei I 28*, Bd. 6.
[21] Zum Bericht des Collegiums der Sechziger siehe D-Ha, *Senat, 111-1, Cl. VII Lit. He No. 2 Vol. 8b Fasc. 6*, fol. 9; ebenfalls wiedergegeben bei Kremer (wie Fußnote 3), S. 403–406. Es ist natürlich möglich, daß die Kirchen, deren Rechnungsbücher nicht erhalten sind, finanziell schlechter gestellt waren als St. Katharinen und St. Jacobi.

sie an, daß ein Nachahmen der Reformierten Kirche gar nicht so übel sei: „Vielmehr kan man sich auf den Gottesdienst der Reformirten berufen, der in ganz England u. Holland u. an den meisten Orten Deutschlands mit viele Würde, aber ohne Music gehalten wird."[22] Die Bereitwilligkeit, mit der das Sechziger-Collegium einen positiven Vergleich mit der Reformierten Kirche zog, ja ihre allgemeine Bereitschaft, die kirchenmusikalische Tradition gänzlich aufzugeben, ist zum Teil der wachsenden religiösen Toleranz in Hamburg zuzuschreiben, aber auch den schwindenden Möglichkeiten der Geistlichkeit, politischen Einfluß zu nehmen: Am 19. September 1785 votierte die Bürgerschaft für ein Gesetz, das Katholiken und Calvinisten Religionsfreiheit gewährte. Es gab keine Gegenstimmen, allerdings wurde die lutherische Geistlichkeit nicht einmal konsultiert, ja sie wurde nur drei Tage zuvor über den Antrag informiert. Ihr waren mithin die Hände gebunden – sie konnte nur auf eine offizielle Benachrichtigung über das Unvermeidliche warten, während in der Stadt Gerüchte über die „Toleranz Bürgerschaft" kursierten. Die Nachricht von dem Beschluß wurde als ein Triumph der Aufklärung gefeiert.[23]

Immer wieder betonte das Collegium der Sechziger aus rhetorischem Kalkül die angebliche finanzielle Belastung, die die Kirchen und die Kämmerei zu tragen hätten: „Endlich beruht der wichtigste Grund für die Abschaffung der Kirchen Musiken auf den Ersparhungen[,] die die Kammer und die Kirchen dabeÿ gewinnen."[24] Es finden sich allerdings auch aufschlußreichere Passagen, aus denen seine vernunftbedingten Vorbehalte gegenüber einer Tradition zu ersehen sind, die in dieser aufgeklärten Zeit ihre Attraktivität und teils auch ihre Wirkung verloren hatte und daher nicht länger als ein unverzichtbarer Bestandteil der religiösen Praxis und Erbauung gelten konnte:

Die Musik mag freÿlich auch mächtig auf das Herz wirken, doch gewiß nur beÿ Kennern und entschiedenen Liebhabern, deren immer nur eine kleine Anzahl ist. Die meisten ziehen den Gesang eines erbaulichen Kirchenliedes der schönsten Music vor, und diese meisten, der Liebhabereÿ einiger wenigen aufzuopfern, scheint hart zu sein. Wie geringe aber die Zahl der Liebhaber hier ist, das zeigt sich jeden Sonntag, beÿ dem Anfange der Music eilet ein jeder aus der Kirche, und außer den Communicanten bleibt fast niemand.[25]

[22] Siehe Kremer (wie Fußnote 3), S. 404.
[23] Siehe Whaley (wie Fußnote 2), S. 145.
[24] Siehe Kremer (wie Fußnote 3), S. 405.
[25] Ebenda, S. 404. Hiller lobte auch das Absingen von Kirchenliedern und Psalmen. Er behauptete sogar, er würde gute Psalmvertonungen wohl lieber hören als schlecht komponierte Kantaten auf schwache Texte. Siehe Hiller (wie Fußnote 8), S. 395 und 397. Der Hamburger Pastor C. C. Sturm, dessen geistliche Lieddichtungen von C. P.

Es gab also keine eigentliche finanzielle Krise, vielmehr sah das Collegium der
Sechziger eine Krise in dem Umstand, daß öffentliche Gelder für ein Unter-
fangen ausgegeben wurden, das dem Gemeinwesen nicht hinreichend diente:

Wenn man also zusammen nimmt, daß die Kirchen Musiken die öffentliche Andacht
nicht befördern, sondern beÿ den meisten Zuhörern stöhren, daß sie schlecht sind, beÿ
dem Publico keinen Beÿfall finden, und ohne weit größeren Aufwand keiner erheb-
lichen Vebeßerung fähig sind, daß sie ohne Nachtheil des Publici und ohne Misver-
gnügen zu erregen, abgeschaft werden können, daß im Gegentheil deren Aufhebung
mit einem beträchtlichen Vortheil für die Kammer und die Kirchen verknüpft ist, so
scheint diese Aufhebung der Kirchen Musiken und der damit verbundenen Stelle eines
Music Directors rahtsam zu seÿn.[26]

Wenn man bedenkt, daß es sich hier aber letztlich um eine vergleichsweise
kleine Summe handelte, stellt sich die Frage, warum es den Mitgliedern des
Sechziger-Collegiums so wichtig war, die Kirchenmusik abzuschaffen. Sie
nahmen sich diese Angelegenheit nicht nur deshalb zu Herzen, weil die
Hamburger traditionell sehr sparsam waren, sondern, wichtiger noch, weil sie
von der Hamburger Aufklärung geprägt waren: Mittels rationalen Nachsinnens
suchten sie nach Reformen im Dienste des Gemeinwohls, die einer Maxi-
mierung der Gemeinnützigkeit der städtischen Ausgaben förderlich waren. In
diesem Fall glaubten die Sechziger, daß die Mehrzahl ihrer Mitbürger – von
denen einige ebenfalls vom Gedankengut der Aufklärung beeinflußt waren,
wie weiter unten erörtert wird – wenig von den öffentlich finanzierten liturgischen Aufführungen profitierten; und daß die Sechziger empfanden es als ihre
Pflicht, diese Situation zu korrigieren.
Die im Jahr 1789 vom Sechziger-Collegium vertretene Einstellung gegenüber der gottesdienstlichen Musik war eine ganz andere als die im mittleren
17. Jahrhundert in der Stadt vorherrschende Meinung – zu einer Zeit, als die
Tradition der Kirchenmusik unter dem Kantor Thomas Selle etabliert wurde.
In diesem Zusammenhang ist ein Dokument aus Selles Zeit von Bedeutung,
die „Ordnung der Musik allhie in Hamburg" – nicht nur weil sie die Rotation
von mehr als einhundert jährlichen gottesdienstlichen Musikaufführungen
zwischen den vier und später fünf Hauptkirchen der Stadt spezifiziert, sondern
auch, weil ihr Titel Aufschluß gibt über die Beschaffenheit der öffentlichen
Musikaufführungen im Hamburg des mittleren 17. Jahrhunderts:

E. Bach vertont wurden, schätzte ebenfalls den Gemeindegesang. Siehe auch U. Lei-
singers Bemerkungen zu Sturm in dem in Fußnote 51 genannten Beitrag.
[26] Kremer (wie Fußnote 3), S. 406.

84   Reginald L. Sanders

Hamburger Musik. Eine So woll den Einheimbische/ als auch den hie ankommenden
Außlendischen nütz- und dienliche Anweisung Welche Zeit/ unnd an was Ort/ man
alhier in dieser guten und weitberühmten Stadt Hamburg/ Die herrliche und wolbestalte
Musik/ das gantze Jahre durch nach Hertzens-Wunsch vergnüglichen anhören kan. [27]

Auffällig vor allem aus heutiger Sicht ist in dieser Überschrift das Fehlen
jeglicher Hinweise, daß die Formulierung „Hamburger Musik" sich auf geistliche Musik oder, genauer noch, auf gottesdienstliche Musik bezog. Mitte des
17. Jahrhunderts hätte allerdings jeder verstanden, daß öffentliche Musikdarbietungen zum einen meist geistlicher Natur und zum anderen in die Gottesdienste integriert waren. Dieses Dokument illustriert, „in welcher Weise die
Kirchenmusik zu Selles Zeiten das musikalische Leben der Stadt bedeutete
und welche Ausmaße sie angenommen hatte." [28]
Selle war sich der Wirkung und allgemeinen Beliebtheit seiner Kompositionen
bewußt; er habe „diese Musik nicht vor Capellen, besondern vor Stadt-Kirchen
komponiert und in Hamburg nicht ohne merklichen Nutzen und vieler Ge-
larten und ungelarten Leute applausum hin und wieder in Kirchen musiziert." [29]
Tatsächlich fanden manche Hamburger die Kirchenmusikaufführungen so
ausgezeichnet, daß sie regelmäßig Dokumente wie die „Ordnung der Musik"
konsultierten, um die gottesdienstlichen Musikdarbietungen nicht zu verpas-
sen; dies berichtet der Oberpastor von St. Jacobi, Johann Balthasar Schupp, im
Jahre 1656:

Man findet hier viel neugierige Leute, welche an Sonn- und Festtagen ihre ordentliche
Pfarrkirche und Gemeinde, dahin sie gehören, verlassen und bald zu dieser, bald zu
jener anderen Kirche laufen, wo sie wissen, daß der gewöhnliche Chorus Musicus
aufwarten oder eine außerordentliche Musik werde gehalten werden, ihre neugierigen,
weltsüchtigen Ohren zu weiden. [30]

Das Interesse an gottesdienstlichen Musikaufführungen scheint Anfang des
18. Jahrhunderts jedoch abgenommen zu haben, also zu der Zeit, als die
Vesperordnung von 1699 eingeführt wurde; diese enthielt neue Gottesdienst-
Agenden, welche fast während der gesamten Amtszeit C. P. E. Bachs in Hamburg (mit Ausnahme des letzten Jahres) gültig waren. Wie diesem Dokument
zu entnehmen ist, wurde im Hauptgottesdienst konzertierte Musik vor und

[27] D-Ha, *A 534/810, Mappe I.*
[28] L. Krüger, *Die Hamburgische Musikorganisation im XVII. Jahrhundert*, Straßburg
1933, S. 81.
[29] Aus dem Vorwort zu Selles *Opera Omnia*, zitiert bei Krüger (wie Fußnote 28), S. 90.
[30] Siehe G. Jaacks, *Hamburg zu Lust und Nutz. Bürgerliches Musikverständnis zwischen Barock und Aufklärung (1660–1760)*, Hamburg 1997, S. 26; Jaacks zitiert
nach M. Schauer, *Johann Balthasar Schupp. Prediger in Hamburg 1649–1661. Eine
volkskundliche Untersuchung*, Hamburg 1973, S. 93.

nach der Predigt, während der Kommunion und am Schluß aufgeführt.[31] Wie das Collegium der Sechziger jedoch anmerkte, verließen viele der nicht am Abendmahl teilhabenden Gläubigen die Kirche bereits nach der Predigt und verzichteten auf die noch ausstehenden Musikaufführungen. Karl Röhlk erklärt, daß für sie das Ende der Predigt auch das Ende der Phase persönlicher Erbauung bedeutete; „die Kirchenmusik war für sie wohl zu Zeiten eine angenehme Unterhaltung, aber doch kein genügend zwingender Grund zum Bleiben."[32] Er führt weiter aus, daß die neue Gottesdienstordnung erlaubte, den Übergang von der Predigt zum Abendmahl mit variablen (anstelle von streng festgelegten) liturgischen Elementen zu beginnen und es den an der Musik nicht Interessierten damit erleichterte, sich von den Kommunikanten abzusondern und den Gottesdienst zu verlassen.[33] Der Umstand, daß zu Bachs Zeit eine große Zahl von Gläubigen diese Gelegenheit wahrnahm, diente einigen Gegnern der Kirchenmusik als Argument dafür, daß diese nicht hinreichend gemeinnützig war, um öffentliche Ausgaben zu rechtfertigen; und diese Sorge um die Gemeinnützigkeit ging Hand in Hand mit dem für die Hamburger Aufklärung charakteristischen Ruf nach patriotischem Engagement und nach Reformen.

Franklin Kopitzsch unterteilt die Hamburger Aufklärung in drei Phasen, in denen verschiedene Persönlichkeiten, Gesellschaftsgruppen und Zeitschriften eine zentrale Rolle spielten.[34] In die erste Phase fiel die Gründung der ersten Patriotischen Gesellschaft im Jahr 1723 (wobei der Begriff „Patriot" eine Person bezeichnete, die um das allgemeine Wohlergehen des Staates besorgt war) und die Publikation ihrer Wochenzeitung Der Patriot. Die Zeitschrift erschien von 1724 bis 1726 unter der Leitung des einflußreichen Dichters und Senators Barthold Heinrich Brockes, des Dichters Friedrich von Hagedorn und des Gymnasialprofessors Michael Richey; sie ermahnte ihre Leser, für die Verbesserung der Gesellschaft allgemein und besonders für die Erziehung und Unterstützung der Armen einzutreten. Sie setzte sich zudem kritisch mit verbreiteten gesellschaftlichen Gepflogenheiten auseinander und entwickelte sich während ihrer kurzen Erscheinungszeit zur einflußreichsten moralischen Wochenzeitschrift Deutschlands mit einer Leserschaft, die weit über die Grenzen Hamburgs hinausreichte.

---

[31] *Abgefassete und beliebte Ordnung, Wie es mit denen Vespern an Sonn- und andern Feyertagen-Abend; Imgleichen mit dem Gottes-Dienst an Sonn und andern Feyertagen allhier in Hamburg zu halten*, Hamburg 1699.

[32] K. Röhlk, *Geschichte des Hauptgottesdienstes in der evang.-luth. Kirche Hamburgs*, Göttingen 1899, S. 47.

[33] Ebenda.

[34] F. Kopitzsch, *Die Kultur der Aufklärung in Hamburg*, in: Die Kunst in Hamburg von der Aufklärung in die Moderne, hrsg. von V. Plagemann, Hamburg 2002, S. 10 ff.

Die zweite Phase der Hamburger Aufklärung sah die Etablierung und Verbreitung des einschlägigen Gedankenguts im gebildeten Bürgertum, was häufig in den Kaffeehäusern geschah.[35] Eine noch größere Öffentlichkeit erreichte die 1731 gegründete *Staats- und gelehrte Zeitung des hamburgischen unpartheyischen Correspondenten*; sie galt als „ein Medium der Aufklärung" und entwickelte sich zu der meistgelesenen und wichtigsten Zeitung Deutschlands. Noch heute ist sie „eine Fundgrube für jeden, der sich für das Weltbild der Aufklärer interessiert."[36] Im letzten Drittel des Jahrhunderts schließlich löste die Hamburger Aufklärung sich von ihren Ursprüngen einer vornehmlich akademisch-literarischen Initiative und wurde zu einer breiten Reformbewegung, die nahezu alle Aspekte des Lebens betraf.[37] Viele der Reformen wurden von Mitgliedern der 1765 gegründeten Hamburgischen Gesellschaft zur Beförderung der Künste und nützlichen Gewerbe (auch die „zweite" Patriotische Gesellschaft genannt) befördert:

Die Mitglieder der Gesellschaft verband der Patriotismus – in der Definition des Hamburger Gymnasialprofessors Johann Moriz Heinrich Gericke „derjenige starke innere Trieb, der das Beßte des Staates zum Augen merk hat, und seine Wohlfahrt auf alle mögliche Art zu befördern sucht" – als eine untrennbar mit der Aufklärung verknüpfte Haltung, als soziale Verpflichtung zum gemeinnützigen Wirken durch kritisches Denken, offene Diskussion und praktisches Handeln mit dem Ziel, den Mitmenschen und sich selbst zu bessern, weil vernünftigeren und humaneren Lebensverhältnissen zu verhelfen, Vorurteile zu bekämpfen, Mißbräuche zu verhindern und Not und Elend zu lindern.[38]

Die Gesellschaft und ihre Mitglieder suchten in allen Bereichen der Stadt nach Verbesserungsmöglichkeiten; zu ihren Leistungen zählten die Einrichtung eines Notdienstes zur Rettung von Ertrinkenden (1768), die Gründung der ersten Sparkasse der Welt (1778) zur Vermeidung von Armut und Absicherung der Zukunft sowie vor allem die Reform der Armenfürsorge

---

[35] Kopitzsch vermutet, daß ein bis zwei Prozent der Hamburger Bevölkerung aktiv in die Bewegung involviert waren. Siehe Kopitzsch, *Die Kultur der Aufklärung in Hamburg* (wie Fußnote 34), S. 15.

[36] B. Tolkemitt, *Der Hamburgische Correspondent. Zur öffentlichen Verbreitung der Aufklärung in Deutschland*, Tübingen 1995, S. 233.

[37] Vgl. F. Kopitzsch, *225 Jahre Stadtfreundschaft: Die Patriotische Gesellschaft 1765–1990*, in: Patriotische Gesellschaft 1765–1990. Ein Jubiläumsjahr, Hamburg 1991, S. 14.

[38] F. Kopitzsch, *Die Hamburgische Gesellschaft zur Beförderung der Künste und nützlichen Gewerbe (Patriotische Gesellschaft von 1765) im Zeitalter der Aufklärung. Ein Überblick*, in: Deutsche patriotische und gemeinnützige Gesellschaften, hrsg. von R. Vierhaus, München 1980, S. 98.

(1788).[39] Der Einfluß der Gesellschaft in der Stadt wurde zweifellos durch den Umstand unterstützt, daß viele ihrer Mitglieder städtische Ämter bekleideten: Von den zwischen 1765 und 1792 gewählten Senatoren waren 57 % Mitglieder der Gesellschaft.[40] In diesem kulturellen Milieu etablierte sich auch das Collegium der Sechziger, dessen Mitglieder ebenfalls danach strebten, sich als wahre Patrioten zu erweisen.

Der Einfluß der Aufklärung beschränkte sich allerdings nicht auf das Engagement der Stadtväter für Patriotismus und Reformen. Insgesamt mag die Betonung des sich mit seinem Dasein allein auseinandersetzenden Individuums auch die Bedeutung der konzertierenden Kirchenmusik geschwächt haben. Während einige der Kirchgänger, die die Kirche nach der Predigt verließen, zweifellos der Musik indifferent oder gar ablehnend gegenüberstanden, werden andere nur geringes Interesse daran gehabt haben, religiöse Erbauung durch Musik „en masse" – als Teil einer größeren Gruppe – zu erfahren. Das neue Zeitalter bedingte auch ein neues Bewußtsein:

Entgegen dem bis dahin geltenden Verständnis kollektiv gleichartiger Seelenregungen bei gleichen Erlebnissen oder Eindrücken entwickelte sich nun die Erkenntnis von der individuellen Gefühlslage, die durch unterschiedliche Faktoren subjektiv veränderliche und auch unkalkulierbare Sinnesreize im einzelnen Menschen bewirken konnte.[41]

Die Anerkennung dieser individuellen spirituellen Erfahrung spiegelt sich in dem „aufgeklärten" Hamburger Gesangbuch von 1787, das zahlreiche neue oder überarbeitete Lieder enthält, welche das menschliche Verhalten nicht mittels der kraftvollen traditionellen Bildersprache zu beeinflussen suchten, sondern indem sie den Wert der Tugend betonten und die persönliche Reflektion anregten. Herwarth von Schade faßt das Resultat treffend zusammen, wenn auch mit kritischem Blick:

Durch die Vermeidung außergewöhnlicher Wörter und Wortverbindungen sollte das Kirchenlied klar und eindeutig, durch die Einschränkung der Freiheit in der Wortstellung ihr Stil fließend und leicht verständlich werden. [...] Die Gesangbuchsprache aber erlitt dabei den Verlust ihrer Bildhaftigkeit und entwickelte sich zu einer einfachen und einförmigen Verstandessprache, in welcher der Menschen Geist „ermißt", „anbetend überlegt", „denkt", und „erwägt".[42]

[39] Kopitzsch, *225 Jahre Stadtfreundschaft* (wie Fußnote 37), S. 16; ders., *Die Hamburgische Gesellschaft* (wie Fußnote 38), S. 89.

[40] Kopitzsch, *Die Hamburgische Gesellschaft* (wie Fußnote 38), S. 82.

[41] Jaacks, *Hamburg zu Lust und Nutz* (wie Fußnote 30), S. 12. Eine verwandte Diskussion über den Stellenwert der Kirchenmusik in der Aufklärung findet sich bei Jaacks, *„Zur Feyerlichkeit"* (wie Fußnote 13), S. 421–435.

[42] H. von Schade, *Zu Gottes Lob in Hamburgs Kirchen. Eine Hamburgische Gesangbuchgeschichte*, Herzberg 1995, S. 228 f.

Das Selbstverständnis des Gläubigen innerhalb der lutherischen Gemeinschaft wird reflektiert in der Rolle, die der Lübecker Jurist Anton Diederich Gütschow dem aufgeklärten Bürger in der Gesellschaft zuwies:

Nur da, wo die Regierung den Bürger nicht in die Fesseln einer ewigen Vormundschaft zwingt, kann der Geist zur vollendeten Reife gelangen; kann Lust und Kraft behalten, auf selbstgewählten Wegen thätig zu seyn und seiner Thätigkeit einen wohlthätigen und möglichst ausgedehnten Wirkungskreis zu verschaffen. Nur da, wo der Bürger nicht bloß zum zwingenden Gehorsam angewiesen sondern zur wirksamen Theilnahme an der Staatsverwaltung aufgefordert wird, nur da kann ächte Vaterlandsliebe gedeihen.[43]

Während der private Musikgenuß durchaus unterstützt wurde, richteten sich viele „aufgeklärte" Ansichten zur Musik – wie etwa die 1790 von Immanuel Kant formulierte – gegen öffentlich geförderte Aufführungen:

[Die Tonkunst] ist aber freilich mehr Genuß als Kultur [...] und hat, durch Vernunft beurteilt, weniger Wert, als jede andere der schönen Künste. [...]
Wenn man dagegen den Wert der schönen Künste nach der Kultur schätzt, die sie dem Gemüt verschaffen, [...] so hat Musik unter den schönen Künsten sofern den untersten [...] Platz, weil sie bloß mit Empfindungen spielt.[44]

Im Hamburg des mittleren und späten 18. Jahrhunderts war der Begriff der Empfindsamkeit mit Idealen der Aufklärung verknüpft,[45] es gab also einen Rahmen für „Empfindungen" – allerdings vornehmlich in einer bestimmten Gesellschaftsschicht, deren Mitglieder die Neigung und auch die Muße hatten, sich in ihrer Freizeit und mit ihren eigenen finanziellen Mitteln der Literatur, der Landschaftsgärtnerei und der Musik zu widmen. Diese Gruppe hatte Gefallen an öffentlichen Konzerten, die sich seit der frühen Zeit von Telemanns Kantorat in den 1720er Jahren wachsender Beliebtheit erfreuten und mit der Eröffnung des Konzertsaals „auf dem Kampe" am 14. Januar 1761 eine Blütezeit erreichten. Josef Sittard sah in dieser Eröffnung den eigentlichen Beginn des Hamburger Konzertlebens; danach seien Konzerte „wie Pilze aus dem Boden" geschossen.[46] Im späten 18. Jahrhundert hatte der Konzertsaal die Kirche weitgehend als Aufführungsstätte für öffentliche Musikdarbietungen abgelöst.

[43] Zitiert bei F. Kopitzsch, „Freie Associationen", „thätiger Gemeingeist" und Aufklärung, in: Europa in der Frühen Neuzeit. Festschrift für Günter Mühlpfordt, hrsg. von E. Donnert, Bd. 4: Deutsche Aufklärung, Weimar 1997, S. 665.
[44] I. Kant, Kritik der Urteilskraft, hrsg. von H. F. Klemme, Hamburg 1990, S. 222 f. (§ 53).
[45] Kopitzsch, Die Kultur der Aufklärung in Hamburg (wie Fußnote 34), S. 11; Kopitzsch, Die Hamburgische Gesellschaft (wie Fußnote 38), S. 83.
[46] J. Sittard, Geschichte des Musik- und Concertwesens in Hamburg vom 14. Jahrhundert bis auf die Gegenwart, Altona 1890 (Reprint: Hildesheim 1971), S. 82.

Während die große Zahl von Gläubigen, die die Kirche vor der Aufführung der konzertierten Musik verließen, zum Teil darauf zurückzuführen sein mag, daß eine aufgeklärte Kirchengemeinde eine individuelle spirituelle Erfahrung einer durch das gemeinsame Anhören einer Kantate vermittelten kollektiven Erfahrung vorzog, fand die geistige Substanz einiger Kantaten ihren Weg in den privaten Rahmen, wo sie Teil der persönlichen Andacht wurde. Als Kantor war Telemann verpflichtet, Hunderte von geistlichen Kantaten für kirchenmusikalische Aufführungen zu komponieren. Zugleich muß er aber auch bemerkt haben, daß die Hamburger Tradition der (auch die Musik einbeziehenden) Hausandacht – die auf Selle und das mittlere 17. Jahrhundert zurückgeht – an Bedeutung gewann. Daher bearbeitete Telemann seine im Kirchenjahr 1725/26 nach der Predigt aufgeführten Kantaten für kleines Ensemble und veröffentlichte sie in einer Sammlung mit dem Titel *Harmonischer Gottes-Dienst, oder geistliche Cantaten zum allgemeinen Gebrauche welche zu Beförderung so wol der Privat-Haus- als öffentlichen Kirchen-Andacht, auf die gewöhnliche Sonn- und Fest-täglichen Episteln durchs ganze Jahr gerichtet sind.* In dieser Bearbeitung für Singstimme, ein Melodieinstrument und Basso Continuo eigneten diese Kantaten sich hervorragend für die im Titel angezeigte zweifache Verwendung. 1727 veröffentlichte Telemann eine Sammlung von Arien, die er aus seinen für das Kirchenjahr 1726/27 komponierten Kantaten exzerpiert hatte, und im Vorwort zu dieser Sammlung gab er auf ähnliche Weise an, daß die Arien sich nicht nur für den heimischen Gebrauch eigneten, sondern zudem auch leicht zu singen seien. Eine Fortsetzung des *Harmonischen Gottesdienstes*, die ebenfalls eine kleine Besetzung vorsah, erschien 1731/32.

Telemanns Nachfolger Carl Philipp Emanuel Bach erkannte das Interesse an geistlichen Werken für den privaten Gebrauch bereits vor seiner Ankunft in Hamburg im Jahr 1768. Noch während er in den Diensten Friedrichs des Großen in Berlin stand, veröffentlichte er 1758 und 1764 Vertonungen von geistlich-spirituellen Texten aus der Feder Christian Fürchtegott Gellerts, einem der führenden literarischen Vertreter der deutschen Aufklärung vor Lessing.[47] Nach seiner Ankunft in Hamburg komponierte Bach – anders als Telemann – nur vergleichsweise wenige Kirchenkantaten. Angesichts der begrenzten Fähigkeiten der Spieler und des mangelnden Interesses der Gemeinden an solchen Werken scheint er nur ungern gottesdienstliche Musik komponiert zu haben; dies geht auch aus Charles Burneys Schilderung seines Besuches bei Bach in den frühen 1770er Jahren hervor:

---

[47] *Geistliche Oden und Lieder*, Leipzig 1758; *Zwölf geistliche Oden und Lieder als ein Anhang zu Gellerts geistlichen Oden und Liedern*, Leipzig 1764.

Nach diesem Besuche brachte mich Herr Bach nach der Catharinen Kirche, woselbst ich eine schöne Musik von seiner Komposition hörte, die aber für die grosse Kirche zu schwach besetzt war [Original: very ill performed], und die auch von der Versammlung zu unaufmerksam angehört wurde. Dieser Mann war ohne Zweifel gebohren, für grosse und stark besetzte Orchester von sehr geschickten Spielern, und für ein sehr feines Auditorium zu komponiren. Itzt scheint er nicht völlig in seinem Elemente zu leben. In einer jeden Stadt oder in jedem Lande, wo die Künste kultivirt werden, haben solche ihre Ebbe und Fluth, und in diesem Betracht ist der gegenwärtige Zeitpunkt für Hamburg nicht der glänzendste. Auf dem Wege von der Kirche nach seinem Hause hatten wir ein Gespräch, das für mich sehr interessant war. Unter andern sagte er: „Wenn auch die Hamburger nicht alle so grosse Kenner und Liebhaber der Musik sind, als Sie und ich es wünschen möchten: so sind dagegen die meisten sehr gutherzige und umgängliche Personen, mit denen man ein angenehmes und vergnügtes Leben führen kann; und ich bin mit meiner gegenwärtigen Situation sehr zufrieden; freylich möchte ich mich zuweilen ein wenig schämen, wenn ein Mann von Geschmack und Einsicht zu uns kommt, der eine bessre musikalische Bewirthung verdiente, als womit wir ihm aufwarten können."[48]

Anstatt selbst Kirchenkantaten zu schreiben, führte Bach häufig Werke aus seiner privaten Sammlung auf – etwa Kompositionen von Georg Benda[49] – und widmete einen Großteil seiner schöpferischen Kraft der Komposition und Veröffentlichung sowie dem Vertrieb von Stücken zur Aufführung im häuslichen Rahmen und im Konzertsaal. Zu seinen Kompositionen für den häuslichen Gebrauch zählte weltliche Tastenmusik wie etwa die bekannten Sammlungen „für Kenner und Liebhaber" – eine Formulierung, die bemerkenswerterweise auch das Sechziger-Collegium benutzte –, aber auch die in unserem Zusammenhang ungleich wichtigere Vertonung einer Sammlung von 42 Psalmübertragungen des Theologen Johann Andreas Cramer für Singstimme und Tasteninstrument, die 1774 im Druck erschien.[50] In seiner Hamburger Zeit komponierte Bach auch zwei Sammlungen von geistlichen Liedern mit Klavierbegleitung auf Texte seines Freundes Christian Christoph Sturm,

---

[48] *Carl Burney's der Musik Doctors Tagebuch seiner Musikalischen Reisen. Dritter Band*, Hamburg 1773 (Faksimile hrsg. von R. Schaal, Kassel 1959), S. 191. Siehe auch den Hinweis auf Hiller in Fußnote 8. Eine Darstellung des Niedergangs der Kirchenkantate mit einer stärkeren Berücksichtigung musikalischer Aspekte findet sich in MGG², Sachteil, Bd. 4 (1996), Sp. 1748–1750 (F. Krummacher). Da Bach 1764 sein fünfzigstes Lebensjahr vollendete und sich zu dieser Zeit noch in den Diensten Friedrichs des Großen in Berlin befand, hatte er anscheinend bereits vor seiner Ankunft in Hamburg für sich entschieden, die musikalischen Vorlieben der ihn umgebenden Gesellschaft mit Gelassenheit hinzunehmen.

[49] Sanders, *Carl Philipp Emanuel Bach and Liturgical Music* (wie Fußnote 7), S. 123 ff. und 266 ff.

[50] *Psalmen mit Melodien*, Leipzig 1774. Siehe auch den Hinweis auf Hiller in Fußnote 25.

Oberpastor an St. Peter, die 1780 und 1781 im Druck erschienen und sich besonders gut verkauften.[51] Da seit den frühen 1760er Jahren recht wenige geistliche Lieder veröffentlicht worden waren, reflektiert der Erfolg dieser Sammlung wohl nicht nur die hohe Wertschätzung, die der Komponist und der Dichter genossen,[52] sondern auch das erneuerte Interesse an der privaten Andacht und deren veränderte Bedeutung.

Obwohl Bach mithin wenig daran gelegen war, Kantaten für den gottesdienstlichen Gebrauch zu schreiben, scheint er großen künstlerischen Ehrgeiz auf die Komposition von drei geistlichen Oratorien verwendet zu haben, die sich auch für Konzertaufführungen eigneten – „Die Israeliten in der Wüste" (1769), die Passionskantate (1770, basierend auf seiner Matthäus-Passion von 1769) und „Die Auferstehung und Himmelfahrt Jesu" (1774). Alle drei Werke fanden in den protestantischen Territorien Deutschlands große Verbreitung und wurden auch außerhalb von Hamburg viele Male aufgeführt. „Die Israeliten" und „Die Auferstehung", die beide veröffentlicht wurden und überkonfessionell verwendbar waren, kamen auch in den katholischen Regionen Süddeutschlands zur Aufführung.

Es war für Bach wohl nicht schwierig, das regelmäßige Komponieren von Kirchenkantaten aufzugeben, da ihre Verwendung auf gottesdienstliche Aufführungen beschränkt war und ihre Bedeutung selbst in diesem Rahmen angesichts der vorherrschenden Stimmung sank. Als kluger Geschäftsmann, der seine Familie wohlversorgt wissen wollte, muß der Komponist die Gelegenheit begrüßt haben, sich stattdessen auf das Verfassen von finanziell vielversprechenden Werken im Zentrum der damaligen Musikkultur zu konzentrieren – Werke, die weit in die vorhersehbare Zukunft hinein gleichermaßen im privaten Umfeld und im Konzertsaal eine wichtige Rolle spielen würden.

Wir sehen also, daß die verstärkte Kultivierung der Musik im privaten Kreis und der Aufschwung des öffentlichen Konzertlebens die Bedeutung der konzertanten Aufführungen in den Hamburger Kirchen als Mittelpunkt des städtischen Musiklebens untergruben. Und während das gemeinschaftliche Singen von Chorälen weiterhin ein wichtiger Teil der religiösen Erbauung durch Musik blieb, scheint die von der Aufklärung geförderte Betonung des persön-

---

[51] *Geistliche Gesänge mit Melodien*, Hamburg 1780, und *Geistliche Gesänge mit Melodien (II)*, Hamburg 1781. U. Leisinger, *C. P. E. Bach and C. C. Sturm: sacred song, public church service, and private devotion*, in: C. P. E. Bach Studies, hrsg. von A. Richards, Cambridge 2006, S. 116–148, speziell S. 118f.

[52] Auch wenn Sturm sich für dieses Projekt einsetzte, sollte der Wert, den er dem privaten Musizieren zumaß, nicht überbetont werden. Leisinger weist darauf hin, daß Sturm das gemeinschaftliche Singen höher schätzte als privates Musizieren und daß seiner Ansicht nach der Gemeindegesang folglich für die religiöse Andacht am besten geeignet war. Siehe ebenda, S. 129.

lichen Engagements die Bedeutung der geistlichen Musik im privaten Rahmen verstärkt und die Wichtigkeit der Kirchenkantaten vermindert zu haben. Die Etablierung kultureller Praktiken, in denen der musikinteressierte Teil der Bevölkerung dieses Interesse mit seinen eigenen finanziellen Mitteln verfolgte, so daß für die Stadt keine Kosten entstanden, wird aufmerksamen Beobachtern wie dem Sechziger-Kollegium nicht entgangen sein und muß diese in ihrer Ansicht bestärkt haben, daß die Stadt nicht (minderwertige) Aufführungen finanzieren sollte, die lediglich einer privilegierten Gruppe zugutekamen.[53] Es zeigt sich, daß die – gewiß begründete – vehemente Opposition des Sechziger-Collegiums gegen die konzertante Kirchenmusik eine Art Katharsis darstellte. Es war notwendig, die öffentliche Aufmerksamkeit zunächst auf die Diskrepanz zwischen dieser Tradition und den gängigen kulturellen Gepflogenheiten und Werten zu lenken, bevor eine realistische Empfehlung formuliert werden konnte. Schließlich kam man mit den Pastoren überein, daß die Zahl der Aufführungen zu reduzieren sei – nicht weil die Kirchenmusik in den Augen der Sechziger noch erhaltenswert war, sondern weil die Musiker sich über den plötzlichen Verlust ihrer Einkünfte beklagen würden, wenn die Aufführungen völlig zum Erliegen kämen. Eine Reduzierung der Aufführungen dürfte für die Sechziger zwar nicht völlig befriedigend gewesen sein, zumindest aber war dies ein erster Schritt in die richtige Richtung. Die Reform der konzertanten Kirchenmusik gestaltete sich schließlich so, daß die Gesamtzahl der jährlichen Aufführungen von etwa 130 auf 30 reduziert wurde – zu sechs liturgischen Anlässen wurde jeweils an einer der fünf Kirchen Musik dargeboten. Für die Passionszeit, Ostern, Pfingsten, Johannis, Michaelis und Weihnachten hatte der Kantor eine Kantate (bzw. für die Passionszeit eine Passionsmusik) zu komponieren, die an den aufeinanderfolgenden Sonn- oder Festtagen in den fünf Kirchen erklingen würde. Die Kantate sollte als einzige Gottesdienstmusik vor der Predigt aufgeführt werden; die früher nach der Predigt erklingende Kantate wurde abgeschafft, ebenso wie die Musik während des Abendmahls, in den Samstags- bzw. Festvorabendgottesdiensten und in den Sonn- bzw. Festtagsvespern.[54]

---

[53] Ein Thema für weitere Studien wäre die Frage, inwieweit die Mitglieder des Sechziger-Collegiums selbst Teil dieser auserwählten Gruppe von Kennern und Liebhabern waren. Der Stil ihrer Argumentation scheint zu implizieren, daß sie insgesamt der Musik eher wenig zugeneigt waren. Möglich ist allerdings auch, daß viele von ihnen in erster Linie pragmatisch dachten und – entsprechend ihrem Pflichtgefühl der Stadt gegenüber – die Situation rational beurteilten und ihre persönlichen Interessen von den möglichen Ergebnissen der Untersuchung zu trennen wußten.
[54] D-Ha, *Senat, III-1, Cl. VII. Lit. He. No. 2. Vol.12a*, Beilage zu fol. 39; wiedergegeben bei Kremer (wie Fußnote 3), S.410f.

Unter diesen neuen Bedingungen hatte jede der Hauptkirchen jährlich 275 Mk beizusteuern (215 Mk für die Instrumentalisten und Sänger sowie für verschiedene anfallende Kosten, außerdem 60 Mk für den Kantor) und die Kämmerei 1.525 Mk (1.200 Mk für den Kantor und 325 Mk für die Instrumentalisten und Sänger sowie für verschiedene anfallende Kosten); siehe Tabelle 2.[55] Außerdem zahlte die Kämmerei weiterhin 420 Mk für die zusätzlichen Spieler für gottesdienstliche Aufführungen,[56] so daß sich die Gesamtkosten auf 3.320 Mk beliefen (Tabelle 2, Zwischensumme 2).

Tabelle 2. Jahresausgaben für die konzertierende Kirchenmusik nach den Reformen von 1789, aufgeschlüsselt nach Empfängern

Empfänger	Betrag
Sänger	900 Mk
Stadtmusiker (zusätzliche, für gottesdienstliche Aufführungen)	300 Mk[57]
Sonstige	200 Mk
Zwischensumme 1	**1.400 Mk** (1.075 Mk von den Kirchen – entspricht je 215 Mk; 325 Mk aus der Kämmerei)
Kantor	1.500 Mk (300 Mk von den Kirchen – entspricht je 60 Mk;1.200 Mk aus der Kämmerei)
Zusätzliche Instrumentalisten	420 Mk (aus der Kämmerei)
Zwischensumme 2	**3.320 Mk (275 Mk je Kirche)**

[55] D-Ha, *III-1, Senat, Cl. VII. Lit. He. No. 2 Vol 12a*, Beilage zu fol. 39 und *Cl. VII. Lit. He. No. 2 Vol. 8b Fasc. 6*, fol. 13; beide wiedergegeben bei Kremer (wie Fußnote 3), S. 408–411.

[56] D-Ha, *311-1 I Kämmerei I 22*, Bde. 275 (1790) und 276 (1791).

[57] Man kam überein, daß nur die gegenwärtig beschäftigten Stadtmusiker die Zulage von 300 Mk erhalten sollten und daß mit ihrem Ableben ein Teil dieses Betrags an die Sänger zu gehen hatte, die schließlich 1.200 Mk (900 Mk + 300 Mk) erhalten sollten. Siehe von Zahn (wie Fußnote 5), S. 131.

[58] Die Summe von jährlich 90 Mk wurde von St. Katharinen und St. Jacobi sowie wahrscheinlich auch von den drei übrigen Hauptkirchen aufgebracht. D-Ha, *St. Katharinen, 512-4, A.III.b.11* [Kirchgeschworene], („1791, Quartal Geld auf Weihnacht"); D-Ha, *St. Jacobi, 512-5, A. I. a. 16* („1791/1792, Kirchen Besoldung auf Ostern"). Siehe auch D-Ha, *St. Katharinen, 512-4, A.III.b.12* sowie *St. Katharinenkirche, 512-4, A.IV.b.11* und *b.12* [Leichnamsgeschworene], weil in den folgenden

Empfänger	Betrag
Spätere Festlegungen	
Sänger	600 Mk (450 Mk von den Kirchen – entspricht je 90 Mk[58]; 150 Mk aus der Kämmerei)
Stadtmusiker	554 Mk (von den Kirchen – entspricht je 110 Mk 8 S)
Zwischensumme 3	**4.474 Mk (475 Mk 8 S je Kirche)**
Stadtmusiker (als städtische Bedienstete)	1.140 Mk
Summe	**5.614 Mk**

Die Sechziger waren zu Recht besorgt darüber, daß die Musiker sich über einen plötzlichen Einkommensverlust beklagen könnten, und diese Klagen wurden auch tatsächlich geäußert, obwohl die Schmälerung der Entlohnungen kleiner ausfiel als wenn die Kirchenmusik völlig abgeschafft worden wäre.[59] Schließlich wurde eine Einigung erzielt, nach der jeder der sechs erwachsenen Sänger (nicht also die beiden Knabensoprane) jährlich zusätzlich 100 Mk erhielt, insgesamt also 600 Mk, wovon die Kirchen 450 Mk übernahmen und die Kämmerei 150 Mk. Die Stadtmusiker erhielten von den Kirchen zusätzlich 554 Mk. Diese Vereinbarungen erhöhten die jährlichen Kosten auf 4.474 Mk (siehe Tabelle 2, Zwischensumme 3); die Kosten für jede Kirche beliefen sich nun auf 475 Mk 8 S. Am Ende wurden die Gesamtkosten für die gottesdienstlichen Aufführungen aufgrund der Reformen und Nachverhandlungen von 7.010 Mk auf 4.474 Mk gesenkt; dies entspricht einer Einsparung von 2.536 Mk oder 36 %. Die wohltätigen Stiftungen profitierten hiervon am meisten, da sie 100 % der Kosten einsparten, während die Kämmerei ihre Ausgaben um 29 % und die Kirchen die ihren lediglich um 26 % reduzierten.

Die Pastoren mögen gehofft haben, daß die Reformen die Kirchenmusik in Hamburg dauerhaft bewahren würden, aber das war nicht der Fall. Tatsächlich waren die Reformen – wie die Sechziger es wohl erwarteten – ein erster Schritt in Richtung auf das Ende der kirchenmusikalischen Tradition. Dieses Ende kam mit Macht, allerdings erst nach weiteren 33 Jahren (1822), als Christian Friedrich Gottlieb Schwenke, der nach den Reformen von 1789 als Kantor eingestellt wurde, verstorben war. Nach Schwenkes Tod wurde die Or-

Jahren die Ausgaben für die gottesdienstlichen Aufführungen an St. Katharinen von diesen beiden Kirchengemeinden mitgetragen wurden.
[59] Eine ausführliche Darstellung der Kontroverse findet sich bei von Zahn (wie Fußnote 5), S. 131 ff. und Kremer (wie Fußnote 3), S. 194 f.

ganisation der Gottesdienstmusiken nicht mehr zentral koordiniert und von der Stadt unterstützt, sondern lag nun wie im frühen 17. Jahrhundert wieder bei den einzelnen Kirchen. Die kirchenmusikalischen Reformen und das schließliche Ende der Tradition hätten C. P. E. Bach wohl kaum überrascht. Die relative Leichtigkeit, mit der er sich mit dem mangelnden Interesse der Hamburger Gemeinden an der Musik abfand und das Geschick, mit dem er sich anderen, letztlich ausgesprochen profitablen Kompositionsvorhaben zuwandte, lassen vermuten, daß er sich der wachsenden Rolle bewußt war, die die Musik im außerkirchlichen Rahmen spielte. Bach konnte den von der Musikgeschichte gespannten Bogen aus einer einzigartigen Perspektive beobachten. Er war zutiefst vertraut mit der außergewöhnlichen Qualität der geistlichen Musik seines Vaters, zugleich aber erkannte er als Protagonist des gesellschaftlichen Lebens in Berlin wie auch in Hamburg die Veränderungen in der musikalischen Landschaft des späten 18. Jahrhunderts und paßte sich entsprechend an.

Übersetzung: Stephanie Wollny

Der Bach-Kopist Heinrich Georg Michael Damköhler und seine Rolle im Hamburger Musikleben der 1770er und 1780er Jahre
Mit neuen Quellen zur Händel-Rezeption in Hamburg

Von Jürgen Neubacher (Hamburg)

Der Name „Damköhler" wurde 1985 von Joshua Rifkin in einem Beitrag zu Carl Philipp Emanuel Bachs Hamburger Aufführung des Credos aus der h-Moll-Messe seines Vaters (BWV 232^{II}) in die Bach-Forschung eingeführt.[1] Rifkin hatte erkannt, daß die Stimmen Violine I, Violine II und Basso continuo des sogenannten Hamburger Stimmensatzes (D-B, *Mus. ms. Bach St 118*)[2] für das am 9. April 1786 in Hamburg wohl erstmals wiederaufgeführte Werk von demselben Schreiber stammen wie eine gleichfalls in der Staatsbibliothek zu Berlin aufbewahrte dreibändige Teilpartitur von Händels *Messias* aus dem Besitz des Hamburger Gelehrten, Dichters und Musikliebhabers Christoph Daniel Ebeling (D-B, *Mus. ms. 9007/1*), auf die – ebenfalls 1985 – Hans Joachim Marx im Ausstellungskatalog *Händel und Hamburg* aufmerksam gemacht hatte.[3] Wie Marx zutreffend feststellte, ist deren Kopist am Ende des dritten Bandes durch den ab etwa 1797 bis 1813 in Hamburg lebenden Handschriftensammler Georg Johann Daniel Poelchau (in dessen Besitz sich Ebelings Händel-Handschrift später befand) als „Damköhler scrips[it]" identifiziert worden.[4] Die übrigen Stimmen des Hamburger Stimmensatzes stammen, abgesehen von einigen beiliegenden Stimmendubletten aus dem 19. Jahrhundert, von Carl Philipp Emanuel Bach selbst (Violoncello, Fagott, außerdem Eintragungen in den übrigen Stimmen einschließlich der Bezifferung der Continuo-Stimme) sowie von seinem Hamburger Hauptkopisten Johann Heinrich Michel.[5]

[1] J. Rifkin, „*… Wobey aber die Singstimmen hinlänglich besetzt seyn müssen …*". *Zum Credo der h-Moll-Messe in der Aufführung Carl Philipp Emanuel Bachs*, in: Basler Jahrbuch für historische Musikpraxis 9 (1985), S. 157–172, hier S. 168, Fußnote 33.

[2] Vgl. Abb. 1; der vollständige Stimmensatz ist einsehbar unter http://digital.staatsbibliothek-berlin.de/werkansicht/?PPN=PPN77649614X.

[3] *Händel und Hamburg. Ausstellung anläßlich des 300. Geburtstages von Georg Friedrich Händel. Staats- und Universitätsbibliothek Hamburg Carl von Ossietzky, 15. Mai bis 29. Juni 1985*, hrsg. von H. J. Marx, Hamburg 1985, S. 148 und 150 (ohne Abbildung der Quelle).

[4] Ebenda; vgl. auch Rifkin (wie Fußnote 1).

[5] Vgl. *Johann Sebastian Bach (1685–1750). Messe h-moll. BWV 232*, hrsg. von J. Rifkin, Wiesbaden 2006, S. 255, und *Johann Sebastian Bach. Messe in h-Moll. BWV 232*, hrsg. von U. Wolf, Kassel 2010 (NBA rev. 1), S. 291.

Darüber hinaus begegnet Damköhler uns als Kopist einer in der Bach-
Forschung bislang unbeachtet gebliebenen Abschrift der Inventionen und
Sinfonien Johann Sebastian Bachs (BWV 772–801), die sich heute in der
Bibliothek des Conservatoire à Rayonnement Régional de Toulouse befindet
(F-TLc, *Res 110 Bac*) und 2000 von Jean-Christophe Maillard als Faksimile-
Ausgabe vorgelegt wurde (vgl. Abb. 2).[6] Am Ende des sauber und schön
geschriebenen Manuskripts signierte Damköhler mit „H. G. M.
scrips[it]", was Maillard im Vorwort seiner Edition fälschlich als „Darnköhler"
wiedergab. Bei einem Vergleich des Manuskripts mit den im Kritischen Bericht des Bandes V/3 der Neuen Bach-Ausgabe (2007) beschriebenen Handschriften dieser Werkgruppe zeigt sich, daß Damköhlers Abschrift auf einen
Abkömmling der heute verlorenen Originalquelle [Y] zurückgeht und damit
den Abschriften der Quellengruppe M mit alternierender Anordnung von
Inventionen und Sinfonien bei aufsteigender Tonfolge zuzuordnen ist (und
zwar der Untergruppe a), für die bislang eine Hamburger Überlieferung und
Entstehung um und nach 1800 angenommen wurde.[7] Diese späte Datierung
wird nun zumindest für die neu hinzugekommene Abschrift der Gruppe M zu
hinterfragen sein.[8]
Die Ermittlung von Damköhlers vollständigem Namen sowie einiger bio-
graphischer Daten gelang dem Verfasser Anfang 2006, angeregt durch eine
Anfrage Rifkins, ob in Hamburg weiterführende Informationen zu Damköhler
zu finden seien.[9] Dabei ergaben Nachforschungen im Staatsarchiv Hamburg
folgendes Biogramm:
„Heinrich Georg Michael Damkoehler" wird anläßlich seiner Heirat mit „Jfr.
Anna Elisabeth Masch" in Hamburg am 10. Mai 1778 als neuer Schutzverwandter („N.S.V.") „und Bedienter an der Commedi" bezeichnet und „wohnt

---

[6] *Jean-Sébastien Bach. XV Inventions à 2 et XV Sinfonies à 3 pour le clavecin* [Fak-
similedruck, hrsg. von J.-C. Maillard], Bourg-la-Reine (Éditions Auguste Zurfluh)
2000. Die Ausgabe ist mittlerweile vergriffen, der Verlag seit 2006 nicht mehr exi-
stent; Exemplare der Faksimileausgabe befinden sich in der Bibliothek des Bach-
Archivs Leipzig sowie in der Staats- und Universitätsbibliothek Hamburg.
[7] Vgl. NBA V/3 Krit. Bericht (G. von Dadelsen und K. Hofmann, 2000), S. 79 f. Damköhlers Abschrift war den Verfassern des Kritischen Berichtes noch nicht bekannt.
[8] Damköhlers Abschrift ist wohl kaum in direktem Kontakt mit Carl Philipp Emanuel
Bach entstanden, da dieser über bessere Primärquellen verfügte als die von Damköhler verwendete. Falls sie während Damköhlers Hamburger Zeit angefertigt wurde,
dann wahrscheinlich unter Verwendung einer Vorlage seines bislang unbekannten
Auftraggebers. Alternativ wäre an einen Entstehungsanlaß vor, vielleicht auch noch
nach, Damköhlers Hamburger Tätigkeit zu denken.
[9] Die Rifkin im Februar 2006 erteilten Auskünfte fanden Niederschlag in dessen Neuausgabe der h-Moll-Messe (wie Fußnote 5) und wurden später von Uwe Wolf aufgegriffen.

Gänsemarckt im Zucke[r]beckerhof aufm Sahl".[10] Voraussetzung für seine
Heirat war die Registrierung als Schutzverwandter, als welcher er jährlich
Schutzgeld (eine obligatorische Gebühr für Gewerbetreibende ohne Bürger-
status) zu entrichten hatte, was in seinem Fall von 1778 bis 1788 geschah.[11]
Weitere Informationen bieten die Taufbücher der St.-Petri- und der St.-Micha-
elis-Kirche anläßlich der Taufen von neun in Hamburg geborenen Kindern.
Demnach stammte er aus Braunschweig beziehungsweise Wolfenbüttel[12]
und war am Hamburger Theater als Notenkopist ("Schreiber bey der Opern
Hausen", 31. 7. 1778) beziehungsweise als Bediensteter ("Arbeitsm[ann]
beym Oper[n-]Hoff am Gänsemarkt", 18. 8. 1779) tätig.[13] Taufpaten seiner
Kinder waren vorwiegend Theaterleute, beispielsweise die zeitweiligen
Musikdirektoren "Friedrich Ludwig Benda" (26. 9. 1780) und "Christian[14]
Friedrich Hönicke" (5. 1. 1784), der Erste Violinist "Georg Hattasch" (29. 10.
1782), die Schauspielerinnen "Cornelia Dorothea Elisabeth Unzer" (geb.
Ackermann, 21. 10. 1781), "Christina Magd[alena] Elis[abeth] Keilholz"
(5. 1. 1784), "Minna Brandes" (= Charlotte Wilhelmine Franziska Brandes,
30. 10. 1786), "Johanna Wilhelmine Langerhans" und "Marianne Eule"
(25. 12. 1787) sowie die Schauspieler "Franz Schlansoffky" (= Schlanzowski,
29. 10. 1782) und "Franz Anton Zuccarini" (25. 12. 1787); ferner die Gattin
des Schauspielers und Theaterdirektors Friedrich Ludwig Schröder, "Anna
Christina Schröder" (26. 9. 1780).[15] Schließlich nennt ihn noch Friedrich
Ludwig Schröders eigenhändiges *Verzeichnis der Mitglieder des von C[onrad]
E[rnst] Ackermann errichteten und durch andere fortgeführten Theaters* für
die Spielzeiten der Jahre 1775 bis 1783 sowie erneut ab 1784 als "Notens[chrei-
ber]" und "Souf[f]leur".[16] Daß Damköhler aber schon in den Jahren vor 1775

---

[10] Staatsarchiv Hamburg (künftig: StAH), Bestand *332-1 I* (Wedde I), Signatur *29 Bd. 46* (Hochzeitsbuch 1778), S. 42.

[11] Mit nicht mehr nachvollziehbaren Zahlungsunterbrechungen für die Jahre 1780–1782 und 1784–1786; StAH, Bestand *332-1 I* (Wedde I), Signatur *20*, Bd. 1, S. 95.

[12] StAH, Bestand *512-7* (St. Michaelis), Signatur *C 10 Bd. 2* (Taufbuch 1783–1786), S. 428 und 567, sowie *C 11 Bd. 1* (Taufbuch 1786–1789), S. 34 und S. 134.

[13] StAH, Bestand *512-2* (St. Petri), Signatur *A VIII b 1 i* (Taufbuch 1759–1779), S. 409 und 434.

[14] Der falsche erste Vorname "Johann" (statt "Christian") wird seit der irrtümlichen Verwendung in Gerber NTL (Bd. 2, Sp. 698) in nahezu der gesamten Musikliteratur übernommen.

[15] StAH, Bestand *512-7* (St. Michaelis), Signatur *C 10 Bd. 1* (Taufbuch 1779–1782), S. 152, 240 und 327; Signatur *C 10 Bd. 2* (Taufbuch 1783–1786), S. 428; Signatur *C 11 Bd. 1* (Taufbuch 1786–1789), S. 34.

[16] 1775: "Damköhler, Notens[chreiber] – Soufleur, abg[egangen] d. 27 März, 1783"; 1784: "Damköhler, Soufleur, dann wieder Notenschreiber"; D-Hs, Signatur *Cod. hans. III, 8:2*, S. 10 und 15. Vgl. auch F. L. W. Meyer, *Friedrich Ludwig Schröder. Beitrag zur Kunde des Menschen und des Künstlers*, Teil 2, Hamburg 1819, Anhang,

in Hamburg gelebt haben und dem Theater verbunden gewesen sein muß, belegen zwei Akzidenzdrucke aus dem Nachlaß Friedrich Ludwig Schröders von 1771 und 1772, mit denen Damköhler Schröders Mutter Sophie Charlotte Ackermann – sie führte gemeinsam mit Schröder die Schauspielgesellschaft ihres Gatten Conrad Ernst Ackermann nach dessen Tod am 13. November 1771 weiter – zum Geburtstag gratuliert hatte.[17] Insgesamt ergibt sich somit das Bild, daß Damköhler von spätestens 1771 bis 1788 in Hamburg nachweisbar ist, davon ab 1775 nahezu durchgängig als Theaterbediensteter (Kopist und Souffleur).

In seiner primären Tätigkeit als Notenkopist am damaligen Hamburger Theater[18] ist Damköhler als Schreiber zahlreicher musikalischer Aufführungsmaterialien nachzuweisen, die zu einem Bestand von rund 450 musikalischen Bühnenwerken aus der Zeit von etwa 1765 bis zur Mitte des 19. Jahrhunderts gehören, der 1929 von der Hamburger Stadttheater-Gesellschaft an die Staats- und Universitätsbibliothek Hamburg übergeben worden war (Bestandsgruppe ND VII). Unter diesen Aufführungsmaterialien können den Hamburger Theaterkopisten fast immer nur die Stimmen zugerechnet werden, da die Partituren in der Regel von auswärts beschafft wurden. Auch ist zu beachten, daß zahlreiche Stimmensätze bereits unvollständig in die Bibliothek gelangten oder später durch Verluste während des Zweiten Weltkriegs dezimiert wurden. Als frühester vollständiger Stimmensatz von der Hand Damköhlers sind die elf Vokal- und 14 Instrumentalstimmen zu Johann Adam Hillers komischer Oper *Der Krieg* zu nennen (D-Hs, *ND VII 185*), die zur

---

S. 90, 96 und 99 (hier mit der eingedeutschten Bezeichnung „Einhelfer" statt „Souffleur", außerdem einer zusätzlichen Nennung als „Notenschreiber" für den Zeitraum von Ostern 1786 bis 1787).

[17] D-Hs, *Cod. in scrin. 169*, darin Nr. 29, *An dem Geburtsfest der Hochedlen Frauen, Frauen Sophien Charlotten Ackermanninn, wollte diese wenigen Zeilen zum geneigten Andenken darlegen, ein gehorsamst- und ergebenster Diener, H.G.M. Damköhler* (Hamburg, den 11ten May, 1771), und Nr. 31, *Den Geburts-Tag der Madame Ackermann feyer in folgenden Zeilen ein gehorsamster Diener, H.G.M. Damköhler* (Hamburg, den 11ten May, 1772). Den Hinweis auf diese beiden Gelegenheitsdrucke verdankt der Verfasser Frau Jacquelin Malchow, Hamburg.

[18] Die Bezeichnungen für das 1765 am Gänsemarkt neu erbaute, vorwiegend von den Schauspielgesellschaften Conrad Ernst Ackermanns und seines Stiefsohns Friedrich Ludwig Schröder bespielte Haus lauteten seinerzeit „Ackermannsches Comödienhaus", „Hamburgische Bühne", „Hamburger Theater" und seit dem Neubau 1826/27 auf dem Grundstück der heutigen Hamburgischen Staatsoper „Hamburger Stadttheater"; vgl. C. Maurer Zenck, *Vom ‚Ackermannschen Comödienhaus' zum ‚Hamburgischen Deutschen Stadt-Theater'. Das ‚Theater beym Gänsemarkt' und seine Opernaufführungen*, in: Musiktheater in Hamburg um 1800, hrsg. von ders., Frankfurt am Main 2005 (Hamburger Jahrbuch für Musikwissenschaft. 22.), S. 11–27.

Hamburger Erstaufführung am 3. März 1775[19] angefertigt wurden (Abb. 3). Die Stimmen spiegeln hier noch ein vergleichsweise frühes Schriftstadium wider.

Der seltene Fall einer von einem Hamburger Theaterkopisten angefertigten Partitur findet sich mit der am 7. Juni 1779 in Hamburg erstmals gegebenen[20] musikalischen Posse *Die drey Pucklichten* (D-Hs, *ND VII 303*), eine ins Deutsche übertragene Version von Carlo Goldonis *La Favola de' tre gobbi*, vertont von Vincenzo Legrenzio Ciampi. In diesem Fall hat sich Damköhler sogar am Schluß der Partitur als Schreiber zu erkennen gegeben: „H: G: M: D: scrips[it]".

Interesse verdient in unserem Zusammenhang auch Antonio Salieris Oper *Das Narrenhospital oder Die Schule der Eifersucht* (*La Scuola de Gelosi*) (D-Hs, *ND VII 345*), da deren Stimmenmaterial mit der Hamburger Erstaufführung am 23. November 1785 nur wenige Monate vor der eingangs erwähnten Hamburger Aufführung von Johann Sebastian Bachs Credo aus der h-Moll-Messe entstand. An beiden dafür benötigten Stimmensätzen war Damköhler beteiligt: Im Fall des Credos mit drei Instrumentalstimmen (siehe oben und Abb. 1) und bei der Salieri-Oper mit neun Instrumentalstimmen sowie den Vokalstimmen zum Finale (Abb. 4). Die wohl letzten Hamburger Aufführungen, für die Damköhler als Notenkopist tätig wurde, waren die Oper *Der Baum der Diana* (*L'Arbore di Diana*) von Vicente Martín y Soler (D-Hs, *ND VII 233*), die in Hamburg erstmals am 10. November 1788 erklang, sowie Shakespeares Schauspiel *Macbeth* mit der 1787 entstandenen Musik von Johann Friedrich Reichardt (*ND VII 320*), die in Hamburg wohl erstmals bei einer Wiederaufführung am 30. November 1789 gespielt wurde. Zu beiden Werken fertigte Damköhler nahezu sämtliche Instrumental- sowie einen Teil der Vokalstimmen an (Abb. 5).[21] Insgesamt kann festgestellt werden, daß

---

[19] Das Erstaufführungsdatum geht hervor aus: *Hamburgische Addreß-Comtoir-Nachrichten* 1775, S. 143 (2. 3. 1775).

[20] Ebenda 1779, S. 343 (7. 6. 1779).

[21] Weitere noch greifbare Aufführungsmaterialien, an denen Damköhler als Kopist in nennenswertem Umfang beteiligt war, sind Gretrys *Zémire et Azor* (1777; D-Hs, *ND VII 158*) sowie desselben *Die beiden Geizigen* (*Les Deux avares*, 1778; *ND VII 152*), Georg Bendas *Romeo und Julie* (1778; *ND VII 35*), Piccinis *Das gute Mädchen* (*La buona figliuola maritata*, 1778; *ND VII 309*), Philidors *Der Hufschmied* (*Le Maréchal ferrant*, 1779; *ND VII 304*), Francesco Zanettis *Die Wäscherinnen* (*Le Lavanderine*, 1779; *ND VII 455*), Friedrich Preus *Adrast und Isidore* (1779; *ND VII 314*) sowie desselben *Der Irrwisch* (1780; *ND VII 315*), Ignaz Umlaufs *Die Bergknappen* (1780; *ND VII 407*), Sacchinis *Die Kolonie* (*L'isola d'amore*, 1780; *ND VII 338*) sowie desselben *Der verstellte Narr aus Liebe* (*Il finto pazzo per amore*, 1780; *ND VII 339*), Gretrys *Die abgeredete Zauberei* (*La Fausse magie*, 1780; *ND VII 157*), Nicolas Dezèdes *Die drei Pächter* (*Les Trois fermiers*, 1780; *ND VII 89*),

Damköhler in der Zeit seines Wirkens am Hamburger Theater nicht nur für die Anfertigung neuer Aufführungsmaterialien verantwortlich war, sondern auch für deren Ordnung und Pflege, was sich daran ablesen läßt, daß zahlreiche Stimmen (auch solche anderer Kopisten oder aus älteren Produktionen) von ihm geschriebene Umschlagtitelschilder tragen sowie von seiner Hand ergänzte Überschriften, Zwischenüberschriften oder Einlageblätter aufweisen. Auch von ihm neu angefertigte Ersatzstimmen zu fremden Stimmensätzen kommen vor. Die eingangs erwähnte, überwiegend von Damköhler geschriebene dreibändige *Messias*-Partitur (D-B, *Mus. ms.* 9007/1) erweist sich als Schlüssel zu einer weiteren Tätigkeit dieses Kopisten in Hamburg, nämlich für den bereits erwähnten Christoph Daniel Ebeling.[22] Es handelt sich um eine reduzierte Partitur mit sämtlichen Vokalstimmen, aber nur einer – im Violinschlüssel notierten – instrumentalen Oberstimme sowie beziffertem Baß (Abb. 6).[23] Sie gibt das Werk in einer leicht gekürzten Fassung wieder und enthält eine von Christoph Daniel Ebeling und Friedrich Gottlieb Klopstock stammende deutsche Übersetzung. Wie Besitzvermerke Ebelings in allen drei Bänden zeigen, handelte es sich um dessen eigene Partitur. Poelchaus eingangs zitierter Hinweis auf Damköhler als Schreiber der Partitur (siehe oben) erweist sich bei genauer Betrachtung als etwas zu pauschal: Tatsächlich schrieb Damköhler den Notentext in den Bänden 1 und 3 (der Notentext in Band 2 stammt überwiegend von unbekannter Hand). Die Gesangtexte dagegen unterlegte Ebeling selbst in Gestalt seiner gemeinsam mit Klopstock geschaffenen Übersetzung, und zwar vollständig in Band 1 und teilweise in Band 2; in Band 3 dagegen hat Damköhler den Text notiert. Es handelt sich somit um Ebelings

Paisiellos *Die eingebildeten Philosophen* (*I Filosofi immaginari*, 1781; *ND VII 300*), Gretrys *Das Urteil des Midas* (*Le Jugement de Midas*, 1781; *ND VII 156*), Christian Gottlob Neefes *Adelheit von Veltheim* (1786; *ND VII 285*), Gretrys *Richard Löwenherz* (*Richard Coeur-de-lion*, 1787; *ND VII 154*), Umlauffs *Das Irrlicht* (1787; *ND VII 408*), Salieris *Die Höhle des Trophonio* (*La Grotta di Trofonio*, 1787; *ND VII 342a*), Martín y Solers *Lilla* (*Una cosa rara*, 1788; *ND VII 234*), Paisiellos *König Theodor* (*Il re Theodoro in Venezia*, 1788; *ND VII 301*), Ernst Wilhelm Wolfs *Der Schleier* (1788; *ND VII 447*), Ferdinand Fränzls *Die Luftbälle* (1788; *ND VII 130*) und Joseph Schusters Singspiel *Die wüste Insel* (komponiert 1779), zu dem sich keine Hamburger Aufführungsdaten ermitteln ließen (*ND VII 364d*).
[22] Zu Ebeling siehe aus musikhistorischer Perspektive: MGG, Bd. 3 (1964), Sp. 1039 bis 1041 (K. Stephenson).
[23] Vgl. dazu die ausführliche Beschreibung von Hans Joachim Marx in: M. Marx-Weber und H. J. Marx, *Der deutsche Text zu Händels ‚Messias‘ in der Fassung von Klopstock und Ebeling*, in: Beiträge zur Geschichte des Oratoriums seit Händel. Festschrift Günther Massenkeil zum 60. Geburtstag, hrsg. von R. Cadenbach und H. Loos, Bonn 1986, S. 29–56, speziell S. 38–40.

Arbeitsexemplar, für dessen Anfertigung er sich der Mithilfe Damköhlers und eines weiteren Kopisten versicherte. Nach welcher Vorlage die Partitur angefertigt wurde, ist nicht bekannt.

Gudrun Busch vermutete, daß es ein Exemplar des 1767 bei Randall & Abell erschienenen Partiturdrucks aus dem Besitz des Braunschweiger Gelehrten und Musikliebhabers Johann Joachim Eschenburg gewesen sein könne, das im August 1774 nach Hamburg an Ebeling entliehen worden sei.[24] Erwähnenswert ist, daß auch Klopstock sich ein Exemplar der reduzierten dreibändigen *Messias*-Partitur, an deren Übersetzung er mitgewirkt hatte, besorgte oder geschenkt bekam. Es befindet sich noch heute in seinem in der Staats- und Universitätsbibliothek Hamburg verwahrten Nachlaß (D-Hs, *KN 60*). Dabei handelt es sich um eine als Reinschrift von Ebelings Arbeitsexemplar genommene exakte Abschrift, die diesmal jedoch vollständig von der Hand des Bach-Kopisten Johann Heinrich Michel stammt, der somit ebenfalls für den Ebeling-Klopstock-Kreis gearbeitet zu haben scheint.[25] In Klopstocks Nachlaß findet sich im übrigen auch noch ein von Damköhler geschriebener Stimmensatz zu Johann Gottlieb Naumanns Vertonung von Klopstocks *Die Lehrstunde* (D-Hs, *KN 63 b*).

In einem in der Staatsbibliothek zu Berlin aufbewahrten, der Bach-Forschung bislang offenbar unbekannten Verzeichnis aus Poelchaus Besitz mit dem Titel *Ebelings Musikalien* werden in drei Abschnitten „Oratorien[-]Partituren mit ausgeschriebenen Stimmen", „Oratorien in Partitur ohne ausgeschriebene Stimmen" und „Oratorien in Klavierauszügen" aufgelistet (siehe Anhang und Abb. 7).[26] Geschrieben wurde das Verzeichnis von Ebeling selbst,[27] der Titel auf Folio 1 recto stammt jedoch von Poelchaus Hand. Wahrscheinlich entsprang es ursprünglich Ebelings Bedürfnis nach Übersicht und Ordnung seiner Musikalien (darauf deuten die hier und da genannten Regalfächer hin), diente

[24] G. Busch, *Das „Händel-Dreieck" Braunschweig – Berlin – Hamburg in der Eschenburg-Nicolai-Korrespondenz 1770–1779*, in: Göttinger Händel-Beiträge 6 (1996), S. 236–253, hier S. 245 und 246.

[25] Vgl. dazu Marx (wie Fußnote 23), jedoch noch ohne die von Rifkin stammende Identifizierung des Kopisten Michel.

[26] Christoph Henzel streift in einem Abschnitt zu Ebelings Partituren-Besitz zwar dieses Verzeichnis, nennt aber weder dessen Titel noch den Aufbewahrungsort und die Signatur: C. Henzel, *Berliner Klassik. Studien zur Graunüberlieferung im 18. Jahrhundert*, Beeskow 2009 (Ortus-Studien. 6.), S. 170.

[27] Dem Schriftduktus zufolge muß das Dokument in einem eher späten Zeitraum entstanden sein – einer der letzten Einträge erfolgte 1809 oder später (siehe Anhang, Teil II, Nr. 34); als Schriftvergleich diente ein eigenhändiger Brief Ebelings an Johann Martin Miller vom 1. August 1801 (D-Hs, *LA: Ebeling, Christoph Daniel: 25–26*). Daß Ebeling selbst der Urheber der Liste ist, wird auch deutlich an der Angabe von Regal- beziehungsweise Fachnummern wie beispielsweise „Stimmen zweites Fach hinten links" oder „Die Partituren zweites Fach vorne links" (fol. 1 v).

aber später als Angebotsliste für Poelchau, der daraus einen Großteil der verzeichneten Musikalien erwarb, und zwar vermutlich noch während seiner
Hamburger Zeit (bis 1813), zumindest aber wohl noch zu Lebzeiten Ebelings
(† 1817). Denn der anläßlich der Versteigerung von Ebelings Büchersamm-
lung am 13. September 1819 in Hamburg erschienene Katalog[28] enthält keinerlei Musikalien. Daß Poelchau zum Zeitpunkt der Versteigerung des Ebelingschen Nachlasses bereits im Besitz eines Großteils der Musikalien war,
läßt auch ein Brief des Altonaer Bach-Sammlers Caspar Siegfried Gähler an
Poelchau erkennen, in dem jener diesem am 26. Oktober 1819 mitteilte, daß
bei der Nachlaß-Versteigerung keine Musikalien angeboten worden waren:
„Das Musicalische des Ebelingischen Nachlasses bestand wohl nur in den
Musicalien, die Sie gekauft haben. Musicalische Schriften hat der Verstorbene
wohl nicht besessen".[29]
Besonderes Interesse verdient in unserem Zusammenhang der erste, den Oratorien „mit ausgeschriebenen Stimmen" gewidmete Teil des Verzeichnisses
(siehe Anhang). Die aktuellen Standortnachweise in der rechten Spalte zeigen,
daß ein Teil der Ebelingschen Musikalien später in den Besitz der Königlichen
Bibliothek Berlin (heute: Staatsbibliothek zu Berlin) gekommen war, sicherlich in der Mehrzahl über Poelchau als Zwischenbesitzer. Ob dies auch für
die noch nicht ermittelten Standorte gilt, muß vorläufig offenbleiben.
Abgesehen von der bereits oben beschriebenen, überwiegend von Damköhler
gefertigten dreibändigen *Messias*-Partitur (Nr. 2) sowie einigen von ihm geschriebenen Stimmen zu den Nummern 8 (C. P. E. Bach) und 10 (Pergolesi),
stammen auch die unter den Nummern 1, 3 und 4 genannten Stimmensätze zu
Händelschen Kompositionen nahezu vollständig von der Hand dieses Kopisten. Es handelt sich hierbei unstreitig um das originäre Stimmenmaterial zu
Hamburger Aufführungen dieser Werke, die – wie im folgenden zu zeigen sein
wird – weitgehend in der Verantwortung und auf Initiative Christoph Daniel
Ebelings veranstaltet wurden:

Nr. 1 (*Saul*)
Bis auf die von einem unbekannten Kopisten geschriebenen Stimmen „Flauto primo"
und „Flauto secondo" stammt der Stimmensatz von Damköhlers Hand (Abb. 8): „Basso
[Saul]" (f_4-Schlüssel), „David" (c_1), „Merab" (c_1), „Jonathan" (c_1), „Abner" (c_1 und f_4,
zu singen in Tenorlage), „Samuel" (f_4), „Sila [= Michal]" (c_1), „Zauberin" (c_1), „Der
hohe Priester" (c_1, „Tenore"), „Ein Bote" (c_1), „Canto" (c_1), „Alto [I]" (c_3), „Alto [II]"

---

[28] *Verzeichniß der von dem verstorbenen Herrn Prof. Christoph Dan. Ebeling hinter-
lassenen und am 13. September 1819 öffentlich zu verkaufenden Bücher-Sammlung*,
Hamburg 1819 (Exemplar: D-B, *RLS Dl 19*).
[29] Caspar Siegfried Gähler, eigenhändiger Brief an Poelchau, Altona, 26. Oktober
1819, eingebunden in ein Konvolut mit Autographen Friedrichs des Großen (D-B,
Mus. ms. autogr. Friedrich d. Gr. 1, fol. 3r).

(c$_3$), „Tenore" (c$_4$) (zwei Exemplare), „Ein Amalekite" (c$_1$, „Tenore"), „Basso" (f$_4$),
„Violino Primo" (zwei Exemplare), „Violino Secondo", „Viola", „Oboe Primo", „Oboe
Secondo", „Fagotti", „Basso" (unbeziffert), „Organo" (gelegentlich beziffert), „Harfe",
„Tromba Prima", „Tromba Seconda" und „Timpani". In einigen Vokalstimmen ist der
Text zum Teil von anderer Hand notiert worden, und zwar in der Weise, daß Damköhler
stets den Textanfang schrieb und ein zweiter Kopist den Rest des Textes. Das erste
Exemplar der „Violino Primo"-Stimme enthält einige Korrekturen mit Rotstift, in der
„Oboe Primo" finden sich gelegentlich „Solo"-Einträge mit Rotstift, und die Fagott-
Stimme (Fagott I und II) enthält zur Nummer 77b (March)[30] zusätzlich ein mit Rot-
stift geschriebenes „Fagotto Terzo", wobei die drei Fagotte hier die Posaunen der
Händelschen Instrumentierung ersetzen und so notiert sind, daß alle drei Fagottisten
gleichzeitig aus der Stimme spielen konnten.

Bei dem ebenfalls unter Nummer 1 genannten Partiturdruck handelt es sich um ein
Exemplar der 1773 bei William Randall in London erschienenen Partiturausgabe mit
eigenhändigem Besitzvermerk Poelchaus auf der Titelseite. Das Exemplar zeichnet
sich aus durch einen skizzenartig mit Bleistift unterlegten deutschen Text (gut erkenn-
bar beispielsweise auf den Seiten 176/177), der sich beim Vergleich mit eigenhändigen
Schriftstücken Ebelings als von diesem geschrieben erweist.[31] Der vollständig aus-
gearbeitete deutsche Text wurde später von unbekannter Hand mit brauner Tinte den
Noten unterlegt, teilweise durch Überschreiben des Bleistifttextes. Von Ebelings
Hand stammen auch Eintragungen wie „bleibt weg" auf Seite 153 (bezogen auf Nr. 64:
„Author of piece") und stattdessen der Verweis „Aria Anhang p[agina] 12"[32], sodann
die Tempoangabe „Allegretto" auf Seite 72 (zu Nr. 18) oder auf Seite 188 die oben bereits angedeutete Instrumentierungsänderung „Fagotto 1", „Fagotto 2", „Fagotto 3"
anstelle der drei Posaunen (bei Nr. 77b). Interesse verdienen schließlich noch zwei
Überklebungen: Am Fuß von Seite 189 wurde eine kurze, hier „Elegy" überschriebene,
instrumentale Überleitung (Nr. 77a: „Largo e Staccato") in Gestalt eines von Damköhler geschriebenen Notenzettels eingeklebt, deren Notentext dem Anhang der Druck-
ausgabe (S. 15) entnommen ist. Des weiteren findet sich im Anhang (S. 6) eine wiederum von Damköhler geschriebene Überklebung „Recitat[ativo]" (Nr. 29: „This but the
smallest"), bei der es sich um die Einleitung zu dem im Randall-Druck in den Anhang verbannten, in Ebelings Fassung aber berücksichtigten, Accompagnato „By thee
this universal frame" (Nr. 30) handelt.

---

[30] Die Satzzählung hier und im folgenden nach dem Händel-Werkeverzeichnis (HWV):
B. Baselt, *Thematisch-systematisches Verzeichnis*, Bd. 2 (*Oratorische Werke, vokale
Kammermusik, Kirchenmusik*), Kassel 1984 (Händel-Handbuch. 2.).

[31] Zum Vergleich herangezogen wurde ein eigenhändiger Brief Ebelings an Heinrich
Wilhelm von Gerstenberg vom 18. Mai 1780 (D-Hs, *LA: Ebeling, Christoph Daniel:
1–2*). Im handschriftlichen Katalog seiner Bibliothek hat Poelchau zu diesem Partiturdruck vermerkt: „Mit der autographen handschriftl. Uebersetzung des Professors
Ebeling in Hamburg" (D-B, *Mus. ms. theor. K 51*, Bd. 3, fol. 33r).

[32] Gemeint ist HWV 53, Anhang, Nr. 37, im Randall-Druck jedoch abweichend mit
dem Text „Love from such a Parent sprung", hier „Michal" zugeordnet.

Nr. 3 (*Funeral Anthem*)

Außer einer von Ebeling geschriebenen Titelformulierung zum ersten Stimmheft[33] stammt der komplette Stimmensatz von Damköhler (Abb. 9), auch wenn in einigen Vokalstimmen ein Teil des Textes von anderer Hand eingetragen wurde: „Soprano Primo" (c_1) (zwei Exemplare), „Canto" (c_1), „Alto" (c_3), „Tenore (c_4) (zwei Exemplare), „Basso" (f_4), „Violino Primo", „Violino Secondo", „Viola", „Basso" (unbeziffert), „Oboe Primo", „Oboe Secondo", „Fagotto". In den beiden Exemplaren „Soprano Primo" ist die Sopranstimme klavierauszugartig mit dem Instrumentalbaß unterlegt, außerdem enthalten sie jeweils die Soli sowohl für Sopran I als auch für Sopran II (der auch die Alt-Soli übernimmt). Dabei sind im ersten Exemplar die Soli und die Baßstimme auf drei Systemen notiert (I, II, Baß), im zweiten dagegen auf zwei Systemen (I/II, Baß). Außerdem fallen im zweiten Exemplar bei den Einsätzen mehrere mit Rotstift eingetragene Hinweise wie „Tutti", „Coro", „H" oder Kreuze („X") auf. Auch das dritte Sopranstimmheft („Canto") enthält „Tutti"- und „Solo"-Eintragungen[34], ebenso die beiden Exemplare der Tenorstimme und die Vokalbaßstimme. Bei den Instrumentalstimmen ist erwähnenswert, daß mit Ausnahme der Fagottstimme alle übrigen Stimmen zahlreiche mit Rotstift eingetragene Tempo-, Dynamik- und Artikulationsangaben aufweisen.

Der leider verlorengegangene Londoner Partiturdruck von John Walsh dürfte – analog zum Aufführungsmaterial zu *Saul* – die Vorlage gewesen sein, nach der Damköhler die Stimmen erstellte. Dies läßt sich aus dem Vermerk im Zettelkatalog der Berliner Staatsbibliothek schließen, wonach das verlorene Exemplar einen von Ebeling eigenhändig unterlegten deutschen Text (von Eschenburg) enthalten haben soll.[35]

Nr. 4 (*Coronation Anthems*)

Mit zwei kleinen Ausnahmen stammt auch der Stimmensatz zu den beiden Anthems *Zadok the Priest* (HWV 258) und *My heart is inditing* (HWV 261) von Damköhlers Hand. Nicht von ihm geschrieben wurde die Titelseite zum ersten Exemplar der beiden Sopran-I-Stimmhefte mit dem Wortlaut „Händels Krönungs Musik. Canto I." (möglicherweise Ebelings Handschrift) und dem von anderer Hand (möglicherweise Poelchau) geschriebenen Zusatz „Der Text verdeutscht von Ebeling". Sodann stammt das Stimmheft für Tenor II nicht von Damköhler, wurde aber von ihm durchgesehen und korrigiert (fol. 1v und 5v). Das Konvolut setzt sich aus folgenden Stimmen zusammen: „Canto Primo" (c_1) (zwei Exemplare), „Canto Secondo" (c_1), „Alto Primo" (c_3), „Alto

---

[33] „Händels Trauer-Musik. Der Text verdeutsch[t] von Eschenburg."

[34] Insgesamt bleibt die jeweilige Funktion der drei Sopranstimmhefte unklar: Auffällig sind Tacet-Vermerke vor allem im ersten Exemplar (Satzzählung nach HWV): Nr. 2 (Takt 165–215), Nr. 5 (Takt 77–140 Pausen mit Hinweis „Tutti"), Nr. 7, Nr. 8 (Takt 24–58 und 80–116), Nr. 9 (Takt 5–41) und Nr. 10. Der Chorsatz Nr. 10 ist nur im dritten Exemplar („Canto") enthalten. Offenbar waren die ersten beiden Sopranstimmhefte für Sänger mit solistischer Funktion gedacht, die aber auch die Sopran-Tutti zu verstärken hatten (wenngleich im ersten Exemplar nicht alle Tutti-Passagen enthalten sind), und das dritte Exemplar diente ausschließlich zur Ausführung der Sopran-Tutti.

[35] Vgl. Anhang, Teil I, Nr. 3, Fußnote 59.

Secondo" (c₃), „Tenore Primo" (c₄), „Tenore Secondo" (c₄), „Basso Primo" (f₄), „Basso Secondo" (f₄), „Violino Primo", „Violino Secondo", „Violino terzo", „Viola", „Basso" (unbeziffert), „Oboe Primo", „Oboe Secondo", „Fagotti", „Tromba Prima", „Tromba Seconda", „Tromba 3.^tia" und „Timpani". Beide Exemplare des „Canto Primo" enthalten auf einem zweiten System auch den Instrumentalbaß, und im ersten Exemplar wird die Notation ab Takt 101 des zweiten Anthems auf drei Systeme ausgeweitet mit dem Zusatz „Canto Primo è Secondo Soli" beziehungsweise bei Takt 147 „à Due Soprani Soli" (I, II, Baß). Der Text ist hier ab „Ehre sey dem Vater" bis zum Schluß von Ebeling eingetragen worden. Im Unterschied zum ersten Exemplar des „Canto Primo", das mit allen Tutti- und Solo-Abschnitten die Hauptstimme darstellt, enthält das zweite Exemplar des „Canto Primo" nur die Soloabschnitte. Im Schlußteil des zweiten Anthems ist der Text ab „Ehre sey dem Vater" diesmal von Damköhler notiert worden mit dem Zusatz „Dieses Chor ist bis zum Ende Solo". „Solo"-Angaben enthalten im zweiten Anthem auch die Stimmhefte „Alto Primo", „Tenore Primo", „Basso Primo" und „Basso Secondo".

Betrachtet man die im Anhang verzeichneten Aufführungsmaterialien – insbesondere zu den Händelschen Werken – im Ganzen, ist unverkennbar, daß ihr Besitzer Ebeling nicht nur einfach als deren Sammler gesehen werden darf, sondern teilweise auch deren Herstellung veranlaßt hat. In von ihm erworbene Partiturdrucke beziehungsweise, im Fall des *Messias*, in eine von ihm in Auftrag gegebene reduzierte Partiturabschrift trug er seine eigenen oder andere deutsche Textübersetzungen ein, nahm gegebenenfalls Umstellungen sowie weitere redaktionelle Eingriffe vor (vor allem bei Nr. 1) und schuf somit die Kopiervorlage für wahrscheinlich von ihm beauftragte Kopisten zum Ausschreiben der Stimmen. Die Anfertigung des Stimmenmaterials lag dabei in den meisten Fällen – möglicherweise auch bei den noch nicht wiedergefundenen Stimmen zum *Messias* – in der Verantwortung Damköhlers, der somit als Ebelings Hauptkopist gesehen werden darf (neben seiner Tätigkeit am Theater). Der in einigen Stimmen zum *Saul* recht flüchtige Schreibduktus Damköhlers[36] sowie die gelegentliche Hinzuziehung eines zweiten Kopisten beziehungsweise Textschreibers deuten darauf hin, daß in manchen Fällen die Herstellung des Stimmenmaterials unter Zeitdruck erfolgt zu sein scheint, wofür bevorstehende Aufführungstermine der Grund gewesen sein dürften. Tatsächlich lassen sich diese Aufführungsmaterialien schon länger bekannten Hamburger Konzertdaten zuordnen:

---

[36] Gemeint sind die Stimmen „Merab" und „Sila" sowie die Chorstimmen „Canto", „Alto [I]", „Alto [II]" und „Tenore". Ein solcher gelegentlich flüchtigere Züge annehmender Schreibduktus läßt sich auch in einigen Theater-Stimmensätzen Damköhlers beobachten.

108 Jürgen Neubacher

Hamburger Händel-Aufführungen mit mutmaßlicher Verwendung von Ebelings Stimmensätzen

Nr.	Werk	Datum/Ort/Anlaß	Beleg[37]
1	*Saul*	31.3.1787; Aufführung (wahrscheinlich in der Handelsakademie) zugunsten des Medizinischen Armeninstituts 2.2.1788; Aufführung (wahrscheinlich in der Handelsakademie) zugunsten des Medizinischen Armeninstituts	HNZ 20.3.1787, 30.3.1787; Textdruck: D-B, *Mus. Th 56/2* ACN 31.1.1788[38]
2	*Messias*	Dez. 1775; Aufführung in der Handelsakademie im Rahmen von Ebelings Winterkonzerten 1775/76 23.2.1777 (unter Leitung von C. P. E. Bach); Wohltätigkeitskonzert im Logensaal der vereinigten Freimaurerlogen 12.4.1778; Wohltätigkeitskonzert im Logensaal der vereinigten Freimaurerlogen	Briefe von Matthias Claudius (13.11.1775), Johann Heinrich Voss (5.1.1776)[39] und Klopstock (22.5.1776)[40] HUC 26.2.1777[41] HUC 14.4.1778

---

[37] Es bedeuten: ACN: *Hamburgische Addreß-Comtoir-Nachrichten;* HNZ: *Hamburgische Neue Zeitung,* HUC: *Hamburgischer unpartheyischer Correspondent.*

[38] Die Aufführung wurde von Ebeling mit folgender Anzeige angekündigt: „Denen Armenfreunden, welche bisher gewohnt gewesen, zu dem Privatkonzerte für das medizinische Armeninstitut zu unterschreiben [= subskribieren], habe ich die Ehre anzuzeigen, daß am Sonnabend, den 2ten Februar Händels Oratorium: Saul, mit einem stark besetzten Orchester aufgeführt wird. Falls einigen aus Versehen der Bogen zur Unterschrift nicht vorgelegt seyn sollte, so bitte ich, dieses mir nicht zuzuschreiben, sondern gütigst Billette in meinem Hause abholen zu lassen. C. D. Ebeling, Professor" (*Hamburgische Addreß-Comtoir-Nachrichten* 1788, S.72).

[39] Beide abgedruckt in: CPEB Briefe I, S.538–540 und 554f.

[40] *Friedrich Gottlieb Klopstock. Briefe 1776–1782,* hrsg. von H. Riege, 3 Bde., Berlin 1982 (Friedrich Gottlieb Klopstock. Werke und Briefe. Historisch-kritische Ausgabe. Briefe. VII/1–3), Bd. 1, S.29.

[41] Abgedruckt in: B. Wiermann, *Carl Philipp Emanuel Bach. Dokumente zu Leben und Wirken aus der zeitgenössischen hamburgischen Presse (1767–1790),* Hildesheim 2000 (LBB 4), S.450f.

	8.4.1781; Aufführung (wahrscheinlich in der Handelsakademie) zugunsten des Medizinischen Armeninstituts, bezeichnet als „Ebelings Concert"	ACN 10.5.1781	
3 *Funeral Anthem*	18.12.1785; Aufführung (wahrscheinlich in der Handelsakademie) im Rahmen des ersten von vier Konzerten zugunsten des Medizinischen Armeninstituts	ACN 12.12.1785, HUC 11.4.1786[42]	
4 *Coronation Anthems*	18.12.1785; wie bei Nr. 3	wie bei Nr. 3	

Die von vielen Autoren als selbstverständlich angenommene Leitung insbesondere der Händel-Aufführungen durch den mit Ebeling befreundeten Hamburger Musikdirektor Carl Philipp Emanuel Bach[43], der – wie Ebeling – gelegentlich den Saal der Handelsakademie (deren Vorsteher Ebeling ab 1771 war) für Konzertveranstaltungen nutzte, kann in der obigen Auswahl nur für die *Messias*-Aufführung vom 23. Februar 1777 als wirklich gesichert gelten. Für die übrigen der genannten Aufführungen scheint nunmehr, in Kenntnis der aktiven Rolle Ebelings bei der Beschaffung des Aufführungsmaterials und dessen textlicher sowie musikalischer Einrichtung, Zurückhaltung geboten hinsichtlich der Frage nach Carl Philipp Emanuel Bachs Mitwirkung. In den beschriebenen Aufführungsmaterialien finden sich keine Spuren einer Benutzung durch Bach (beispielsweise Eintragungen von Vortragsbezeichnungen, Eingriffe in die Werkstruktur oder Instrumentation),[44] sehr wohl aber solche von Ebeling selbst (Nr. 1) sowie einem möglicherweise von ihm mit der Leitung beauftragten Konzertmeister oder Dirigenten (Rotstifteintragungen in Nr. 1 und 3). Die mit Rotstift vermerkten Vortragsbezeichnungen in den Auf-

[42] Beide abgedruckt ebenda, S. 469 f.
[43] So beispielsweise bei J. Sittard, *Geschichte des Musik- und Concertwesens in Hamburg vom 14. Jahrhundert bis auf die Gegenwart*, Altona/Leipzig 1890, S. 108–110; H. Miesner, *Philipp Emanuel Bach in Hamburg. Beiträge zu seiner Biographie und zur Musikgeschichte seiner Zeit*, Leipzig 1929, S. 20; H.-G. Ottenberg, *Carl Philipp Emanuel Bach*, Leipzig 1982, S. 158–161; M. Marx-Weber, *Hamburger Händel-Pflege im späten 18. Jahrhundert*, in: Händel und Hamburg (wie Fußnote 3), S. 133–140, hier S. 137; CPEB Briefe I, S. 555. Vorsichtiger äußern sich Wiermann (wie Fußnote 41), S. 470, und A. Monheim, *Händels Oratorien in Nord- und Mitteldeutschland im 18. Jahrhundert*, Eisenach 1999 (Schriften zur Musikwissenschaft aus Münster. 12.), S. 334, Fußnote 71.
[44] Einzige Ausnahme ist möglicherweise der Stimmensatz zu Pergolesis *Stabat mater* (siehe Anhang, Teil I, Nr. 10), dessen Streicherstimmen Eintragungen enthalten, die von C. P. E. Bachs Hand stammen könnten (vgl. Fußnote 65).

führungsmaterialien zu *Saul* und dem *Funeral Anthem* finden sich in ähnlicher Form auch in einigen der von Damköhler erstellten Theater-Aufführungs-materialien, so daß beispielsweise an die Leitung der einen oder anderen Händel-Aufführung durch den jeweiligen Theatermusikdirektor[45] oder einen anderen Musiker aus dem Theaterumfeld zu denken wäre. Auch einen Teil der Mitwirkenden könnte Ebeling von dort engagiert haben, wie bereits im Fall Damköhler geschehen. Die von Barbara Wiermann bei der Frage nach der Leitung der Aufführung des *Funeral Anthems* am 18. Dezember 1785 vorsichtig formulierte Annahme, für Bachs Mitwirkung spreche, daß er einen Stimmensatz zu diesem Werk besessen habe[46], ist nunmehr mit Auftauchen des Ebelingschen Aufführungsmaterials hinfällig. Gegen Bachs Leitung spricht auch, daß er noch am 14. Dezember 1785 einen rein geschäftlichen Brief an Johann Joachim Eschenburg geschrieben hatte[47], ohne auf die bevorstehende Aufführung, der Eschenburgs deutsche Textübersetzung des *Funeral Anthems* zugrundelag, auch nur mit einem Wort Bezug zu nehmen. Daß allerdings Bach ein starkes Interesse an diesem Werk besaß, ist unbestritten, erbat er sich doch bereits im Juli 1769 diverse Händel-Partituren von Johann Philipp Kirnberger aus Berlin, darunter auch das *Funeral Anthem*.[48]

Auch bezüglich der eingangs erwähnten Damköhlerschen Stimmen zum Credo der h-Moll-Messe schließt sich nunmehr der Kreis. Die Aufführung am 9. April 1786 erfolgte im Rahmen des letzten von vier Konzerten zugunsten des Medizinischen Armeninstituts in der Wintersaison 1785/86, das diesmal erwiesenermaßen unter Bachs Leitung stand[49] und von Ebeling organisiert

---

[45] Ab 1781 war dies C. F. Hönicke (1755–1809), der dank zahlreicher Hamburger Opernaufführungen über eine große kapellmeisterliche Routine verfügt haben dürfte, außerdem auch im oratorischen Fach zu überzeugen verstand, so zum Beispiel 1801 mit der vielgelobten Hamburger Erstaufführung von Haydns *Schöpfung*; vgl. dazu R. von Zahn, *Musikpflege in Hamburg um 1800. Der Wandel des Konzertwesens und der Kirchenmusik zwischen dem Tode Carl Philipp Emanuel Bachs und dem Tode Christian Friedrich Gottlieb Schwenkes*, Hamburg 1991 (Beiträge zur Geschichte Hamburgs. 41.), S. 68 f.

[46] Wiermann (wie Fußnote 41), S. 470; zum Stimmensatz in Bachs Nachlaß vgl. U. Leisinger, *Die „Bachsche Auktion" von 1789*, BJ 1991, S. 97–126, hier S. 116 (Nr. 149).

[47] Abgedruckt in CPEB Briefe II, S. 1128.

[48] „Wie lüstert mich ebenfalls nach der Trauermusik auf die verstorbene Königin u. nach dem Te Deum laudamus, alles von Händel! Ich kann es kaum erwarten" (Brief vom 21. Juli 1769). Der in CPEB Briefe I, S. 177–179 unvollständig (ohne die hier zitierte Passage) wiedergegebene Brief ist vollständig abgedruckt in: R. Bernhardt, *Aus der Umwelt der Wiener Klassiker. Freiherr Gottfried van Swieten (1734–1803)*, in: Der Bär. Jahrbuch von Breitkopf & Härtel auf die Jahre 1929/1930, Leipzig 1930, S. 74–166, hier S. 104 f.

[49] Vgl. dazu und zu den vier Konzerten insgesamt die Zeitungsberichte und den Kommentar in: Wiermann (wie Fußnote 41), S. 469–471.

worden war.[50] Dabei gab es hinsichtlich der Erstellung des Notenmaterials –
zumindest was das Credo betrifft – offenbar ein Zusammenwirken von Bach
und Ebeling, und zwar in Gestalt des Kopisten Damköhler.

Uwe Wolf be-
schreibt ausführlich die komplizierten Abhängigkeitsverhältnisse der drei von
Damköhler angefertigten und von Bach revidierten Stimmen (Violine I, Violine II, Basso continuo) einerseits sowie der übrigen, von Michel und Bach
geschriebenen Stimmen andererseits von ihren unterschiedlichen Vorlagen.[51]
Demnach geben Damköhlers Stimmen den Notentext von Johann Sebastian
Bachs Autograph v o r einer sogenannten dritten, auf eine Aufführung bezoge-
nen Revision durch Carl Philipp Emanuel wieder, wohingegen Michels Stim-
men n a c h dieser Revision angefertigt wurden und möglicherweise ein von
Bach im Zuge der Revision gefertigtes Particell zur Vorlage hatten.[52] Unter
Berücksichtigung dieser Beobachtungen läßt sich folgendes Szenario für die
Entstehung des Hamburger Stimmensatzes vorstellen:
Die Idee für eine Aufführung des Credos (oder ursprünglich vielleicht sogar
der gesamten h-Moll-Messe) ging möglicherweise auf Ebeling zurück, der
sich für einen ersten Überblick und die weitere Programmplanung das Partiturautograph von Bach auserbeten oder dieses bei ihm eingesehen haben könnte.
Bach war vermutlich zunächst skeptisch und zögerlich angesichts der zu
erwartenden Schwierigkeiten eines solchen Vorhabens. Nachdem man sich
auf das Credo geeinigt hatte, könnte Ebeling gedrängt und Damköhler mit
dem Ausschreiben der Stimmen beauftragt haben. Im Verlauf dieser ersten,
mutmaßlich auf Ebelings Initiative zurückgehenden Kopierphase, die wohl in
Bachs Wohnung oder (falls dieser das Partiturautograph aus der Hand gegeben
haben sollte) bei Ebeling stattfand, könnte sich Bach angesichts der nun
konkret gewordenen Aufführungsoption zu einer grundlegenden Revision des
Satzes entschlossen haben, wodurch es zu einer – möglicherweise länger
andauernden – Unterbrechung gekommen wäre. Nach dem Abschluß der
Revisionsarbeiten, als deren Ergebnis das von Wolf hypothetisch ins Spiel
gebrachte Particell[53] zu gelten hätte, stand Damköhler wegen anderer Ver-
pflichtungen (beispielsweise am Theater) vielleicht nicht mehr zur Verfügung,

---

[50] Letzteres geht hervor aus der Erwähnung Ebelings in einem Rechenschaftsbericht
Ueber das medicinische Armen-Institut, in dem unter den Einnahmen des zurück-
liegenden Berichtszeitraums genannt wird: „Von Herrn Prof. Ebeling[:] Ueberschuß
über die Kosten der vier Concerte im Winter 1786[:] 620 Mk 4 ß" (*Hamburgische
Addreß-Comtoir-Nachrichten* 1787, S. 489–491, hier S. 490).

[51] U. Wolf, *C. P. E. Bachs Revisionen am Autograph der h-Moll-Messe seines Vaters
und der Hamburger Stimmensatz zum Credo BWV 232^{II}*, in: „Er ist der Vater, wir
sind die Bub'n". Essays in Honor of Christoph Wolff, hrsg. von P. Corneilson und
P. Wollny, Ann Arbor 2010, S. 1–19.

[52] Ebenda, S. 6–10; zur dritten Revision siehe S. 5.

[53] Ebenda, S. 10.

oder Bach entschied nun, nachdem er seine Revisionsergebnisse in die drei bereits von Damköhler geschriebenen Stimmen übertragen hatte, mit der Anfertigung der restlichen Stimmen Michel zu beauftragen (ob auf seine oder Ebelings Kosten, sei dahingestellt). Dieses Modell würde erklären, warum die von Damköhler und Michel geschriebenen Stimmen auf unterschiedliche Revisionsstadien zurückgehen. Denn daß es – wie Wolf als Überlegung ins Spiel brachte – einen vollständigen älteren, von Damköhler geschriebenen und von Bach revidierten Stimmensatz gab, den Michel in dieser revidierten Form (warum auch immer) kopiert hätte[54] oder daß Michel auf eine Umarbeitung einzelner Sätze des Credos zu Teilen einer Quartalsmusik als Kopiervorlage zurückgegriffen haben könnte[55], hat wohl (so auch Wolf) als sehr unwahrscheinlich zu gelten. Auf jeden Fall scheint – so ließe sich das Erklärungsmodell zusammenfassen – mit dem Ausschreiben der Stimmen zum Credo begonnen worden zu sein, bevor Bach sich zu einer aufführungsbezogenen Revision des Satzes entschloß.

Die Frage, ob und in welchem Ausmaß Damköhler auch direkt für Carl Philipp Emanuel Bach gearbeitet hat, kann derzeit nicht beantwortet werden. Sie muß bis zur Identifizierung weiterer von Damköhler geschriebener Bach-Quellen offenbleiben. Zwei nun erstmals als von Damköhlers Hand stammend identifizierte Sopranstimmen zur Hamburger Fassung von Bachs Magnificat (Wq 215) gehörten wohl zu einem aus Ebelings Besitz stammenden Stimmensatz (siehe Abb. 10 und Anhang, Teil I, Nr. 8) und sind damit noch kein hinreichender Beleg für eine direkte Zusammenarbeit Bachs mit Damköhler.

Anhang

Ebelings Musikalien[56] (vgl. auch Abb. 7)

Im folgenden sind zusammengestellt: Wortlaut des Dokuments, Angaben zur Identifizierung der Kompositionen beziehungsweise ihrer Quellen sowie Angaben zu ihrem Verbleib (soweit ermittelt); ein **[D]** hinter der Bibliothekssignatur signalisiert eine Mitwirkung Damköhlers an dieser Quelle:

---

[54] Ebenda, S. 8 (a).
[55] Ebenda, S. 9 (c).
[56] D-B, *Mus. Ab 122 (37 in)*. Das acht Seiten umfassende Manuskript gehört zu einem Konvolut gedruckter Musikverlagsverzeichnisse aus den Jahren von etwa 1780 bis 1825, das sich ursprünglich in Poelchaus Besitz befand. Der Verfasser dankt Frau Dr. Martina Rebmann, Staatsbibliothek zu Berlin, für die Zugänglichmachung des inzwischen zerlegten und restaurierten Konvoluts. – Das Verzeichnis enthält offenkundig nicht sämtliche von Ebeling einst besessenen Musikalien; es fehlen beispielsweise Opern und Instrumentalmusik. Über das Verzeichnis hinaus konnten folgende

[I:] Oratorien[-]Partituren mit ausgeschriebenen Stimmen
[fol. 1v–2r]

---

1. Saul an Oratorio in Score by Mr Handel [HWV 53] with his
   Additions and Alterations
   a) London [Randall 1773] in Kupfer gestochen. – bound gr   D-B, *Kh 272*, [**D**]
   Fol. [= RISM A/I H 876]
   Ein deutscher Text in Versen von C. D. Ebeling ist untergelegt
   und hinzugeschrieben
   b) Die Geschriebenen Stimmen zum Aufführen in einem   D-B, *Mus. ms. 9006/1*
   grossen Konzerte vielfach geschrieben   und *Mus. ms. 9006/2*, [**D**]

---

2. Händels Messias [HWV 56], mit Text von Klopstock[.]   D-B, *Mus. ms. 9007/1*[57],
   Verkürzte Partitur mit allen Singstimmen Bass, und zusammen-   [**D**]
   gezogener Oberstimme[;] 3 Bände. Schön geschrieben. Quer
   folio. gebunden.
   Die Stimmen zum ersten Theile vielfach geschrieben wie bei Nr 1.
   Die zum zweiten sehr mangelhaft (Der Rest ist mir gestohlen.)

Musikhandschriften mit eigenhändigen Besitzvermerken Ebelings in den Beständen der Staatsbibliothek zu Berlin ermittelt werden: Boccherini, *Sei Sonate per il Cembalo e Violino ad Libitum* (D-B, *Mus. ms. 2001:* „C. D. Ebeling. Hamburg 1775"), Johann Heinrich Rolle, *Concerto per il Cembalo concerterto con Violini, Violetta e Violoncello* (D-B, *Mus. ms. 18760:* „C. D. Ebeling I Lips. 1768"), Johann Friedrich Reichardt, *Ouverture a 2 Corni, 2 Flauti, 2 Oboe, 2 Fagotti, 2 Violino Primo, 2 Violino secondo, 2 Viole e 2 Basso* (D-B, *Mus. ms. 18228/10:* „C. D. Ebeling I c. 3 Mk"), Georg Benda, *Concerto à 5. Cembalo obligato, Violino primo, Violino secondo, Viola e Violoncello* (D-B, *Mus. ms. 1363/1:* „C. D. Ebeling I c. 2 Mk 12 ß"), Johann Adolph Hasse, *Piramo e Tisbe* (D-B, *Mus. ms. 9574/5:* „C. D. Ebeling 1771" und „C. D. Ebeling 1770"; der von einem unbekannten Kopisten geschriebene Stimmensatz enthält auch eine dublette „Violino Primo"-Stimme von Damköhlers Hand) und derselbe, *Il Re Pastore* (D-B, *Mus. ms. 9566:* „C. D. Ebeling I c. 9 Mk"), Carl Heinrich Graun, *Semiramide* (D-B, *Mus. ms. 8231:* „C. D. Ebeling"), Johann Gottfried Schwanenberg, *Solimano* (D-B, *Mus. ms. 20495:* „C. D. Ebeling") und ein Sammelband mit drei Kantaten von Leonardo Vinci und Baldassare Galuppi (D-B, *Mus. ms. 22383:* „CD Ebeling"). Davon sind nur die vier letzten Titel nachweislich über Poelchau in die Berliner Bibliothek gekommen. Darüber hinaus weist Christoph Henzel (wie Fußnote 26, S. 171 f.) auch die beiden Abschriften zu Grauns Opern *Cinna* (D-B, *Mus. ms. 8219*) und *Fetonte* (D-B, *Mus. ms. 8224*) Ebeling als Vorbesitzer zu (sie kamen später ebenfalls über Poelchau in die Königliche Bibliothek Berlin) und führt dafür eigenhändige Eintragungen von Ebeling als Begründung an. Offenbleiben muß, ob schließlich auch die von Damköhler geschriebene und von ihm signierte Abschrift der *XI Duo Notturni. Per Due Soprani* von Giovanni Ansani (D-B, *Mus. ms. 710*) einst in Ebelings Besitz war, bevor sie über Poelchau in die Berliner Bibliothek kam.

---

[57] Mit eigenhändigen Besitzvermerken „Pölchau" in Band 3 und „CD Ebeling" in allen

3.	[a.] Händel's Anthem at the Funeral of Queen Caroline [HWV 264]. London [Walsh ca. 1743] in Kupfer gestochen. Fol geb. [= RISM A/I H 1181] Mit deutschem untergelegten Text von Hofr. Eschenburg.[58]	D-B, *Mus. ms. 15739* (Kriegsverlust)[59]
	[b.] Die Stimmen ausgeschrieben wie bei Nr 1	D-B, *Mus. ms. 9037/1*, **[D]**
4.	[a.] Händel's Celebrated Coronation Anthems[;] Lond. [Walsh ca. 1742/43] gestochen. Fol. geb. [= RISM A/I H 1159] mit untergelegtem deutschen Text von C. D. Ebeling	D-B, *Mus. 15740* (Kriegsverlust)[60]
	[b.] Die Stimmen [nur HWV 258 und 261 enthaltend] ausgeschrieben wie bei Nr 1.	D-B, *Mus. ms. 9046/2*, **[D]**
5.	[a.] Händel's Judas Maccabaeus [HWV 63] deutscher Text von Hofr. Eschenburg. Verkürzte Partitur mit allen Singstimmen[;] Fol. geb.	D-B, *Mus. ms. 9014*[61]
	[b.] Die ausgeschriebnen Stimmen dazu; nicht vol[l]ständig.	
6.	Hasse[:] Te Deum laudamus. Schön geschrieben. Fol. gebunden.	

drei Bänden sowie dem von Poelchau geschriebenen Titelzusatz „mit Ebelings u. Klopstocks Uebersetzung, gröstentheils von dem erstern eigenhändig unterlegt" in Band 1.

[58] Zur Zuschreibung der Übersetzung (Textbeginn: „Die Hallen Zions trauern stumm") an Johann Joachim Eschenburg siehe auch Fußnote 33. Über die hier genannte Quelle hinaus konnte die Autorschaft Eschenburgs bibliographisch bislang nicht nachgewiesen werden.

[59] Laut Karteikarte im alten Zettelkatalog der Staatsbibliothek zu Berlin wies das Exemplar einen von Ebeling handschriftlich unterlegten deutschen Text (von Eschenburg) auf: „Part. (m. engl. T. u. eigenhändig v. Ebeling untergel. dt. Ueber-setzg.), London: I. Walsh, 54 S."

[60] Daß es sich bei dem in Ebelings Verzeichnis genannten Partiturdruck um die Walsh-Ausgabe gehandelt haben dürfte, geht hervor aus einer späteren Bemerkung Poelchaus im handschriftlichen Katalog seiner Bibliothek: „Coronation Anthems. Part. Walsh Ed. – (Mit einer Uebersetzung v. Eschenburg) (Mit Stimmen geschr[ie]-b[en])" (D-B, *Mus. ms. theor. K 51*, Bd. 3, fol. 34 r). Allerdings dürfte die Zuschrei-bung der Übersetzung an Eschenburg (statt Ebeling) ein Irrtum sein, da auf den er-haltenen Stimmen selbst wiederum Ebeling als Übersetzer genannt wird (siehe die Beschreibung im Haupttext). Das einzige im alten Zettelkatalog der Staatsbibliothek zu Berlin verzeichnete Exemplar der Walsh-Ausgabe (abgesehen von einem noch erhaltenen Exemplar aus der Amalien-Bibliothek) ist leider Kriegsverlust.

[61] Mit Exlibris „Ex bibliotheca Poelchauiana" sowie einem handschriftlichen Vermerk „Text von Eschenburg" auf dem Titelblatt. Laut Gudrun Busch stimmt die Partitur mit dem Hamburger Textdruck von 1774 (D-Hs, *A/70001*, Nr. 12) überein, so daß sie diese Abschrift andeutungsweise in einen Zusammenhang mit Hamburg brachte: Busch (wie Fußnote 24), S. 252, Anmerkung 66.

7. [a.] Hasse[:] Oratorio Le Virtù appiè della Croce[;]   D-B, *Mus. ms. 9462*[62]
    Quer Folio geb.[;] schön geschrieben
    [b.] Die ausgeschriebenen Stimmen dazu, wie zu Nr 1.

8. [a.] C. Phil. Em. Bach[:] Magnificat [Wq 215].
    (Latino) geh: Fol.
    Eine seiner schönsten Singkompositionen.
    [b.] Die Stimmen, wie bei Nr 1.   D-B, *Mus. ms. Bach*
    Unter der Partitur zum Theil ein deutscher Text untergelegt   *St 191* (Teile daraus)[63],
    von C. D. Ebeling.   [**D**]

9. [a.] 1) Kyrie. 2) Gloria 3. Credo del Sgr Hasse. Partizione
    geschrieben. Fol. geb.
    [b.] Die ausgeschriebenen Stimmen.

10. [a.] Stabat Mater di Pergolese[;] Lateinisch, mit Klopstocks   D-B, *Mus. ms.*
    untergelegtem deutschen Text. Geschr. Fol. geb.   *17155/1*[64]
    [b.] Die Stimmen ausgeschrieben, mit Hillers hinzugefügten   D-B, *Mus. ms.*
    Blasinstrumenten.   *17155/12*[65], [**D**]

---

[62] Mit Besitzvermerk „C. D. Ebeling 1775".

[63] Zur Beschreibung des auf unterschiedliche Vorbesitzer zurückgehenden Stimmenkonvoluts *Mus. ms. Bach St 191 I, II, III* und *St 191 a* siehe CPEB:CW, V/1.1, S. 157–162 und 163–165 (C. Blanken). In dem hier Poelchau und mehreren unbekannten Schreibern zugewiesenen Teilkonvolut D 8 (ebenda, S. 165) befinden sich zwei Sopranstimmen zur Hamburger Fassung (*St 191 I:10* und *St 191 I:11*), als deren Schreiber sich nun Damköhler erweist (siehe Abb. 10). Mit einiger Wahrscheinlichkeit stammen sie – sicherlich zusammen mit weiteren, noch nicht identifizierten Stimmen (s. obige Formulierung „Die Stimmen") – aus Ebelings Besitz, der somit als ein bisher unbekannter Vorbesitzer von Teilen des heutigen Konvoluts *Mus. ms. Bach St 191 I, II, III* und *St 191a* zu gelten hätte.

[64] Mit Besitzvermerk Ebelings aus dessen Leipziger Studienzeit: „C. D. Ebeling Lips. 1767".

[65] Das heute unter dieser Signatur aufbewahrte Konvolut scheint Quellen unterschiedlicher Provenienz zu enthalten: Nicht auf Ebeling gehen vermutlich vier mit marmorierten Pappeinbänden versehene Streicherstimmen zurück, die möglicherweise italienischer Herkunft sind; mit hoher Wahrscheinlichkeit aus Ebelings Besitz stammen dagegen vier querformatige Bläserstimmen („Flauto Traverso I[mo]", „Flauto Traverso II[do]", Oboe I[mo]", „Oboe II[do]"), die vollständig von Damköhler geschrieben wurden; zwei hochformatige Sopranstimmen von der Hand eines unbekannten Kopisten („Soprano. I[mo]", „Soprano. 2do") enthalten einen teilweise von Ebeling notierten deutschen Text; vier hochformatige, ebenfalls von unbekannter Hand geschriebene Streicherstimmen („Violino. Primo.", „Violino. 2do", „Viola.", „Fondamento.") weisen Einträge verschiedener Hände auf, darunter Tempobezeichnungen und Notenkorrekturen möglicherweise von C. P. E. Bach.

116 Jürgen Neubacher

11. [a.] Salmo LI. Pietà, Signor, Pietà à due Voci. con Stromenti
composto dal Sgr. Jomelli[;] sehr schön geschrieben[,]
querf. geb.
[b.] Die ausgeschr Stimmen dazu

12. Lied Mirjams und Debora von Klopstock komponirt von   D-B, *Mus. ms.*
Telemann [TVWV 6:4]   *21781/16*[66]
Klavierauszug mit ausgeschriebnen Stimmen.

13. [a.] Hasse[:] Oratorio S. Elena al Calvario. P[artes]
1. 2. Querfol. geschr. 2 Bände
[b.] Stimmen dazu wie bei Nr 1.

14. ~~Gloria von Händel à 14. mit deutschem Text von C. D. Ebeling~~
~~ohne ausgeschr. Stimmen~~

15. Passions Oratorium von Geo. Phil. Telemann   D-B, *Mus. ms. 21711/1*
(der Text von Brockes[:] Der für die Sünden der Welt blutende
und sterbende Jesus.) [TVWV 5:1] 12 Stimmen[,]
jede gebunden. ohne Partitur

16. Dasselbe von Kapellm. Keiser gesezt. Ebenso in 9 Stimmen   D-B, *Mus. ms.*
                                                                  11470/1[67]

---

[66] Das heute unter dieser Signatur aufbewahrte Konvolut mischt Quellen unterschiedlicher Provenienz. Aus Ebelings Besitz stammen lediglich der enthaltene handschriftliche Klavierauszug mit dem eigenhändigen Besitzvermerk aus Ebelings Göttinger Studienzeit „C. D. Ebeling Gött. 1765" sowie acht handschriftliche Stimmen. Vgl. zum Inhalt des Konvoluts sowie zu dessen Zusammensetzung die Quellenbeschreibung in: *Georg Philipp Telemann. Zwei Auszüge aus Klopstocks Messias. „Sing, unsterbliche Seele" TVWV 6:4a. „Mirjams, und deine Wehmut, Debora"* TVWV 6:4b, hrsg. von R.-J. Reipsch, Kassel 2010 (Georg Philipp Telemann. Musikalische Werke. 41), S. XXVIII–XXX. Die oben genannten Quellen („Klavierauszug mit ausgeschriebnen Stimmen") entsprechen den von Reipsch beschriebenen Konvolutteilen B(b) und B(c), die sich jedoch – so bereits Reipsch – zeitweise im Besitz Gählers befanden, bevor sie später in die Königliche Bibliothek Berlin kamen (ebenda, S. XXX). In diesem Fall könnte Gähler den handschriftlichen Klavierauszug nebst Stimmen Ebeling abgekauft haben, nachdem offenbar Poelchau an diesem ihm über Ebelings Verzeichnis offerierten Manuskript nicht interessiert war. Denn möglicherweise besaß Poelchau zu diesem Zeitpunkt bereits die beiden in seinem Bibliothekskatalog verzeichneten Partiturabschriften D-B, Mus. *ms. 21781/14* und *Mus. ms. 21781/15 (vgl. D-B, Mus. ms. theor. K 41, Band 4, fol. 144r)*, was ihm genügt haben dürfte. Das dort ebenfalls verzeichnete Partiturautograph (fol. 144v) erwarb er dagegen nachweislich erst 1834.

[67] Zwar umfaßt der Stimmensatz zehn Stimmen (statt neun wie im oben zitierten Verzeichnis angegeben) und enthält keine Angaben, die auf Ebeling oder Poelchau als Vorbesitzer hindeuten, dennoch kann kaum ein Zweifel bestehen, daß es sich um

17. [a.] Requiem dal Sgr. Jomelli[;] s[eine] Messa pro defunctis
(auf den Tod einer Mätresse des Herzogs von Wurtemberg)
[b.] mit ausgeschr. Stimmen

18. Der 46. Psalm à 14. von Jo. Fri. Doles. Leipz 1758. fol
[= RISM A/I D 3345])
Direzzione mit besonders gedrukten Stimmen.

19. Telemans Jahrgang, [wahrscheinlich Druckjahrgang 1748/49, der sogenannte „Engel-Jahrgang"], die Stimmen in Kupfer gestochen	Teile davon wohl in: D-B, *Mus. 15894* (Nr. 1–17)
12 Missae cum Textu latino von älte[r]n deutschen und italienischen Meistern deren einige genan[n]t sind: als Teleman, Chelleri, Förster, Rathgeber, Sarti, Bassani, Stölzel etc. in Stimmen zur Kirchenmusik ausgeschrieben. Einige in Partitur. folio.	Ein Teil der Partituren dieses und des folgenden Konvoluts wohl heute in: D-B, *Mus. ms. 30088* und *Mus. ms. 30221*[68]

10 Sanctus lateinisch oder deutsch in Stimmen von alten
Meistern[:] Bassani, Krieger etc.

[II:] Oratorien in Partitur ohne ausgeschriebene Stimmen
[fol. 3 v–4 r]

1. Händel's Oratorio Joseph and his Brethern [HWV 59].
In Kupfer gestochen[;] Fol. geb. [= RISM A/I H 601]

2. Händel's Te Deum (commonly call'd the Grand Dettingen
Te Deum) [HWV 283] sehr schön geschrieben[;] Fol. geb.

3. Händel's Alexander Balus [HWV 65]. London. gestochen.
(The Songs, english) Fol geb. [= RISM A/I H 449 oder 450]

4. Händel's Passion: Der für die Sünde der Welt blutende und sterbende Jesus[;] Text von Brockes [HWV 48] Vol[l]ständige Partitur. Fol. geb Eine noch in Hamburg von Händel verfertigte Musik, vortreflich und sehr selten. Sehr schön geschrieben	D-B, *Mus. ms. 9002* (?)

---

diesen Stimmensatz handelt. Vgl. zur Quelle allgemein: H. Frederichs, *Das Verhält-
nis von Text und Musik in den Brockespassionen Keisers, Händels, Telemann und
Matthesons. Mit einer Einführung in ihre Entstehungs- und Rezeptionsgeschichte
sowie den Bestand ihrer literarischen und musikalischen Quellen*, München/Salz-
burg 1975 (Musikwissenschaftliche Schriften. 9.), S. 32.

[68] Freundlicher Hinweis von Peter Wollny, Bach-Archiv Leipzig.

5. C. P. Em. Bachs Passions Cantate [Wq 233]. (Text von
    Mad. Karschin; Dr. Ebeling und Eschenburg. zusammengesezt
    vom Tonkünstler.) Vol[l]ständige Partitur[;] Fol. geb.

6. Te Deum Laudamus da Carlo Enr. Graun. Lipsia 1757.
    gedr. Fol. gebunden. [= RISM A/I G 3550]

7. C. P. Em. Bach's Ostermusik [Wq 244?]. Schön geschrieben[;]   D-B, *Mus. ms. Bach*
    gr Fol. geb.   *P 345* (?)[69]

8. Karl Wilh. Ramlers Auferstehung und Himmelfahrt Jesu
    in Musik gesezt von C. Ph. Em Bach [Wq 240] Leipz 1787.
    gedruckt[;] Fol. geb. [= RISM A/I B 115]

9. Miserere del Sgr. G. Ad. Hasse[;] quer Fol[.] gut geschrieben

10. Der Tod Jesu[;] ein[e] Kantate (von Ramler) in Musik gesezt
    von C. H. Graun[.] Leipz 1760. gedruckt[;] Fol. geb [= RISM
    A/I G 3553]

11. Die Israeliten in der Wüste[;] ein Oratorium (von Schiebler) in
    Musik gesezt von C. Ph. Em. Bach [Wq 238]. Hamburg 1775.
    gedr. Fol. geb [= RISM A/I B 109]

12. ~~1) Kyrie. dal Sgr. G. Ad. Hasse. 2) Gloria dallo stesso. 3) Credo.~~
    ~~dallo stesso[;] geschrieben Fol. geb.~~

13. Cantus lugubris in Obitum Friderici Magni Bor[ussorum] Regis
    in sollemnibus Exequiis d. 5 Sept. 1786. Potsdami celebratis
    peractus praecipiente Jo. Fr. Reichardt. 1787. fol. gestochen.
    geb. (Text vom Minister Luchesini) [= RISM A/I R 820]

12. Händel's (Ge. Fried) Te Deum Laudamus [HWV 278]
    Herausgegeben von J. A. Hiller (mit lateinischem Texte) Leipzig.
    (Ist das Utrechter Te Deum 1713). [= RISM A/I H 1204]

14. Neue Kirchenmusik bestehend in dem 23 Psalm von Justin
    Heinr Knecht[.] Leipzig gedr. querfol. geb. [= RISM A/I K 956]

15. Pergolese[:] Salve Regina. Lateinisch und mit untergelegtem   D-B, *Mus. ms. 21820*[70]
    deutschen Texte von Eschenburg. geschr Fol. geh.

16. S. Elena al Calvario di [Leonardo] Leo. Le Arie ed i Cori[;]   D-B, *Mus. ms. 12821/1*
    geschr. Querf.
    Diese Komposition hat Hasse sichtbar oft nur umgearbeitet.

---

[69] Die Größe des Manuskripts (34 × 22,5 cm) paßt zu der Formatangabe „gr Fol."
(Großfolio) im Verzeichnis.

17. La Morte d'Abele di Leo. P[artes] 1. 2. cogli Recitativi[.]
    Schön geschrieben[;] 2 vol[umina] fol.
    Das Meisterstück dieses grossen Komponisten. Sehr selten.

18. In na[ti]vitatem et circumcisionem Domini[.] Hymnus.
    Jo. Petr. Aloysii Praenestini. a 4 Voci. (Rarissimus)

19. Sanctus von Joh. Seb. Bach. à 11. [BWV Anh. 28]   D-B, *Mus. ms. Bach*
                                                        P 98, Faszikel 3[71]

20. Zwei Litaneien für 8 Singstimmen in zwei Chören von
    C. Ph. Em Bach [Wq 204]. herausgegeben von Niels Schiørring[.]
    Kopenhagen 1786. Quart. geh. [= RISM A/I B 117]

21. Heilig mit zwei Chören und einer Ariette von C. Ph E. Bach
    [Wq 217] Hamb. 1779. gr Fol. geb. [= RISM A/I B 120]

22. Partitur in Chiffern von Maria und Johannes einem Passions-
    Oratorium von J A. P. Schulz mit einem erklärenden Vorbericht[.]
    Kopenh. 1791. quart. geb. [= RISM A/I S 2352]

23. Oster-Kantate von E. W. Wolf. Kapellm[eister] in Weimar.
    Dessau 1782. fol. geh. [= RISM A/I W 1784]

24. Schulz (J A. P) Choeurs d'Athalia (de Racine) Hamburg 1786.
    querf. geb. [= RISM A/I S 2357]

25. Libera me Domine di Jomelli. à. 9. geschr. geh.   D-B, *Mus. ms. 30220,*
                                                       Faszikel 1

26. Te Deum laudamus del Sgr Nicolo Jomelli[.] Fol. geschr. geb.   D-B, *Mus. ms. 11230*
                                                                    (?)

27. Motetto. dal Sgr. Jomelli. Sum fide armata. a 5. Querfol.   D-B, *Mus. ms. 30220,*
                                                                 Faszikel 2

28. Gottfr. Aug. Homilius. Passions Kantate[;] Leipzig 1775.
    Querf. geb. [= RISM A/I H 6433]

29. Die Jünger zu Emaus[.] Text und Komposizion vom seel Synd.
    Schuback in Hamburg. 1778. 2 Th. in Fol maj. mit zwei grossen
    Kupferstichen von Chodowiecki. [= RISM A/I S 2237]

30. Libera me Domine dal Sgr Jomelli[;] schön geschrieben
    quer fol.

[70] Mit Besitzvermerk Ebelings: „C. D. Ebeling 1772". Das Manuskript ist heute mit
    einer anderen Handschrift zusammengebunden.
[71] Zum späteren Besitz von Poelchau vgl. den handschriftlichen Katalog seiner Biblio-
    thek (D-B, *Mus. ms. theor. K 41*, Band 4, fol. 16 r, Nr. 36 c).

120   Jürgen Neubacher

31. Misse del Sgr Stoelzel (M[aestro] di Capella in Gotha)
    geschr fol

32. Gioas Rè di Giuda. Oratorio d'un Compositore italiano.
    In Stimmen ausgeschrieben.

33. Conturbat mentem meam[.] Aria del Pergolese[;] partitur.   D-B, *Mus. ms. 30220,*
                                                                      Faszikel 6

34. ~~Händels Oratorium der Messias im Clavierauszuge von~~
    ~~C. F. G. Schwenke mit deutschem Text von Klopstock u Ebeling[.]~~
    ~~Hamb (1809) in Kupfer gestochen[;] querfol.~~

[III:] Oratorien in Klavierauszügen [fol. 4 v]

1. ~~I Pellegrini al Sepolcro di nostro Salvatore dal Sgr~~
   ~~Gi. Ad. Hasse[;] gut geschrieben querf. geb.~~

2. Joh. Heinr Rolle[:] Tod Abels[.] Leipz 1771. Querquart. geb
   [= RISM A/I R 2070]

3. Desselben Abraham[,] mit allen Singstimmen[.] Leipz 1777.
   Querfol. geb. [= RISM A/I R 2057]

4. Desselben Saul[,] ebenso. Leipz 1776. Längl. 4ᵗ. geb
   [= RISM A/I R 2067]

5. J. Fr. Reichardts Weihnachts-Kantate von Claudius[.]
   Berlin 1786. Querf. geb. [= RISM A/I R 828]

6. Geo. Phil Telemanns Musik vom Leiden und Sterben des
   Erlösers nach Past[or] Zimmermanns Poesie [TVWV 5:30]
   Nürnberg [1745] gestochen fol. geh [= RISM A/I T 402]

7./8. Desselben a) Kirchenmusik von Neujahr bis Palmarum 1726.
     b) von Ostern bis Trinitatis[;] geschrieben fol. 2 Bände

9. a) Auserlesene Soliloquia aus dem 1712 u. 1713 aufgeführten   D-B, *Mus. 14761*
   Oratorio[:] der für die Sünden der Welt etc. Reinh Keiser[.]
   Hamburg 1714. [= RISM A/I K 240]
   b) Selige Erlösungs-Gedanken aus dem Oratorio: der gekreu-   D-B, *Mus. 14762*
   zigte Jesus von Reinh Keiser. Hamb. 1715 [= RISM A/I K 241]
   c) Kaiserliche Friedens-Post, nebst versch Sing-Gedichten   D-B, *Mus. 14763*
   und Arien von R. Keisern. Hamb 1715[;] fol. gebunden
   [= RISM A/I K 249]

10 (Klopstocks) Wechselgesang der Mirjam und Debora in Musik
   gesezt von J. H. Knecht[.] Leipz [1781] [= RISM A/I K 957]

11. Aus Wolfs Oster Kantate[:] Accomp. und Chor mit allen
    Singstimmen[;] gedruckt querfol. [RISM A/I deest]

Abb. 1. Johann Sebastian Bach, Credo aus der h-Moll-Messe (BWV 232^{II}),
Violino Primo (fol. 1r), geschrieben von H. G. M. Damköhler, Hamburg 1785/86
(Staatsbibliothek zu Berlin – Preußischer Kulturbesitz, Musikabteilung,
Mus. ms. Bach St. 118)

AZ 1556

Abb. 2. Johann Sebastian Bach, Inventionen und Sinfonien BWV 772–801 (fol. 6 r),
Abschrift von H. G. M. Damköhler, Ort und Jahr nicht bekannt
(Faksimile-Ausgabe, hrsg. von Jean-Christophe Maillard, Bourg-la-Reine 2000)

Abb. 3. Johann Adam Hiller, *Der Krieg*, Violino Primo (fol. 15 v),
geschrieben von H. G. M. Damköhler, Hamburg 1775
(Staats- und Universitätsbibliothek Hamburg, *ND VII 185*)

Abb. 4. Antonio Salieri, *Das Narrenhospital oder Die Schule der Eifersucht*
(*La Scuola de Gelosi*), Violino Primo (fol. 1 v),
geschrieben von H. G. M. Damköhler, Hamburg 1785
(Staats- und Universitätsbibliothek Hamburg, *ND VII 345*)

Abb. 5. Johann Friedrich Reichardt, Schauspielmusik zu Shakespeares *Macbeth*,
Stimme der Zweiten Hexe (fol. 1 r),
geschrieben von H. G. M. Damköhler, Hamburg 1788/89
(Staats- und Universitätsbibliothek Hamburg, *ND VII 320*)

Abb. 6. Georg Friedrich Händel, *Messias* (Bd. 1, S. 16),
geschrieben von H. G. M. Damköhler mit Textunterlegung von Ebelings Hand
(Sopran, Alt Tenor), Hamburg 1775
(Staatsbibliothek zu Berlin – Preußischer Kulturbesitz, Musikabteilung, *Mus. ms. 9007/1*)

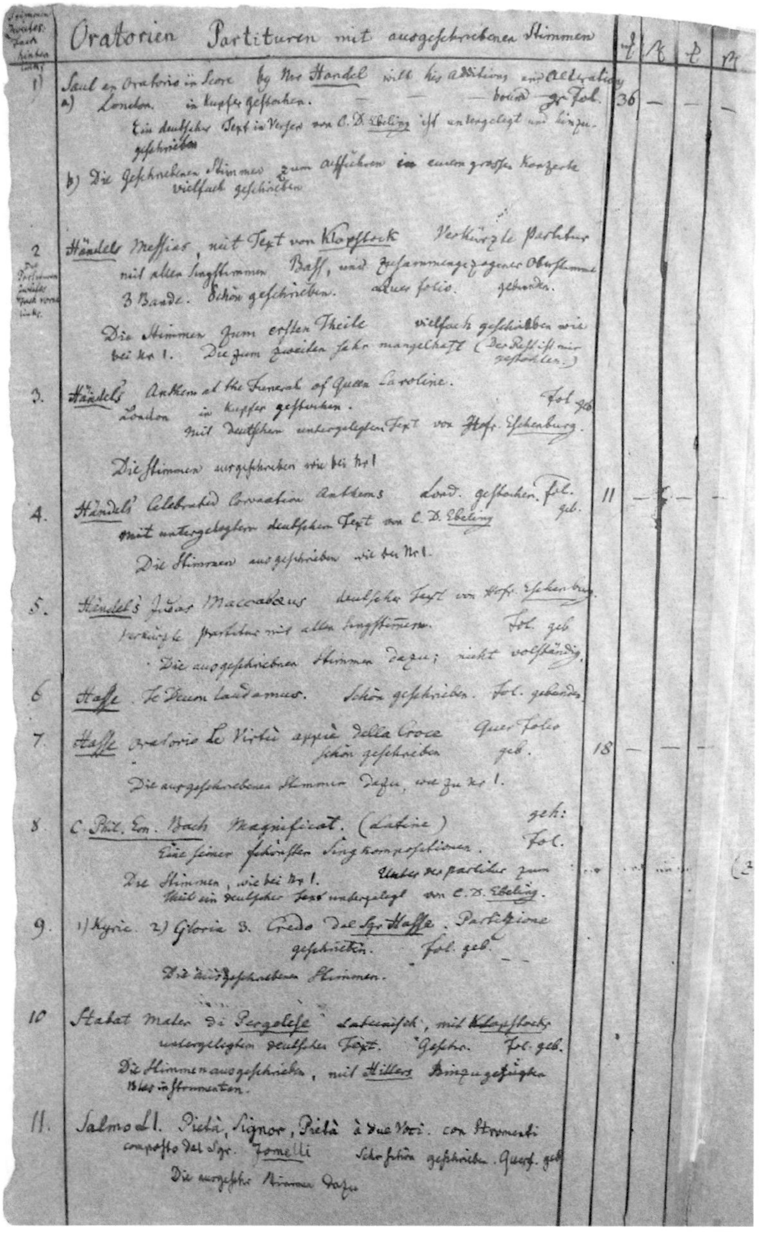

Oratorien Partituren mit ausgeschriebenen Stimmen

1) Saul an Oratorio in Score by Mr Handel with his additions and Alterations
a) London. in Kupfer gestochen. — bound gr. Fol. 36
Ein deutscher Text in Versen von C. D. Ebeling ist untergelegt und hinzugeschrieben
b) Die geschriebenen Stimmen zum Aufführen in einem großen Konzerte vielfach geschrieben

2 Händels Messias, mit Text von Klopstock Verkürzte Partitur mit allen Singstimmen Baß, und Zusammengezogener Oberstimme 3 Bände. Schön geschrieben. Quer folio. gebunden.
Die Stimmen zum ersten Theile vielfach geschrieben wie bei No 1. Die zum zweiten sehr mangelhaft

3. Händels Anthem at the Funeral of Queen Caroline. London in Kupfer gestochen. Fol. geb.
Mit deutschen untergelegten Text von Hofr. Eschenburg.
Die Stimmen ausgeschrieben wie bei No 1

4. Händels Celebrated Coronation Anthems Lond. gestochen. Fol. geb. 11
mit untergelegtem deutschen Text von C. D. Ebeling
Die Stimmen ausgeschrieben wie bei No 1.

5. Händel's Judas Maccabaeus deutscher Text von Hofr. Eschenburg
verkürzte Partitur mit allen Singstimmen. Fol. geb
Die ausgeschriebenen Stimmen dazu; nicht vollständig.

6 Hasse Te Deum laudamus. Schön geschrieben. Fol. gebunden

7. Hasse oratorio Le Virtù appiè della Croce Quer Folio schön geschrieben geb. 18
Die ausgeschriebenen Stimmen dazu, wie zu No 1.

8. C. Phil. Em. Bach Magnificat. (Latine) geb: Fol.
Eine seiner schönsten Singkompositionen.
Die Stimmen, wie bei No 1.

9. 1) Kyrie. 2) Gloria 3. Credo del Sgr Hasse. Partizione geschrieben. Fol. geb.
Die ausgeschriebenen Stimmen.

10 Stabat mater di Pergolese Lateinisch, mit Klopstocks untergelegtem deutschen Text. Geschr. Fol. geb.
Die Stimmen ausgeschrieben, mit Hillers hinzugefügten Blasinstrumenten.

11. Salmo LI. Pietà, Signor, Pietà à due Voci. con Stromenti composto del Sgr. Jomelli Sehr schön geschrieben. Querf. geb
Die ausgeschr. Stimmen dazu

Abb. 7. Christoph Daniel Ebeling, eigenhändiges Verzeichnis seiner Musikalien (fol. 1 v) (Staatsbibliothek zu Berlin – Preußischer Kulturbesitz, Musikabteilung, *Mus. Ab 122, 37 in*)

Abb. 8. Georg Friedrich Händel, *Saul* (HWV 53), Violino Primo (fol. 1 v),
geschrieben von H. G. M. Damköhler (Staatsbibliothek zu Berlin –
Preußischer Kulturbesitz, Musikabteilung, *Mus. ms. 9006/2*)

Abb. 9. Georg Friedrich Händel, *Funeral Anthem* (HWV 264),
Soprano Primo, 2. Exemplar (fol. 1 v), geschrieben von H. G. M. Damköhler
(Staatsbibliothek zu Berlin – Preußischer Kulturbesitz, Musikabteilung,
Mus. ms. 9037/1)

Abb. 10. Carl Philipp Emanuel Bach, *Magnificat* (Wq 215),
Soprano Primo (fol. 1 v), geschrieben von H. G. M. Damköhler
(Staatsbibliothek zu Berlin – Preußischer Kulturbesitz, Musikabteilung, *St 191 I:10*)

Carl Philipp Emanuel Bach, Carl Heinrich Graun und die Kantate „Der Himmel allenthalben" zum 7. Sonntag nach Trinitatis

Von Uwe Wolf (Stuttgart)

Die Sichtung und Erforschung der Hamburger Vokalmusik Carl Philipp Emanuel Bachs hat in den letzten Jahren für manche Überraschung gesorgt. Zwar war schon Carl Friedrich Zelter aufgefallen, daß sich in den Kirchenwerken Bachs zahlreiche Übernahmen aus fremden Werken finden: „[…] ich besitze viele Kirchenmusiken von ihm worin sich Chöre oder Arien von Homilius, G. Benda und dergleichen befinden um nur für den bestimmten Sonntag ohne viel Mühe eine bestimmte Musik aufzuführen!"[1] Das Ausmaß und die Details von Bachs Übernahme- und Pasticcio-Praxis erschließt sich uns zur Gänze allerdings erst in den letzten Jahren nach der Rückkehr des Musikarchivs der Sing-Akademie zu Berlin und damit der oft singulär dort überlieferten Quellen zu vielen Kirchenwerken des Hamburger Bach.[2] Die meisten der Übernahmen erfolgten aus naheliegenden Werken; für die Passionen werden überwiegend Passionsmusiken von Georg Philipp Telemann, Gottfried August Homilius, Johann Sebastian Bach und Gottfried Heinrich Stölzel herangezogen, für die Kantaten wiederum Kantaten von Georg Anton Benda, Homilius und J. S. Bach, vereinzelt auch von Christoph Förster und Anton Schweitzer. Erstrebenswert war es für den Bearbeiter Bach natürlich, die Sätze möglichst vollständig zu übernehmen, also Musik und Text, was aber in der Regel nur bei den Passionen möglich war. Kam die Übernahme von Text und Musik nicht in Frage, bediente sich Carl Philipp Emanuel der Parodie, nahm dabei aber recht wenig Rücksicht auf die metrische Übereinstimmung der Texte; lieber arbeitete er die Singstimme(n) zu einem vorhandenen Instrumentalsatz mehr oder weniger tiefgreifend um, sofern ihm die Musik in ihrem Charakter passend schien.[3]

---

[1] Bemerkungen Zelters vom 14. Mai 1825 zu C. P. E. Bachs Matthäus-Passion für 1769, D-Bsa, *SA 5153*, transkribiert bei H. Miesner, *Philipp Emanuel Bach in Hamburg. Beiträge zu seiner Biographie und zur Musikgeschichte seiner Zeit*, Leipzig 1929, Neudruck Wiesbaden 1969, S. 61 f., hier S. 62.

[2] Vgl. hierzu W. Enßlin, *Die Bach-Quellen der Sing-Akademie zu Berlin. Katalog*, 2 Bde., Hildesheim 2006 (LBB 8).

[3] Alle bislang bekannten Übernahmen sind nachgewiesen in W. Enßlin und U. Wolf, *Carl Philipp Emanuel Bach. Thematisch-systematisches Verzeichnis der musikalischen Werke (BR-CPEB)*, Teil 2: *Vokalwerke*, Stuttgart 2014 (Bach-Repertorium. Werkverzeichnisse zur Musikerfamilie Bach, Bd. III/2). Zu Bachs Bearbeitungstechnik im Einzelnen siehe U. Leisinger, *„Es erhub sich ein Streit" (BWV 19). Carl*

Selbst in parodierter Form überschreiten aber nur wenige Sätze die Gattungs-
grenzen; so verwendet Bach nur gelegentlich Kantatensätze in Passionen und
umgekehrt. Eine überraschende Ausnahme bildet dabei allerdings die Musik
der Brüder Graun. Schon vor einigen Jahren bin ich bei Recherchen vor allem
in RISM A/II darauf gestoßen, daß zwei Sätze der Passionspasticci Carl Philipp
Emanuel Bachs je einer weltlichen italienischen Kantate von Johann Gottlieb
und Carl Heinrich Graun entstammen; in jüngerer Zeit ist Wolfram Enßlin
ferner die Identifizierung einer Arie aus einer Osterkantate Bachs als Parodie
ebenfalls einer Arie einer italienischen Kantate von Carl Heinrich Graun gelungen. Alle diese Sätze wurden dabei freilich in deutlich andere musikalische Kontexte integriert. Die bislang bekannten Übernahmen aus Graunschen
Werken in Bachsche Pasticci sind Tabelle 1 zu entnehmen.

Tabelle 1

Pasticcio	Komponisten	Satz nach Graun	Vorlage
Matthäus-Passion 1777 (BR Dᵖ 4.3)	C. P. E. Bach, J. S. Bach, G. A. Benda, C. H. Graun, G. A. Homilius	Arie „Hier fall auch ich im Staube vor dir nieder"	C. H. Graun, Arie „Quanto dolce o caro sposo" aus der Kantate „Disperata Porcia" GraunWV B:III:29, Satz 2
Johannes-Passion 1780 (BR Dᵖ 7.2)	C. P. E. Bach (?), G. A. Benda, J. G. Graun, G. A. Homilius, G. P. Telemann	Arie „Wie unaussprechlich war er erhaben"	J. G. Graun, Arie „Più che t'affligge" aus der Kantate „Tirsi, povero tirsi" GraunWV A:III:4, Satz 2
Oster-Musik „Jauchzet frohlocket" (Wq 242, BR Fᵖ 9)	C. P. E. Bach, J. S. Bach, G. H. Graun, G. A. Homilius	Arie „So weiß der Herr die Seinen"	C. H. Graun, Arie „Fende il sol" aus der Kantate „Fidi compagni" (Geburtstags-kantate für Kronprinz Friedrich) GraunWV B:III:27, Satz 2

*Philipp Emanuel Bachs Aufführungen im Kontext der Hamburgischen Michaelis-
musiken*, BJ 1999, S. 105–126; ders. *Neues über Carl Philipp Emanuel Bachs Pas-
sionen nach „historischer und alter Art"*, in: Jahrbuch SIM 2002, S. 107–119;
U. Wolf, *Carl Philipp Bach und der „Münter-Jahrgang" von Georg Anton Benda*,
BJ 2006, S. 205–228; ders., *Zu den „Fassungen" der Markuspassion „von" Carl
Philipp Emanuel Bach. Beobachtungen am Rande des Fassungsbegriffs*, in: Mit
Fassung: Fassungsprobleme in Musik- und Text-Philologie. Helga Lühning zum
60. Geburtstag, hrsg. von R. Emans, Laaber 2007, S. 39–56.

Zusätzlich führte Bach einige deutsche Kirchenkantaten der Graun-Brüder auf, meist in nur gering bearbeiteter Form.4 Einen Choral aus einer dieser Kantaten verwendete Bach zudem in allen seinen Markus-Passionen (BR Dp 5.1–5).[4] Diesen drei bislang bekannten Parodien Bachs von Graunschen Sätzen können nun vier weitere hinzufügt werden. Dabei handelt es sich um Übernahmen, die selbst innerhalb der Praxis C. P. E. Bachs zu überraschen vermögen.

*

Zu den lange ungelösten Rätseln der Hamburger Vokalmusik Carl Philipp Emanuel Bachs gehört die Kantate „Der Himmel allenthalben" BR F^f 25. Diese Komposition ist einzig in einem Stimmensatz[5] von Bachs Hauptkopist Anon. 304 überliefert, einem Kopisten, der schon für Telemann gearbeitet hat und hinter dem sich wahrscheinlich Otto Ernst Gregorius Schieferlein verbirgt.[6] Lediglich die offensichtlich nachträglich hinzugefügten Hornstimmen stammen von Bachs Hand. Den auf dem Titelblatt vermerkten Aufführungsdaten zufolge gehörte diese Kantate zu den meistaufgeführten Kirchenwerken des Hamburger Bach.[7] Die Tatsache, daß diese Kantate im Nachlaßverzeichnis von 1790 fehlt (lediglich im Katalog der Bachschen Auktion 1805 wird sie genannt[8]), die nachträglich hinzugefügten Hornstimmen, der stilistische Befund und nicht zuletzt die zahlreichen Parodien und Übernahmen in diesem Werkbestand legten die Annahme nahe, daß es sich auch hierbei um ein fremdes Werk handelt und nicht um eine Originalkomposition Bachs. Nähere Aufschlüsse über die Werkgenese hätte aber allenfalls Bachs Partitur geben können – sei es die Partitur einer Eigenkomposition, eines fremden Werkes oder auch – häufig besonders instruktiv – eine jener oft unvollständigen, lediglich veränderte Teile enthaltenden „Partituren" eines Pasticcios. Nichts dergleichen ist erhalten.

---

[4] Vgl. hierzu T. Schwinger, *Die Überlieferung der Kirchenkantaten der Brüder Graun in der Staatsbibliothek zu Berlin Preußischer Kulturbesitz*, in: Miscellaneorum de musica concentus. Karl Heller zum 65. Geburtstag am 10. Dezember 2000, hrsg. von W. Alexander, J. Stange-Elbe und A. Waczkat, Rostock 2000. S. 107–124.

[5] D-Bsa, *SA 250*.

[6] Vgl. BJ 1995, S. 218f. (P. Wollny).

[7] Die Kantate wurde vollständing jeweils am 12. Sonntag nach Trinitatis 1775, 1779, 1782, 1784 und 1786 aufgeführt, ferner – in zwei Teilen an nahe beieinander liegenden Sonntagen – 1774 und 1783. Vgl. dazu einzelnen W. Enßlin, *Carl Philipp Emanuel Bachs Hamburger Kantatenschaffen (1768–1788)*, in: Kantate, Ältere geistliche Musik, Schauspielmusik, hrsg. von S. Mauser, Laaber 2010 (Handbuch der musikalischen Gattungen. 17/2.), S. 95–112.

[8] Im Abschnitt „Ungedruckte Sachen von C. P. E. Bach", unter der Nr. 82: „Musik am 12. Sonntage nach Trinitatis 1786"; vgl. E. N. Kulukundis, *Die Versteigerung von C. P. E. Bachs musikalischem Nachlaß im Jahr 1805*, BJ 1995, S. 156 und 169.

Schon vor längerem konnte ich wenigstens die Textquelle ermitteln: Den um-
rahmenden Chören liegen Psalmtexte zugrunde, die Rezitative und Arien aber
folgen einem Text aus den *Geistlichen Kantaten* von Balthasar Münter (1769).[9]

Tabelle 2: Gegenüberstellung des Kantatentextes von Münter und der Kantate
zum 7. Sonntag nach Trinitatis

Satz	Münter	Kantate zum 7. Sonntag nach Trinitatis
1.	Arie: Du öffnest deine Hand, so fließen	Chor: Der Himmel allenthalben (Ps. 115, 16)
2.	Rezitativ: Gott krönt das Jahr mit seinem Gut	
3.	Aria: Du Einziger, für Millionen	
4.	Choral: Segen gibst du uns die Fülle	Choral: Von dir hab ich das Leben
5.	Rezitativ: Wenn sich dein Wort durchs Land ergießt	
6.	Arie: Deiner Erde reiche Güter	
7.	–	Chor: Bleibe fromm und halte dich recht (Ps. 37, 37)

Die Münter-Spur führte aber nicht weiter, denn es ist bislang keine Vertonung
dieses Textes aus den *Geistlichen Cantaten* bekannt geworden. Die Arbeits-
hypothese für dieses Stück lautete somit lange „Bearbeitung Bachs – zumindest in Form zusätzlicher Hornstimmen – einer Kantate zum 7. Sonntag nach
Trinitatis eines unbekannten Komponisten". Auch die liturgische Einordnung
wurde jener vermuteten Vorlage-Komposition zugeschrieben, da den Aufführungsdaten zufolge diese Kantate von Bach selbst zu verschiedenen Sonntagen, jedoch nie zu dem – im Titel der Stimmen vermerkten – 7. Sonntag nach
Trinitatis aufgeführt wurde. Münter hingegen hatte seinen Text keinem bestimmten Sonntag zugeordnet, sondern lediglich mit der Überschrift „Leib-
licher und geistlicher Seegen" versehen. Tatsächlich finden sich aber in diesem
Text Aussagen, die als Anspielungen auf das Sonntagevangelium zum 7. Sonntag nach Trinitatis, die Speisung der Viertausend, verstanden werden können:
Münters Text kreist um Speise und Trank als Gaben Gottes. Allerdings sind die
Anspielungen zum 7. Sonntag nach Trinitatis so allgemein wie auch die gewählten Psalmtexte.

---

[9] B. Münter, *Geistliche Cantaten*, Göttingen und Gotha 1769, S. 47–49 (Exemplar:
Universitätsbibliothek Greifswald, Signatur: *520/Bn 48a adn1*).

Die Identifizierung der Musik glückte schließlich anhand des 2006 erschienenen Graun-Werkverzeichnisses von Christoph Henzel. Die Incipits einiger Sätze der Kantate zum 7. Sonntag nach Trinitatis stimmen nämlich auffällig mit denen einiger Sätze aus der Trauerkantate „Quis desiderio sit pudor" überein, die Carl Heinrich Graun über einen lateinischen Text von Nathanael Baumgarten[10] auf den Tod Friedrich Wilhelm I. von Preußen komponiert hatte (GraunWV B:VIII:1). Der Vergleich der beiden Kompositionen bestätigte die Vermutung: Nicht eine Kantate zum 7. Sonntag nach Trinitatis, sondern jene Trauermusik war Bachs zentrale Vorlage.

Grauns Trauerkantate erklang am 22. Juni 1740 in der mit schwarzem Tuch verhängten Garnisonskirche zu Potsdam. „Die Musikaufführung war gelungen", so der Geheime Rat Isaac von Milsonneau in seinem Tagebuch, „zwei Castraten sangen zwei Sopranstücke, Graun eins für Altstimme u. s. w. Indessen waren die akustischen Verhältnisse in der Kirche der Capelle von 30 Musikern, Violinen, Flöten, nicht günstig" (zitiert nach einer deutschen Übersetzung aus dem 19. Jahrhundert).[11] Die akustischen Probleme kann man sich bei einer mit Tuch verhängten Kirche gut vorstellen. Flöten sind zwar in der Partitur nicht ausdrücklich vermerkt (die Hauptquelle nennt überhaupt keine Instrumente[12]), tatsächlich sind aber ein Alt (Fortitudo) und zwei Soprane (Pietas und Borussia) vorgeschrieben.[13]

Der Text der Trauerkantate beginnt und endet mit einem Horaz-Zitat.[14] Auf den Eingangschor folgen Lobpreisungen des verstorbenen Königs durch Pietas, Fortitudo und Aeternitas. Ein letztes Rezitativ der Borussia leitet über in den Schlußchor. Alle Arien weisen Da-capo-Form mit deutlich kontrastierendem B-Teil auf; die Arien der Fortitudo und insbesondere der Aeternitas zeichnen sich zudem durch hohe Virtuosität aus.

---

[10] Baumgarten (1717–1762) war Prediger und Oberkonsitorialrat in Berlin. Als Dichter ist er 1741 mit dem Trauerspiel „Der sterbende Sokates" an die Öffentlichkeit getreten; vgl. O. Fischer, *Evangelisches Pfarrerbuch für die Mark Brandenburg seit der Reformation*, Bd. 2, Teil 1, Berlin 1941, S. 36.

[11] L. v. Luck, *Aus dem im Jahre 1740 zu Berlin französisch geführten Tagebuch des Geh. Raths Isaac v. Milsonneau*, in: Mitteilungen des Vereins für die Geschichte Potsdams, 4. Teil, Potsdam 1869, S. 111–118, hier S. 114 f. Die Zahl 30 läßt dabei auf eine Mehrfachbesetzung der Singstimmen in den Chören schließen (etwa 16 Sänger, 2 Flöten, 6 Violinen, 2 Violen und 4 Continuo-Spieler).

[12] *Grauns Trauer Music des höcst-seel:* [sic] *Königs Fr: Willh: von Preußen. 1740*, o. O. (RISM A/I/3 G 3562).

[13] Ob Graun mit seiner hohen Tenorstimme tatsächlich die Partie der Fortitudo sang oder doch eher die viel anspruchsvollere hohe Tenorpartie der Aeternitas, muß offen bleiben.

[14] Satz 1: Carmen I 24, 1 f., Satz 9: Carmen III 2, 21–24.

Ob Carl Philipp Emanuel Bach bei der Aufführung zugegen war oder gar mitgespielt hat, wissen wir nicht. Er stand damals – noch ohne offizielle Bestallung – in den Diensten des Preußischen Kronprinzen. Da Friedrich Wilhelm I. aber keine eigene Hofkapelle unterhielt, ist es naheliegend, an die Musiker des Kronprinzen Friedrich als Aufführende zu denken, zumal auch der Komponist der Trauermusik, der zugleich – laut Milsonneau – als Sänger mitwirkte, zu den Musikern des Kronprinzen gehörte.

Grauns Trauerkantate wurde als Repräsentationsstück gedruckt und nach Ausweis erhaltener Libretti mindestens noch zweimal textlich angepaßt wiederaufgeführt: 1773 als Trauerkantate auf Johann Joachim Quantz und 1780 als Trauerkantate auf Luise Amalia von Preußen.[15] Erwartungsgemäß ist die Graunsche Trauerkantate nicht vollständig in eine Kantate zum 7. Sonntag nach Trinitatis verwandelt worden. Entlehnt wurden zwei der insgesamt drei Arien sowie der Eingangschor, der allerdings in der Kantate zum 7. Sonntag nach Trinitatis – mit verschiedenen Texten – zugleich als Eingangs- und Schlußchor dient.

Tabelle 3: Gegenüberstellung der Sätze von Trauermusik und Kantate

Trauerkantate	Kantate zum 7. Sonntag nach Trinitatis
1. Chor: Quis, quis desiderio sit pudor	1. Chor: Der Himmel allenthalben
2. Rezitativ S (Pietas), A (Fortitudo): Cantus dolentis lugubres	2. Rezitativ T: Gott krönt das Jahr mit seinem Gut
3. Arie A (Fortitudo): Hero ate	3. Arie B: Du Einziger, für Millionen
4. Rezitativ S (Pietas), A (Fortitudo): Solare tandem te soror	4. Choral: Von dir hab ich das Leben
5. Arie S (Pietas): Ite questus!	5. Rezitativ S: Wenn sich dein Wort durchs Land ergießt
6. Accompagnato T (Aeternitas): Cedros, cupressos,	
7. Arie (Aeternitas): Conscende regiam aetheris	6. Arie T: Deiner Erde reiche Güter
8. Rezitativ S (Borussia): O me beatam	
9. Chor: Virtus recludens	7. Chor: Bleibe fromm und halte dich recht

---

[15] GraunWV, S. 525.

Es ist in hohem Maße wahrscheinlich, daß die Bearbeitung zur deutschen Kirchenkantate Carl Philipp Emanuel Bach zuzuschreiben ist, auch wenn sich dies anhand der Quellenlage nicht zweifelsfrei beweisen läßt. Damit geht wohl auch die Zuschreibung an den – als Aufführungssonntag zumindest nie belegten – 7. Sonntag nach Trinitatis auf Bach zurück.

Die Texte von Vorlage und Parodie entsprechen einander in keiner Weise. C. P. E. Bach mußte also, wie auch bei anderen Bearbeitungen schon beobachtet,[16] die Musik der Singstimmen an den Text anpassen. In der Mehrzahl der Fälle geschah dies durch Zusammenfassung oder Spaltung der Notenwerte, wie es sehr gut bei dem weitgehend homophonen ersten Choreinsatz zu beobachten ist. Das regelmäßige Skandieren der Vorlage ist unterschiedlichen Rhythmisierungen in den deutschen Chören gewichen (siehe Beispiel 1).

Allerdings lassen sich so unterschiedliche Texte durch Spaltungen der Notenwerte allein nicht sinnvoll derselben Musik unterlegen. Die ganze Palette an möglichen Umformungen der Singstimme – ohne den Instrumentalsatz anzutasten – zeigt sich anschaulich in der zweiten Arie von Bachs Bearbeitung („Deiner Erde reiche Güte"). Ihre Vorlage ist die Arie „Conscende regiam aetheris" der Aeternitas aus Grauns Trauermusik. Um die – bei unverändertem Instrumentalsatz – so unterschiedlichen Stimmen vergleichen zu können, ist die Arie im Anhang mit synoptischer Einbindung beider Singstimmenvarianten in Auszügen wiedergegeben.

Auch hier findet man Spaltungen (T. 8, 10, 14, 15 usw.) – zum Teil mit Einfügung weiterer Noten (T. 13, 18 usw.) – und (seltener) auch Zusammenfassungen syllabischer Passagen zu Melismen (T. 22, 23, 30). Gelegentlich hat eine solche rein rhythmische Anpassung an den Text auch melodische Konsequenzen. So wird in T. 19 f. aus einer Passage mit acht Silben eine mit nur vier Silben; dabei eliminiert Bach einen – textlich nicht mehr motivierten – Septsprung abwärts und verlängert den oberen Notenwert. Das wäre auch ohne Veränderung der nachfolgenden Noten möglich gewesen, doch ist das punktierte gis' vor allem durch den Sextsprung aufwärts motiviert. Bach umgeht hier das direkte Aufeinanderfolgen zweier längerer Noten und gibt dem Wort „reizen" durch den rhythmisch pointierten Anfang Schwung und „Reiz". Hier fallen rhythmische Anpassung und melodische Umgestaltung zusammen.

Andere Anpassungen deuten auf eine intensivere Auseinandersetzung mit dem Text. Teils werden Brücken geschlagen zu Textwiederholungen mit anderer Musik, teils lassen sich auch Rücksichten auf einzelne Worte erkennen, so in T. 9. Hier könnte man zunächst auch glauben, daß die Vereinfachung nur dem technischen Niveau des Sängers geschuldet ist. Spätere anspruchsvolle Passagen (T. 13 ff. und T. 26 ff.) zeigen aber, daß C. P. E. Bach für seine Hamburger

---

[16] Vgl. vor allem Wolf 2006 (wie Fußnote 3), S. 211 f. sowie die Notenbeispiele S. 222 ff.

Beispiel 1: Der erste Choreinsatz in Grauns Original (a) sowie in der Fassung von Ein-
gangs- (b) und Schlußchor (c) der Kantate zum 7. Sonntag nach Trinitatis

Sänger Virtuosität nicht scheute, sie ihm an dieser Stelle aber nicht passend erschien. Schon eher als Rücksichtnahme auf den Sänger wird hingegen die Vermeidung des Spitzentones h' zu deuten sein (T. 16), zumal das Wort „Gott" ja zu der herausgehobenen Note gepaßt hätte. An manchen Stellen ist Bachs Vokalpartie sogar virtuoser als Grauns schon nicht gerade einfach auszuführende Vorlage. So versucht Bach durch die virtuosere Gestaltung der Takte 22 ff. die virtuosen Läufe zu den Worten „heilig" (T. 26 f.) und „schmachten" (T. 28) vorzubereiten. Das Melisma zu „regia solis" („Reich der Sonne") am Ende des B-Teils der Arie (T. 56 ff.) hat Bach weitgehend umgestaltet und an den ganz anderen Text angepaßt. Aus einem eher triumphalen Melisma mit Dreiklangsbrechungen wird ein inständiges Flehen.

Ähnliche Umarbeitungen hat Bach auch an der Singstimme der anderen Arie vorgenommen; neu komponiert sind hingegen nur die beiden Rezitative der Kantate zum 7. Sonntag nach Trinitatis, die erwartungsgemäß keinerlei Ähnlichkeit mit der Graunschen Vorlage aufweisen; der Choralsatz in der Mitte der Kantate hingegen stammt von Telemann.[17]

Die beschriebenen Methoden in der Anpassung der Singstimmen an neue Texte sind durchaus repräsentativ für die Hamburger Kirchenmusik C. P. E. Bachs mit ihren zahlreichen Pasticci; die Bearbeitung der Graunschen Trauermusik in ihrer Gesamtheit fällt hingegen deutlich aus der Reihe – und zwar sowohl wegen des weiten Wegs der Übernahme von einer lateinischen Trauermusik zu einer deutschen Perikopenkantate als auch wegen des für Bach ungewöhnlichen Festhaltens an nur einer Vorlage.

In Bachs Hamburger Praxis können wir sonst vor allem zwei Typen der Bearbeitung ausmachen:

a) Bach bearbeitet eine Vorlage-Komposition, ändert dann an dieser aber nur wenig; meist sind es Kürzungen, damit verbunden auch Satzumstellungen und gegebenenfalls die Ergänzung eines dadurch notwendig gewordenen neuen Rezitativs. Am Vokaltext werden allenfalls kleinere Änderungen vorgenommen. Eine Kantate zu einem bestimmten Sonntag bleibt dabei auch in der Bearbeitung eine Kantate zu diesem Sonntag beziehungsweise eine Passion bleibt eine Passion.

---

[17] W. Enßlin und T. Rimek, *Der Choral bei Carl Philipp Emanuel Bach und das Problem der Zuschreibung*, in: „Er ist der Vater, wir sind die Bub'n". Essays in Honor of Christoph Wolff, hrsg. von P. Corneilson und P. Wollny, Ann Arbor (MI) 2010, S. 130–185. Der Choral entstammt der Kantate zum 7. Sonntag nach Trinitatis aus Telemanns Kantatenjahrgang *Musicalisches Lob Gottes* […], Nürnberg [1744], RISM A/I/8 T 401. Entsprechend der Anweisung in Telemanns Vorwort wird der dreistimmige Satz durch Verdoppelung der Melodie im Tenor zur „Vierstimmigkeit" erweitert.

b) Bach stellt ein Pasticcio aus unterschiedlichen Vorlage-Kompositionen vollkommen neu zusammen.

Das Erschaffen einer neuen Kantate aus einem einzigen Vorlagestück zu einem gänzlich anderen Anlaß und mit einem anderssprachigen Text durch Parodie und Hinzufügung von Bindesätzen – so wie für Grauns Trauermusik beschrieben – ist singulär und stellte für den Bearbeiter eine besondere Herausforderung dar. Nur auf den ersten Blick ist es naheliegend, einer Parodie nur Sätze aus einem einzigen Werk zugrundezulegen, denn diesem Verfahren sind enge Grenzen gesetzt. Wählt der Bearbeiter aus einer großen Palette von Arien und Chören aus den unterschiedlichsten Kompositionen aus, so ist die Wahrscheinlichkeit, etwas zu dem gewählten Text Passendes zu finden, weitaus größer, als wenn er – wie im Fall der Graun-Kantate – für einen Chor und zwei Arientexte nur zwei Chöre und drei Arien zur Auswahl hat. Bachs übliche Praxis, das Zusammensuchen von passenden Sätzen unterschiedlicher Herkunft, ist also durchaus vernünftig.

Warum Bach im vorliegenden Fall dennoch anders vorging, werden wir nicht mehr erfahren; wir können jedoch Mutmaßungen anstellen. Zunächst ist wohl zu bemerken, daß Bach die Musik der Brüder Graun besonders schätzte. Bei keinem anderen Komponisten jedenfalls sind seine Entlehnungen so weit hergeholt, stammen aus solch fremden Gattungszusammenhängen. Auch haben sich bislang – von Übernahmen aus Bachs eigenem Magnificat einmal abgesehen – sonst keine weiteren Parodien fremdsprachiger Werke gefunden. Und den „weiten Weg" merkt man den Sätzen der Kantate zum 7. Sonntag nach Trinitatis auch an. Sie unterscheiden sich deutlich von denen aus den Kirchenwerken von Homilius und Benda – Bachs sonst bevorzugten Vorlagen für seine Hamburger Kirchenmusik. Die Instrumental- wie die solistischen Gesangsstimmen sind bei Graun überdurchschnittlich virtuos gehalten, auffällig ist zudem die Häufung punktierter Rhythmen in kurzen und kürzesten Notenwerten – in langsamen wie in schnellen Tempi. Dies machte uns bei der Suche nach der Vorlage von Anfang an klar, daß wir hier bei den „üblichen Verdächtigen" nicht fündig werden würden. Heute wissen wir, warum: Es ist kammermusikalisch gedachte, höfische Musik, die – auch wenn sie für eine Aufführung im Kirchenraum komponiert wurde –, eigentlich viel besser etwa zum kammermusikalischen Zirkel in Rheinsberg paßt; so überrascht es denn auch nicht, daß die Arien aus der Trauermusik den von Bach entlehnten Arien aus den italienischen Kantaten von Carl Heinrich Graun sehr nahestehen. Die Arien von Benda und Homilius sind weit weniger virtuos und vermeiden meist die Notation in extremen Notenwerten. Sie sind vielmehr beherrscht von kantablen, schnörkelloseren Melodien. Es erscheint denkbar, daß Bach diesen geschlossenen stilistischen Rahmen nicht verlassen mochte und daher auf eine Vermischung von Sätzen unterschiedlicher Herkunft verzichtet hat. Vermutlich

ist die in sich geschlossene Andersartigkeit der Kantate „Der Himmel allenthalben" schon damals manchem Hamburger Hörer nicht entgangen.

Bei dem Werk handelt es sich nicht um eines der „Quartalstücke", die in
Hamburg an den hohen Festen reihum in den Hauptkirchen aufgeführt wurden,
sondern um eine Kantate zu einem regulären Sonntag. Sie wird erklungen sein
zwischen Aufführungen von Kantaten Bendas, Telemanns und Stölzels und
stellte damit immer wieder eine musikalische Überraschung dar, ein kurzer
Ausflug in eine andere musikalische Welt; vielleicht hatte sie auch deshalb
– zumindest rein zahlenmäßig – einen „Ehrenplatz" in Bachs Aufführungskalender inne?

*

Abschließend bleibt nach den übrigen Graun-Entlehnungen zu fragen. Wie
passen diese sich in den Kontext neuer Werkzusammenhänge ein? Bei der
Arie „Wie unausprechlich war er erhaben" aus der Johannes-Passion für 1780
nach Johann Gottlieb Graun war dies sicherlich kein Problem; diese fällt weit
weniger aus dem Rahmen des zeittypisch in Kirchenmusik Üblichen heraus
als die Arien Carl Heinrich Grauns. Auffälliger ist hingegen die Arie aus der
Ostermusik „Jauchzet, frohlocket", einer Kantate allerdings, die stilistisch
ohnehin ein breites Feld durchschreitet. Hier steht die Arie Grauns – umrahmt
von zwei Rezitativen C. P. E. Bachs – zwischen dem rauschenden Eröffnungs-
chor des Weihnachts-Oratoriums von Johann Sebastian Bach BWV 248^I/1 und
einer kantablen Arie von Homilius,[18] die schließlich zum Schlußchoral (Komponist nicht ermittelt) überleitet.
Eine herausragende Stellung hat Bach schließlich der Graun-Arie in der
Matthäus-Passion von 1777 zugedacht: Hier folgt sie auf den Bericht des
Evangelisten vom bitterlich weinenden Judas – eine Stelle, die in vielen Passionen genutzt wird, um auf unterschiedliche Weise eine Identifikation des
Hörenden mit Judas herbeizuführen. In der Passion von 1777 fällt diese Rolle
der Graun-Arie zu, die den Parodietext „Hier fall' auch ich im Staube vor dir
nieder, / auch meine Schuld verleugnet dich" trägt. Diese Arie nimmt in der
Passion auch musikalisch eine Sonderstellung ein, nicht zuletzt wegen ihrer
ungewöhnlichen Form: Ein einleitendes Ritornell fehlt ebenso wie ein Da
capo. An dieser exponierten Stelle soll sie auffallen, darf Fremdkörper sein.
Wie gezielt Bach sich seine Vorlagen aussuchte, von welchen Überlegungen
und Umständen seine Wahl abhing, kann stets nur spekulativ bewertet werden.
Aber der Umgang mit den wenigen von ihm parodierten Werken Carl Heinrich
Grauns zeigt – so will es scheinen – ein hohes Maß an Bedacht.

---

[18] „Nun freu ich mich zu meinem Grabe", Satz 2 der Kantate „Uns schützet Israels
Gott", HoWV II.78, dort mit dem Text „Wo ist er, den ich liebe".

Anhang 1

Satz 7 der Trauermusik = Satz 6 der Kantate zum 7. Sonntag nach Trinitatis mit
der Singstimme beider Fassungen

a) Takt 1–31

b) Takt 56–63

Anhang 2

Text von Satz 7 der Trauermusik (mit deutscher Übersetzung) und Text von Satz 6 der Kantate zum 7. Sonntag nach Trinitatis

Trauermusik, Satz 7 (Nathanael Baumgarten)

Conscende regiam aetheris, perennitatis aulum,
heroibusque iungere ovantiumque turbius!
Ridebis inde parvulos mortalium tumultus,
videbis inde posteros tuum stupere regnum,
tuam vigere gloriam post ipsa regna solis.

Deutsche Übersetzung von Andreas Glock[19]

Tritt ein in den Palast des Himmels, der Ewigkeiten Hof,
zu Heroen geselle dich und den jubelnden Scharen!
Lachen magst du von dort über der Sterblichen nichtiges Wimmern,
sehen magst du von dort, daß die Nachgeborenen staunen über dein Reich,
daß dein Ruhm aufblüht, nachstehend allein dem Reich der Sonne.

Kantate zum 7. Sonntag nach Trinitatis, Satz 6 (Balthasar Münter)

Deiner Erde reiche Güter
reizen, aber voll Begier
schmachten heilige Gemüter
nur, o Gott, nach dir.
Diese Sehnsucht stille!
Unser Wille sei dein Wille.
Darum flehen wir.

---

[19] Zitiert nach dem Programmheft der XXXVII. Wissenschaftlichen Arbeitstagung „Über Klang aufgeklärter Frömmigkeit – Retrospektive und Progression in der geistlichen Musik". Michaelstein, 7. bis 9. Mai 2009, S. 29.

Anmerkungen zu den Hamburger Trauermusiken von Carl Philipp Emanuel Bach[1]

Von Wolfram Enßlin (Leipzig)

In der Ausgabe des *Hamburger Relations-Couriers* vom 8. Februar 1788 findet sich folgende Nachricht: „Am gestrigen Nachmittage, zwischen 3 und 4 Uhr, ist der entseelte Leichnam des Wohlseligen und Hochverdienten Herrn Bürgermeister, Luis, mit einem der Würde Seines bekleideten Standes gemässen Leichen-Conducte, unter der Bedeckung eines Commando unseres Stadt-Militaire zu Pferde und zu Fusse, in die hiesige Hauptkirche zu St. Petri und Pauli geführet, und daselbst, unter einer rührenden Trauermusik, in die Gruft gesenkt worden."[2] Auch wenn der Name Carl Philipp Emanuel Bachs in diesem Zeitungsbericht nicht genannt wird, ist doch anhand der überlieferten Quellen zu belegen,[3] daß der damalige Hamburger Musikdirektor diese „rührende Trauermusik" aufführte und für die Zusammenstellung der Musik verantwortlich war. Im Gegensatz zu der turnusmäßig festgelegten, regelmäßigen musikalischen Gestaltung der Gottesdienste in den fünf Hamburger Hauptkirchen[4] gehörten die Aufführungen eigener oder fremder Kompositionen bei beson-

---

[1] Dieser Beitrag geht zurück auf einen Vortrag, den der Autor am 1. Oktober 2008 auf dem XIV. Internationalen Kongreß der Gesellschaft für Musikforschung „Musik-Stadt. Traditionen und Perspektiven urbaner Musikkulturen" in Leipzig im Rahmen des Symposiums „Die Musikerfamilie Bach in der Stadtkultur des 17. und 18. Jahrhunderts" gehalten hat.

[2] B. Wiermann, *Carl Philipp Emanuel Bach: Dokumente zu Leben und Wirken aus der zeitgenössischen Hamburgischen Presse (1767–1790)*, Hildesheim 2000 (LBB 4), Dok. III/80, S. 418.

[3] Erhalten sind 1. das gedruckte Textbuch: (B-Br, *4550 B LP (20): Text zur Trauer-Musik | bey der Beerdigung | weiland Sr. Magnificenz | des | wohlseligen Herrn | Johann Luis, | Hochverdienten Bürgemeister dieser Kaiserlichen freyen | Reichsstadt Hamburg, | aufgeführt von | Carl Philipp Emanuel Bach, | des Musik-Chors Director. || Hamburg, | gedruckt von Peter Nicolaus Bruns. || Kostet 1 Schilling*), 2. Bachs eigenhändige Rechnung im *Rechnungsbuch der Kirchenmusiker 1740–1795 (D-Ha, 731-1 Handschriftensammlung 462*, Bl. 144: „Unkosten der Trauermusik H. Luis", siehe CPEB Briefe II, Dok. 587, S. 1256 f.) und 3. die Originalquellen des Chorsatzes „Meinen Leib wird man begraben" Wq 229/H 837 (autographe Partitur sowie handschriftlicher Stimmensatz von Johann Heinrich Michel in: D-B, *SA 719*). Der dazugehörige, von Bach beschriftete Titelumschlag lautet: „H Bürg. Mßtr Luis | Erstes Chor | u. | der erste u. lezte Choral."

[4] Zu nennen sind hier die sogenannten Quartalsmusiken an Weihnachten, Ostern, Pfingsten und Michaelis sowie die Passionen.

deren Anlässen – wie den Einführungen geistlicher sowie den Beerdigungen städtischer Würdenträger – nicht zu C. P. E. Bachs Amtspflichten. Hierzu bedurfte es spezieller Aufträge, die, wie die überlieferten Rechnungsbelege erkennen lassen, gesondert honoriert wurden. Für Bach waren diese Veranstaltungen somit eine – allerdings unregelmäßige – Nebeneinnahmequelle.

Während einer Gruppe dieser Gelegenheitskompositionen, den sogenannten Einführungsmusiken, bereits eine einschlägige Studie gewidmet wurde,[5] stehen im folgenden Bachs Hamburger Trauermusiken im Fokus. Anhand der überlieferten musikalischen, textlichen und archivalischen Quellen soll zunächst ihr Bestand rekonstruiert werden.[6] Anschließend wird den Vorstellungen von Bachs Werkprinzip nachgegangen. Des weiteren werden aufführungspraktische sowie den zeremoniellen Kontext betreffende Aspekte angesprochen. Zuletzt wird kurz die Frage diskutiert, inwieweit Bach Traditionen seines Amtsvorgängers Georg Philipp Telemann folgte oder neue Akzente setzte.

1. Rekonstruktion des Bestandes

Im 17. Jahrhundert war es in Hamburg „den höchsten Personen, dem Bürgermeister, den Residenten und etwa einem adelichen Stadtcommandanten"[7] vorbehalten, bei ihrer Bestattung mit einer Trauer- beziehungsweise Funeralmusik geehrt zu werden. Seit dem Ratsdekret aus dem Jahre 1672 wurde allein den Bürgermeistern das Recht auf eine Funeralmusik zugestanden.[8] Insofern bildeten Trauermusiken im Rahmen der Hamburger Begräbniszeremonie eine Ausnahmeerscheinung. Die überlieferten Quellen ergeben, daß

---

[5] W. Enßlin und U. Wolf, *Die Prediger-Einführungsmusiken von C. P. E. Bach. Materialien und Überlegungen zu Werkbestand, Entstehungsgeschichte und Aufführungspraxis*, BJ 2007, S. 139–178, sowie die Einleitungen zu den fünf Bänden mit Einführungsmusiken in CPEB:CW, Bd. V/3.1–5.

[6] Siehe dazu die Angaben in Tabelle 1. – Die Trauermusiken werden im Rahmen von CPEB:CW in Bd. V/6.2 erscheinen.

[7] J. Geffcken, *Die Leichenbegängnisse in Hamburg im siebenzehnten Jahrhundert*, in: Zeitschrift des Vereins für Hamburgische Geschichte 1 (1841), S. 497–522, hier S. 517, zitiert nach Joachim Kremer, *Das norddeutsche Kantorat im 18. Jahrhundert. Untersuchungen am Beispiel Hamburgs*, Kassel 1995 (Kieler Schriften zur Musikwissenschaft. 43.), S. 239. Zu den Hamburger Leichenverordnungen siehe das Kapitel „Organisation des Begräbniswesens" bei Kremer, S. 228–242.

[8] N. Bolin, *Nun lasset uns den Leib begraben. Georg Philipp Telemanns Begräbniskompositionen für hamburgische Bürgermeister*, in: Jahresbericht der Hamburger Gesellschaft zur Beförderung der Künste und nützlichen Gewerbe 1987/88, S. 75 bis 104, hier S. 82.

C. P. E. Bach als Musikdirektor der fünf Hamburger Hauptkirchen mindestens bei acht Bestattungen Trauermusiken (im folgenden auch TM) aufführte, sieben für Hamburger Bürgermeister, eine für den dänischen Justizrat Johann Heinrich Braunsdorf.[9] Da außer dem Rechnungsbeleg[10] nichts weiter über die TM Braunsdorf bekannt ist, wird sie im folgenden nicht weiter berücksichtigt. Da „nicht die Stadt die Bürgermeister-Trauermusiken finanzierte, sondern dies der Familie des Verstorbenen überlassen war",[11] stellt Jürgen Neubacher diese Musiken Telemanns[12] in den Kontext der privaten und nicht der städtischen Repräsentation. Dies würde dann auch erklären, warum nicht von jedem in der Amtszeit Telemanns[13] oder Bachs verstorbenen Bürgermeister eine Trauermusik überliefert ist oder zumindest nachgewiesen werden kann. Hätte es sich um städtische Festakte gehandelt, wäre wohl bei jeder Bürgermeistertrauerfeier eine passende Begräbnismusik erklungen. Bei einer privaten Repräsentation war es hingegen der Familie des Verstorbenen freigestellt, ob die Begräbniszeremonie musikalisch bereichert werden sollte; manchmal hatte auch der Bürgermeister noch zu Lebzeiten eine diesbezügliche Verordnung erlassen.[14]

Was die acht während Bachs Hamburger Amtszeit verstorbenen Bürgermeister anbelangt, läßt sich einzig für die Beerdigung von Johann Schlüter im September 1778 keine Musik nachweisen. In allen anderen Fällen sind Aufführungen anhand von überlieferten Textbüchern, Rechnungen, Zeitungsberichten oder musikalischen Quellen belegbar. Aus ihnen geht hervor, daß die Trauermusiken jeweils von der Familie des Verstorbenen, meist von dessen Witwe, in Auftrag gegeben und bezahlt wurden. So finden sich im „Rechnungsbuch der Hamburger Musikdirektoren" am Ende von Bachs Kostenaufstellungen Vermerke wie „Diese Rechnung wurde von der F. Bürgem. abgefordert, u. nach 14 Tagen bezahlt".[15] Dabei stellte Bach der Witwe beziehungsweise der Fami-

---

9   Identifiziert von Jürgen Neubacher (Hamburg), dem an dieser Stelle für seine Auskunft gedankt sei.

10 CPEB Briefe II, Dok. 604, S. 1286.

11 J. Neubacher, *Georg Philipp Telemanns Hamburger Kirchenmusik und ihre Aufführungsbedingungen (1721–1767). Organisationsstrukturen, Musiker, Besetzungspraktiken*, Hildesheim 2009 (Magdeburger Telemann-Studien. 20.), S. 84.

12 Im Gegensatz dazu Kremer (wie Fußnote 7, S. 240) und Bolin (wie Fußnote 8, S. 90).

13 Zu Telemanns Begräbnismusiken für Hamburger Bürgermeister sowie zu Bürgermeisterbegräbnissen, zu denen keine eigenständige Trauermusik erklungen ist, siehe Bolin (wie Fußnote 8), S. 79.

14 Der *Hamburger Correspondent* berichtete beispielsweise über die Beerdigung des Bürgermeisters Clemens Samuel von Lipstorp 1750: „Beerdigt am 16. Dez. ohne Begleitung, nach seiner eigenen Verordnung, jedoch mit standesmäßigem Prunk, in der Nicolaikirche"; zitiert nach Bolin (wie Fußnote 8), S. 79.

15 CPEB Briefe I, Dok. 195, S. 454 f.

lie des Verstorbenen anfangs frei, in welcher Höhe sie ihn für die Komposition und Direktion der Trauermusik entlohnen wollten. Bach verwendete Formulierungen wie „Das Honorarium für meine Bemühung wird der Generosité der Frau Bürgermeisterin überlaßen".[16] Erst als Bach für die TM Schulte 1786 weniger als erwartet erhalten hatte, kam er für sich zu dem Schluß: „Künftig muß ich das Honorarium bestimmen",[17] weshalb er dann bei der Rechnung für die TM Luis 1788 notierte: „Mein gewöhnliches Honorarium für die Composition u. Direction beträgt 12 Species Ducaten".[18] Die Quellenlage der einzelnen von Bach aufgeführten Trauermusiken ist sehr unterschiedlich.[19] Die ersten beiden für Schele 1774 (F^u 68[20]) und Greve 1780 (F^u 69) sind nur durch Zeitungsberichte beziehungsweise Rechnungsbelege dokumentiert. Über die dabei musizierten Sätze ist nichts bekannt. Besser sieht es mit den nachfolgenden fünf Werken aus. Die genauen Satzfolgen und Gesangstexte sind für die TM Schuback 1783 (F^u 71), Doormann 1784 (F^u 72) und Luis 1788 (F^s 74) durch Textdrucke gesichert.[21] Im Textdruck sind die Liednummern des jeweils gültigen Hamburger Gesangbuchs angegeben;[22] dies ist ein Hinweis darauf, daß die Choräle von der Trauergemeinde mitgesungen werden konnten (Abb. 1: Textdruck der TM Schuback, D-Hs, *E 1110:18*). Die Satzfolge der TM Rumpf 1781 (F^u 70) kann dem vorhandenen Stimmensatz entnommen werden. Hingegen lassen sich die Sätze 1, 2, 5 und 6 der TM Schulte 1786 (F^u 73) nur indirekt und hypothetisch benennen, und zwar einerseits anhand von Eintragungen Bachs im Aufführungsmaterial, die sich weder auf die TM Rumpf, Schuback, Doormann und Luis noch auf diejenigen für Schele und Greve (1774 beziehungsweise 1780) beziehen können, sowie andererseits durch die Ermittlung verschiedener

---

[16] CPEB Briefe II, Dok. 452, S. 980.
[17] Ebenda, Dok. 530, S. 1137 f.
[18] Ebenda, Dok. 587, S. 1256 f.
[19] Vgl. hierzu die Einträge in W. Enßlin und U. Wolf, *Carl Philipp Emanuel Bach. Thematisch-systematisches Verzeichnis der musikalischen Werke (BR-CPEB)*, Teil 2: *Vokalwerke* Stuttgart 2014 (Bach-Repertorium. Werkverzeichnisse zur Musikerfamilie Bach, Bd. III.2).
[20] Im folgenden wird bei der Angabe der neuen Werkverzeichnisnummern die Bezeichnung BR-CPEB weggelassen.
[21] Siehe Tabelle 2.
[22] Bei den TM Schuback und Doormann beziehen sich die Angaben auf das Hamburger Gesangbuch von 1766 (*Neu-vermehrtes Hamburgisches Gesang-Buch zum heiligen Gebrauche des öffentlichen Gottes-Dienstes, als auch der Haus-Andachten, herausgegeben von dem Hamburgischen Ministerio*, Hamburg 1766), bei der TM Luis auf dasjenige von 1787 (*Neues Hamburgisches Gesangbuch zum öffentlichen Gottesdienste und zur häuslichen Andacht ausgefertigt von dem Hamburgischen Ministerio*, Hamburg 1787).

Fassungen einzelner Sätze, deren Chronologie eine Aufführung zwischen der TM Doormann 1784 und der TM Luis 1788 nahelegt.

Das im Bestand der Sing-Akademie zu Berlin unter der Signatur *SA 721* aufbewahrte Stimmenkonvolut ist in diesem Zusammenhang von besonderem Interesse, weil hier zum einzigen Mal im überlieferten musikalischen Bestand die vollständige Reihenfolge einer Trauermusik (Rumpf 1781) überliefert ist. Zwar steht auf dem Titelumschlag des Konvoluts allein der Hinweis auf den für diese Trauermusik wohl neu komponierten Chor „Gott, dem ich lebe" Wq 225/H 833,[23] doch finden sich im Stimmensatz – abgesehen von Bläser- und Paukenstimmen, die, auf kleinen Blattfragmenten, nur den genannten Chor enthalten – Hinweise auf die Abfolge der Sätze sowie die drei zu singenden Choräle und der dritte Chor (siehe Abb. 2 a–b):

1) „Erstes Chor. Selig sind die"   „Selig sind die Toten"
2) „Choral nach dem Ersten Chor"   „Tritt im Geist zum Grab oft hin"
3) „2.ter Chor Ich weiß daß mein Erlöser lebt"   ?
4) „Choral nach dem 2ten Chor"   „Wir leben hier zur Ewigkeit"
5) „Chor"   „Gott, dem ich lebe"
6) „Choral"   „Jesus lebt nun ist der Tod"

Die Stimmen des ersten Chores sind in einem anderen Konvolut (*SA 720*) gesondert aufbewahrt; sie wurden vermutlich schon bei früheren Trauermusiken verwendet. Der zweite Chor, „Ich weiß, daß mein Erlöser lebt", konnte bislang nicht identifiziert werden.

Als Beispiel dafür, wie ein einzelner Satz in verschiedenen Trauermusiken verwendet und dabei jedes Mal Veränderungen unterzogen wurde, diene der Chor „Meine Lebenszeit verstreicht" Wq 228/H 836. Vier Fassungen sind insgesamt auszumachen. Die erste Fassung dürfte spätestens in der TM Schuback 1783 erklungen sein. Dies ist jedenfalls der erste bislang bekannte Nachweis; auch das NV nennt dieses Jahr.[24] Diese Datierung muß allerdings insofern in Frage gestellt werden, als Bach für die Aufführung der TM Schuback keine Kopialien in Rechnung stellte,[25] was er im Fall eines explizit für diesen Anlaß komponierten Chorsatzes sicherlich getan hätte. Diese ursprüngliche Fassung zeigt sich in der autographen Partitur und im Stimmensatz des Kopisten Anon. 304 (O. E. G. Schieferlein),[26] jeweils im Stadium ante correcturam (drei statt sieben Takte Instrumentalvorspiel sowie Fehlen des Einschubs

---

[23] „Chor aus den Sturmschen Liedern bey der Beerdigung des H. Bürgermeisters Rumpf Von C. P. E. Bach".

[24] NV, S. 63: Chor: „Meine Lebenszeit verstreicht etc. H. 1783. Mit gedämpften Trompeten, Pauken und Hoboen. (Aus Gellerts Liedern.)".

[25] Vgl. CPEB Briefe II, Dok. 452, S. 980.

[26] Zur Identifizierung siehe BJ 1995, S. 218 f. (P. Wollny).

von vier Takten am Ende der zweiten Partiturseite); als Text sind die beiden Strophen „Meine Lebenszeit verstreicht" und „Tritt im Geist zum Grab oft hin" unterlegt (vgl. Abb. 3 a/b: 1. und 2. Partiturseite sowie Abb. 4 a: Basso, oberer Teil, Abb. 4 b: Viola). Für die TM Doormann 1784 wählte Bach zwei neue Strophen des Gellert-Liedes aus, die sein Hauptkopist Johann Heinrich Michel in drei von Anon. 304 geschriebenen Vokalstimmen unterlegte: „Nur ein Herz, das gutes liebt" und „Wenn in unsrer letzten Not" (siehe Abb. 4 a, unterer Teil). Für die TM Schulte 1786 versah Bach den mit den ursprünglichen beiden Textstrophen unterlegten Chor an zwei Stellen mit Einschüben (nach T. 3 und T. 19, vgl. Abb. 4 b). Diese Erweiterungen stehen wohl in Zusammenhang mit der geänderten Funktion dieses Satzes als Eingangsstück statt als „Coro III".[27] Das vierte Stadium stellt die Fassung aus der TM Luis 1788 dar: In vier gesondert ausgeschriebenen Vokalstimmen von der Hand Michels findet sich die erweiterte Version mit den Strophen „Staub bei Staube ruht ihr nun" und „Jesus wills, wir leben noch" (siehe Abb. 5: Basso). Die wohl nach Bachs Tod angefertigten, heute in Wien, Brüssel und Berlin befindlichen Partiturabschriften[28] folgen den Lesarten der autographen Partitur post correcturam, geben also die Fassung der TM Schulte 1786 wieder.

2. Betrachtungen zum Werkprinzip

Die Durchsicht der Quellen zeigt, daß Bach Chor- und Choralsätze in seinen Trauermusiken zumeist mehrfach verwendete, daß er aber keine Trauermusik in ihrer Zusammensetzung und in der Reihenfolge der Sätze unverändert wiederholen ließ – eine Beobachtung, die sich auch bei anderen von Bach mittels der Pasticcio-Praxis zusammengestellten Vokalwerken wie den Passionen oder den Einführungsmusiken machen läßt. Somit zeigt jede Trauermusik einen eigenständigen Charakter, auch wenn sich beispielsweise die TM Rumpf und Doormann sehr ähneln und immerhin fünf der sechs aufgeführten Sätze übereinstimmen. Insgesamt tritt das „Baukastenprinzip", nach dem die Trauermusiken zusammengestellt sind, deutlich zutage. Bach besaß offenbar einen Vorrat an Chören und Chorälen, aus dem er schöpfen konnte, um für die zumeist kurzfristig anberaumten Bestattungen – sie fanden meist 6–8 Tage nach dem Tod des jeweiligen Bürgermeisters statt – mit überschaubarem Aufwand eine Trauermusik zusammenstellen zu können. Hin und wieder erweiterte er das Repertoire um einen neuen Chorsatz. Die insgesamt vierzehn identifizierbaren Chöre der fünf Trauermusiken rekrutierte Bach aus sechs verschiedenen Sätzen. Während „Selig sind die Toten" H 856, „Ich weiß, daß mein Erlöser lebt" und „Gott, dem ich lebe" Wq 225/H 833 jeweils zweimal

---

[27] Siehe die Rasur im Kopftitel der Stimmen.

[28] A-Wgm, *V 14347* (olim *Q 2391*), B-Bc, *719 MSM*, D-B, *P 340*.

verwendet wurden, griff Bach auf „Mein Heiland, wenn mein Geist erfreut"
H 796 dreimal und auf „Meine Lebenszeit verstreicht" Wq 228/H 836 gar
viermal zurück. Nur den Chor „Meinen Leib wird man begraben" Wq 229/
H 837 musizierte Bach ausschließlich im Rahmen seiner letzten Trauermusik
(Luis 1788).

Der Vorrat an Chorsätzen bestand einerseits aus von Bach den Hamburger
Bedingungen angepaßten Chören fremder Herkunft, andererseits aus Umarbeitungen eigener Sololieder,[29] die entweder explizit anläßlich der Bestat-
tungszeremonien der Bürgermeister oder im nahen zeitlichen Umfeld entstanden sind.

Fremde Autorschaft (vermutet) und von Bach bearbeitet:
– „Selig sind die Toten" Wq deest/H 856. 3 Trompeten und Pauken statt 2 Hörner;
   gekürzter erster Satz einer ursprünglich achtsätzigen Kantate[30]
– „Ich weiß, daß mein Erlöser lebt": bislang nicht identifiziert

Für Trauermusiken komponiert:
– „Gott, dem ich lebe" Wq 225/H 833: TM Rumpf 1781 (F^u 70)
– „Meinen Leib wird man begraben" Wq 229/H 837: TM Luis 1788 (F^s 74)

Im nahen zeitlichen Umfeld komponiert:
– „Mein Heiland, wenn mein Geist erfreut" Wq deest/H 796: Schlußchor der Lukas-
   Passion 1783 (D^p 8.2), dann zweiter Chor in der TM Schuback 1783 (F^u 71)
– „Meine Lebenszeit verstreicht" Wq 228/H 836: laut NV komponiert 1783, jedoch
   fraglich, ob explizit für TM Schuback (F^u 71)

Ähnlich wie bei den Passionen nahm bei den Trauermusiken der Fremdanteil
an Chören im Laufe der Jahre ab und der Eigenanteil dementsprechend zu.[31] So
bestand die TM Luis 1788, eventuell bereits die TM Schulte 1786, zumindest
hinsichtlich der Chöre ausschließlich aus Eigenkompositionen Bachs.[32]

---

[29] Vgl. hierzu W. Enßlin, *Formen der Selbstrezeption. Carl Philipp Emanuel Bachs
      Umarbeitungen zahlreicher Sololieder zu Chören*, in: Kultur- und Musiktransfer im
      18. Jahrhundert – Das Beispiel C. P. E. Bach in musikkultureller Vernetzung Polen–
      Deutschland–Frankreich. Bericht über das Internationale Symposium vom 5. bis
      8. März 2009 in Frankfurt (Oder) und Wrocław, hrsg. von H.-G. Ottenberg, Frank-
      furt/Oder 2011 (Carl-Philipp-Emanuel-Bach-Konzepte. Sonderband 5.), S. 55–95.

[30] Siehe hierzu die Vergleichsquelle in A-Wn, *Mus. Hs.* 22883.

[31] Siehe W. Enßlin, *Retrospektive und Progression bei C. P. E. Bach. Untersuchungen
      zu den Bearbeitungsformen fremder Kompositionen in seinem Vokalwerk*, in: Über
      den Klang aufgeklärter Frömmigkeit – Retrospektive und Progression in der geist-
      lichen Musik, hrsg. von B. E. H. Schmuhl in Verbindung mit U. Omonsky, Augsburg
      und Michaelstein 2014 (Michaelsteiner Konferenzberichte. 78.), S. 225–272.

[32] Zu den Choralsätzen und der Schwierigkeit ihrer Zuordnung siehe W. Enßlin und
      T. Rimek, *Der Choral bei Carl Philipp Emanuel Bach und das Problem der Zu-*

Bei den Chorälen war die Zahl der herangezogenen Sätze noch geringer. Allein neun Mal wurden verschiedene Strophen eines bislang nicht ermittelten Satzes von „Jesus meine Zuversicht" gesungen, dreimal diente ein Satz von „O Jesu Christ, meins Lebens Licht" als Grundlage. Hinzu kamen noch je einmal ein Satz auf „Wer nur den lieben Gott läßt walten" und vermutlich „Freu dich sehr, o meine Seele".

Bach bewahrte die autographen Partituren und die zugehörigen Stimmen separat auf. Nur im Konvolut des für die TM Rumpf 1781 komponierten Chores „Gott, dem ich lebe" Wq 225/H 833 enthalten die Stimmenblätter nicht nur den Chor, sondern auch die drei zur TM Rumpf gehörigen Choräle. Im übrigen sind einzig in diesem Stimmenmaterial Choralsätze aus Bachschen Trauermusiken überliefert. Die Choräle muß Bach längere Zeit gemeinsam in einem Konvolut aufbewahrt haben, worauf eine autographe Beschriftung auf der Rückseite des Titelumschlages für den Chor „Meine Lebenszeit verstreicht" Wq 228/H 836 hinweist: „Choräle mit Trompeten u. Pauk[en] zu Bürgermeister Beerdigung[en]".[33]

Bezüglich des Werkprinzips[34] läßt sich somit eine problematische Situation konstatieren, die sich mitunter sogar komplexer darstellt als die Bewertung der Passionen. Denn obwohl die verschiedenen Passionen nach den Worten eines Evangelisten als unterschiedliche Ausprägungen einer Fassung anzusehen sind mit einem in der Regel gleichbleibenden biblischen Grundgerüst, fällt es dennoch leichter, jeder einzelnen Passion auch insofern einen eigenständigen Werkcharakter zuzugestehen, als jedes Stück in seiner jeweiligen Fassung separates Stimmenmaterial besaß, das meist mit einem Titelumschlag und dem betreffenden Aufführungsjahr versehen war. Trotz Übernahmen aus anderen Werken stellt jede Passion somit ein geschlossenes Ganzes dar. Bei den Trauermusiken hingegen sieht es anders aus. Die Quellenlage des musikalischen Materials läßt keine in sich geschlossenen Einzelwerke erkennen. Vielmehr muß hier von einem offenen, flexiblen Werkprinzip gesprochen werden.

---

schreibung, in: „Er ist der Vater, wir sind die Buben". Essays in Honor of Christoph Wolff, hrsg. von P. Corneilson und P. Wollny, Ann Arbor (MI) 2010, S. 130–185.

[33] D-B, *SA 718*, Bl. 25 v.

[34] Zum Werkprinzip bei Carl Philipp Emanuel Bachs Hamburger Vokalmusik generell siehe W. Enßlin, *Der Werkbegriff bei Carl Philipp Emanuel Bach und die Konsequenzen bei der Erstellung seines Vokalwerkeverzeichnisses*, in: Denkströme. Journal der Sächsischen Akademie der Wissenschaften zu Leipzig 5 (2010), S. 103 bis 118.

3. Aufführungspraxis und Zeremonie

Der Hamburger *Relations-Courier* betonte in dem eingangs zitierten Bericht über die Begräbniszeremonie für den verstorbenen Bürgermeister Luis, daß dieser mit „einem der Würde seines bekleideten Standes gemäßen Leichen-Conducte" zur Kirche geführt wurde.

Begräbnisse wurden in Hamburg seit jeher „mehr als gesellschaftlich-repräsentative denn als liturgisch-gottesdienstliche Ereignisse betrachtet", wobei der Prozession eine besondere Bedeutung zukam; „ein Begräbnisgottesdienst im eigentlichen Sinn fand nicht statt".[35] Dem Pastor war es bei Begräbnissen generell untersagt, eine Predigt zu halten. Sofern es sich nicht um sogenannte „stille" Beisetzungen handelte, wurden diese bis auf die seltenen Zeremonien für die verstorbenen Bürgermeister vom sogenannten „Leichensingen" begleitet. Gewissermaßen als Predigtersatz wurden zumeist in lateinischer Sprache Gedenkschriften veröffentlicht, die das Leben und Wirken der verstorbenen Bürgermeister schilderten und deren Verdienste hervorhoben.[36]

---

[35] Kremer (wie Fußnote 7), S. 229.

[36] Solche Schriften finden sich in dem Sammelband D-Ha, *A 710/804:002* für:
- Martin Hieronymus Schele (*PIAE MEMORIAE ET FAMAE NUNQUAM INTERMORITURAE MONUMENTUM VIRO PERILLUSTRI MAGNIFICO ATQUE IURISCONSULTISSIMO MARTINO HIERONYMO SCHELIO [...] POSITUM A PAULO DIETERICO GISEKE*, Nr. 37; sowie in deutscher Übersetzung: *Das geweyhte und unvergeßliche Andenken Seiner Magnificenz des Wohlgebohrnen und Hochgelahrten Herrn Herrn Martin Hieronymus Schele*, Nr. 38)
- Johann Schlüter (*MONUMENTUM HONORI ET MEMORIAE VIRI MAGNIFICI NOBILISSIMI CONSULTISSIMI JOANNIS SCHLÜTER [...] POSITUM A PAULO DIETERICO GISEKE*, Nr. 45)
- Peter Greve (*VITAM MERITA MORES OPTIME DE PATRIA MERITI CONSULIS PETRI GREVII [...] PUBLICE EXPONIT IOANNES GEORGIUS BÜSCH*, Nr. 48)
- Vincent Rumpf (*VITAM VIRI ILLUSTRIS MAGNIFICI CONSULTISSIMI VINCENTII RUMPFFII [...] EXPONIT IOANNES GEORGIUS BÜSCH*, Nr. 49)
- Nicolaus Schuback (*VITAM VIRI ILLUSTRIS MAGNIFICI ET CONSULTISSIMI NICOLAI SCHUBACKII [...] PUBLICE EXPONIT MARTIN. FRIDERIC. PITISCUS*, Nr. 53)
- Frans Doormann (*VITAM VIRI MAGNIFICI AMPLISSIMI FRANCISCI DOORMANNI [...] EXPONIT PAULUS DIETERICUS GISEKE*, Nr. 55)
- Albert Schulte (*PIAE MEMORIAE FAMAEQUE NUNQUAM INTERMORITURAE MONUMENTUM PERILLUSTRI, MAGNIFICO CONSULTISSIMO VIRO ALBERTO SCHULTE [...] POSUIT [...] JOANNES MAURITUS HERNICUS GERICKE*, Nr. 56)
- Johann Luis (*MONUMENTUM VIRTUTIBUS ET MERITIS VIRI MAGNIFICI, NOBILISSIMI AMPLISSIMI IOANNIS LUIS [...] PUBLICO NOMINE POSITUM A IOANNE GEORGIO BUESCH*, Nr. 57).

Bach sah für alle seine Trauermusiken eine einheitliche Besetzung vor: vierstimmiger Chor (SATB), 3 Trompeten, Pauke, 2 Oboen, 2 Violinen, Viola und Continuo. Anhand der erhaltenen Rechnungsbelege ist die vokale und instrumentale Besetzungsstärke bei den Trauermusiken von Schele, Schuback, Doormann, Schulte und Luis bekannt. So stellte Bach beispielsweise für die Trauermusik Luis folgenden Betrag in Rechnung:[37]

Für 8 Sänger (a 4 Mk)	32 Mk
– dem Accompag[nisten]	4 - -
– 8 R[ats] Mus[ikanten] (a 4 Mk)	32 - -
– 2 Expectanten (a 4 Mk)	8 - -
– 5 Rollmus. (a 3 Mk)	15 - -
– 3 Trompeter (a 4 Mk)	12 - -
– den Pauker - - - -	4 - -
– den Instr.träger u. Gehülfen	2 - -
– den Chor Knaben	1 - -
– Copialien	9 - - 4 ß.
– 2 Pfund Wachslichte	3 - - 4 –
	- - - - - - - - - - - - - -
	122 Mk 8 ß.

Bach konnte bei dieser Trauermusik auf acht Sänger und 20 Instrumentalisten zurückgreifen. In den anderen Fällen waren es sechs (TM Schele) beziehungsweise zehn Sänger (TM Schuback, Doormann und Schulte). Die Zahl der Orchestermusiker variierte kaum; sie schwankte allein bezüglich der Rollmusiker (vier oder fünf).[38] In Verbindung mit der erforderlichen Instrumentalbesetzung und den erhaltenen Stimmensätzen dürfte sich folgende Verteilung auf die Stimmen ergeben haben:

– Chor SATB (einfacher Stimmensatz), in der Regel 2 oder 3 Sänger pro Stimmlage: 8–10 Sänger
– Trompete I–III und Pauken: 4 Musiker
– Oboe I–II: 2 Musiker
– 4× Violino I, 4× Violino II, 2× Viola: 10 Musiker
– Continuo-Gruppe (Violoncello, Violone, Orgel): 3–4 Musiker

Es fällt auf, daß die Musiker bei den Trauermusiken trotz ihrer beschränkten Aufgaben in sechs kurzen Sätzen ein deutlich höheres Honorar – mindestens den doppelten Betrag – erhielten als bei den erheblich umfangreicheren Ein

---

[37] CPEB Briefe II, Dok. 587, S. 1256 f.
[38] Zur Funktion und zu den Aufgaben der Rollmusiker oder Rollbrüder – Mitglieder einer den Ratsmusikern nachgestellten zunftmäßig organisierten Musikerkorporation – siehe Neubacher (wie Fußnote 11), S. 141–158, speziell S. 142 und 145.

führungsmusiken.[39] Diese Tatsache dürfte darin begründet sein, daß von Bürgermeisterfamilien ein höherer Betrag verlangt werden konnte als von finanziell schlechter gestellten Pastoren beziehungsweise den jeweiligen Kirchgemeinden.

4. Vergleich mit den Trauermusiken Telemanns

Ein Vergleich mit den Trauermusiken von Bachs Amtsvorgänger Georg Philipp Telemann offenbart eine große Diskrepanz hinsichtlich der Form und des Umfangs. Während die nachgewiesenen Trauermusiken Telemanns – bestehend aus neun bis dreißig Sätzen (Rezitative, Arien, Choräle, Chöre, häufig auch Instrumentalsätze) – sich strukturell und formal kaum von umfangreichen Kantaten oder Einführungsmusiken unterscheiden, erscheinen die sechssätzigen Trauermusiken Bachs mit der dreifachen Abfolge Chor und Choral als etwas vollkommen Neues. Es handelt sich um die einzige Gruppe von Vokalwerken, in der Bach die Telemannsche Tradition nicht fortsetzte. Über die Gründe kann nur spekuliert werden. Da zwischen Telemanns letzter nachweisbarer Trauermusik (Nicolai Stampeels 1749, TVWV 4:14) und der ersten rekonstruierbaren Trauermusik Bachs (Rumpf 1781) mehr als drei Jahrzehnte liegen, ist anzunehmen, daß in dieser Zeitspanne hinsichtlich der Begräbniszeremonien Veränderungen stattfanden, die auch die Form und den Umfang der musikalischen Ausschmückung betrafen. Denn die einheitliche Abfolge der fünf rekonstruierbaren Werke Bachs deutet auf eine festgelegte Konvention. Möglicherweise zeigen sich hier erste Anzeichen für die nach Bachs Tod aufgrund des gewandelten ästhetischen Verständnisses durchgeführte Neuordnung der Hamburger Kirchenmusik.[40]

---

[39] Siehe zum Beispiel die Rechnung für die Einführungsmusik Gerling 1777; CPEB Briefe I, Dok. 305, S. 667, auch abgedruckt bei Enßlin/Wolf (wie Fußnote 5), S. 148.
[40] Siehe hierzu auch den Beitrag von Reginald Sanders im vorliegenden Band.

Choral. No. 581.

Wer weiß wie nahe mir mein Ende! ...

Drittes Chor.

Meine Lebenszeit verstreicht,
Stündlich eil' ich zu dem Grabe,
Und was ists, das ich vielleicht,
Das ich noch zu leben habe!
Denk, o Mensch an deinen Tod!
Säume nicht, denn eins ist Noth!

Tritt im Geist zum Grab oft hin,
Siehe dein Gebein versenken;
Sprich: Herr, daß ich Erde bin,
Lehre du mich selbst bedenken,
Lehre du mich jeden Tag,
Daß ich weiser werden mag!

Choral. No. 129.

O Jesu Gottes Lämmlein, ...

Text
zur
Trauer-Musik
bey
der Beerdigung
weiland Sr. Magnifizenz
des
Wohlseeligen Herrn
Nicolaus Schubach, Lti.
Hochverdienten ältesten Bürgermeisters dieser Kaiserl.
freien Reichsstadt Hamburg
aufgeführet von
Carl Philipp Emanuel Bach,
des Musik Chors Direktor.

Hamburg,
gedruckt bey Johann Philipp Christian Reuß.

Kostet einen Schilling.

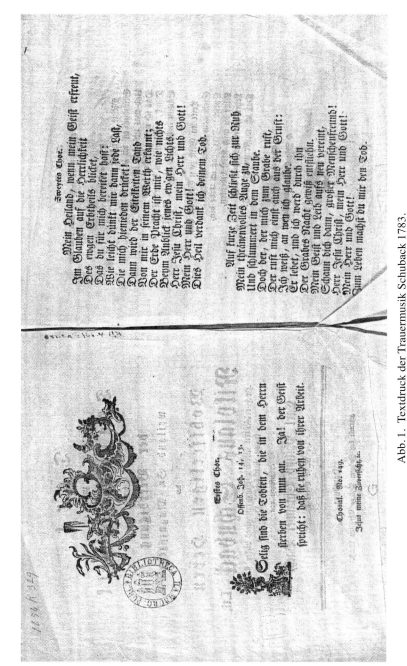

Abb. 1. Textdruck der Trauermusik Schuback 1783.
Die Choralnummern beziehen sich auf das 1783 gültige Hamburger Gesangbuch von 1766 (D-Hs, *E 1110:18*)

Abb. 2. Basso-Stimme mit der Satzfolge der Trauermusik Rumpf 1781
Schreiber: J. H. Michel (D-B, *SA 721*)

Wq 228 / H 836 (D-B, *SA 718*, S. 1–2)

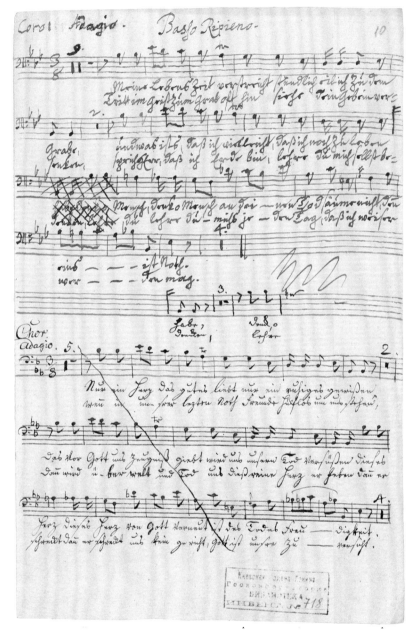

Schreiber: Anon. 304/O. E. G. Schieferlein und J. H. Michel,
mit Korrekturen von Bach (D-B, *SA 718*)

Abb. 40: Chor „Meine Lebenszeit verstreicht" Wq 228/H 850, Stimme *Viola*
Schreiber: Anon. 304/O. E. G. Schieferlein, mit Korrekturen von Bach
(D-B, *SA 718*)

Abb. 5: Chor „Meine Lebenszeit verstreicht" – Wq 226/H 696. Stimme Basso
Schreiber: J. H. Michel (D-B, *SA 718*)

(Abb. 1 mit freundlicher Genehmigung der Staatsbibliothek Hamburg;
Abb. 2–5 mit freundlicher Genehmigung der Sing-Akademie zu Berlin)

Tabelle 1.
Aufstellung der zwischen 1768 und 1788 verstorbenen Hamburger Bürgermeister

Jahr	Name	Zeit	Vorgänger/ Nachfolger	Trauermusik
1774	Schele, Martin Hieronymus	(*11.12.1699–) 19.1.1751 bis †20.11.1774	V: Schele, Martin Lucas N: Schlüter, Johann	BR-CPEB F^u 68, am 28.11.1774
1778	Schlüter, Johann	29.11.1774 bis †5.9.1778	V: Schele, M. H. N: Schulte, Albert	
1780	Greve, Peter	(*20.9.1696–) 23.11.1759 bis †21.4.1780	V: Poppe, Cornelius N: Doorman, Frans	BR-CPEB F^u 69, am 27.4.1780
1781	Rumpf, Vincent	(*24.3.1701–) 17.1.1765 bis †20.3.1781	V: Corthum, Lukas N: von Sienen, Jacob Albrecht	BR-CPEB F^u 70, am 27.3.1781
1783	Schuback, Nicolaus	(*18.2.1700–) 29.10.1754 bis †28.7.1783	V: Widow, Conrad N: Anderson, Johann	BR-CPEB F^u 71, nach dem 28.7.1783
1784	Doormann, Frans	(*14.2.1709–) 28.4.1780 bis †22.8.1784	V: Greve, Peter N: Luis, Johann	BR-CPEB F^u 72, nach dem 22.8.1784
1786	Schulte, Albert	(*13.6.1716–) 11.9.1778 bis †3.1.1786	V: Schlüter, Johann N: Poppe, Johann Adolf	BR-CPEB F^u 73, am 10.1.1786
1788	Luis, Johann	(*15.10.1722–) 27.8.1784 bis †31.1.1788	V: Doorman, Frans N: Dorner, Martin	BR-CPEB F^s 74, am 7.2.1788

Ort	Text	Originalquellen	Dokumente	Bemerkungen
St. Nicolai			CPEB Briefe I, Dok. 195; LBB 4, Dok. III/37	zuletzt ältester und erster Bürgermeister
St. Katharinen			LBB 4, Dok. III/57	bislang kein Nachweis einer Trauermusik von C. P. E. Bach
St. Nicolai		D-Bsa, *SA 720, 721*	LBB 4, Dok. III/62	
	D-Hs	D-Bsa, *SA 717, 718, 720, 721*	CPEB Briefe II, Dok. 452	nach Scheles Tod ältester Bürgermeister
	D-Hs	D-Bsa, *SA 718, 721*	CPEB Briefe II, Dok. 452	
St. Michaelis		D-Bsa, *SA 717, 718, 721*	CPEB Briefe II, Dok. 530; LBB 4, Dok. III/73	
St. Petri	B-Br; D-Bsa, *SA 719* (3): unvollst.	D-Bsa, *SA 717–719, 721*	CPEB Briefe II, Dok 587; LBB 4, Dok. III/80	

Tabelle 2. Synopse Trauermusiken

	Rumpf 1781 BR-CPEB F^u 70	Schuback 1783 BR-CPEB F^u 71
Satz 1: **1. Chor**	Selig sind die Toten Wq deest / H 856	Selig sind die Toten Wq deest / H 856
Satz 2: **Choral**	Tritt im Geist zum Grab oft hin [Melodie: „Jesus meine Zuversicht"]	Jesus meine Zuversicht
Satz 3: **2. Chor**	Ich weiß, daß mein Erlöser lebt	Mein Heiland, wenn mein Geist erfreut (2. Strophe: „Auf kurze Zeit schließt sich zur Ruh") Wq deest / H 796
Satz 4: **Choral**	Wir leben hier zur Ewigkeit [Mel. „O Jesu Christ, meins Lebens Licht"]	Wer weiß, wie nahe mir mein Ende? [Melodie: „Wer nur den lieben Gott läßt walten"]
Satz 5: **3. Chor**	Gott, dem ich lebe Wq 225 / H 833 (3 weitere Strophen)	Meine Lebenszeit verstreicht (2. Strophe: „Tritt im Geist zum Grab oft hin") Wq 228 / H 836
Satz 6: **Choral**	Jesus lebt! nun ist der Tod [Melodie: „Jesus meine Zuversicht"]	O Jesu Gottes Lämmelein [Melodie: „Herr Jesu Christ, meins Lebens Licht"]

Doormann 1784 BR-CPEB F" 72	Schulte 1786 BR-CPEB F" 73	Luis 1788 BR-CPEB Fˢ 74
Gott, dem ich lebe Wq 225 / H 833 (3 weitere Strophen)	Meine Lebenszeit verstreicht (2. Strophe: „Tritt im Geist zum Grab oft hin") Wq 228 / H 836	Meinen Leib wird man begraben Wq 229 / H 837
Tritt im Geist zum Grab oft hin [Melodie: „Jesus meine Zuversicht"]	Jesus lebt, mit ihm auch ich [Melodie: „Jesus meine Zuversicht"]	Dieser Leib, aus Staub gebaut [Melodie: „Jesus meine Zuversicht"]
Ich weiß, daß mein Erlöser lebt	?	Auf kurze Zeit schließt sich zur Ruh (2. Strophe: „Du bleibest meine Zuversicht") Wq deest / H 796
Wir leben hier zur Ewigkeit [Mel. „O Jesu Christ, meins Lebens Licht"]	?	Hab ich dich in meinem Herzen [Melodie: wohl „Freu dich sehr, o meine Seele"]
Nur ein Herz, das Gutes liebt (2. Strophe „Wenn in unsrer letzten Not") Wq 228 / H 836	Mein Heiland, wenn mein Geist erfreut (2. Strophe: „Auf kurze Zeit schließt sich zur Ruh") Wq deest / H 796	Staub bei Staube ruht ihr nun (2. Strophe: „Jesus wills, wir leben noch") Wq 228 / H 836
Jesus lebt! nun ist der Tod [Melodie: „Jesus meine Zuversicht"]	? [Melodie: „Jesus meine Zuversicht]	Jesus lebt! nun ist der Tod [Melodie: „Jesus meine Zuversicht"]

Carl Philipp Emanuel Bachs Rezeption
neuer Entwicklungen im Klavierbau
Eine unbekannte Quelle zur Fantasie in C-Dur Wq 61/6*

Von Peter Wollny (Leipzig)

Wie sein Vater hat auch Carl Philipp Emanuel Bach sich zeitlebens ein waches Interesse an allen Fragen des Klavierbaus bewahrt und Neuentwicklungen besonders auf dem Gebiet der Mechanik aufmerksam verfolgt. Aus zahlreichen Anmerkungen in den beiden Teilen seines *Versuchs über die wahre Art das Clavier zu spielen* wissen wir von seiner intimen Kenntnis der spezifischen klanglichen Vorzüge und Nachteile von Cembalo, Fortepiano, Clavichord und dem zu Beginn der 1750er Jahre neu entwickelten Bogenklavier. Nach seinem Tod verkaufte seine Witwe aus dem Nachlaß nicht weniger als vier wertvolle Tasteninstrumente: einen „fünf Octävigen Flügel von Nußbaum Holz, schön und stark von Ton", ein „*Fortepiano* oder *Clavecin Roial* vom alten *Friederici*, von Eichenholz und schönem Ton", ein „fünf Octäviges Clavier von Jungcurt, von Eichenholz und schönem Ton" und ein „fünf Octäviges Clavier vom alten Friederici, von Eichenholz, der Deckel von Feuernholz, schön von Ton".[1] Doch es gibt noch weitere Belege für Bachs Vertrautheit mit den verschiedenen Instrumententypen seiner Zeit – etwa mit dem berühmten Silbermannischen Clavier, das er, nachdem er selbst 35 Jahre darauf gespielt hatte, an seinen Schüler Dietrich Ewald von Grotthuß verkaufte und dem er in einem elegischen Rondo (Wq 66) wehmutsvoll nachtrauerte.[2] Und dem Autograph der 1749 komponierten Sonate in d-Moll Wq 69 ist zu entnehmen, daß deren letzter Satz für ein in Berlin verfügbares zweimanualiges Cembalo mit einer Reihe neuartiger Registerzüge eingerichtet wurde. In einem Brief vom 10. November 1773 an Johann Nikolaus Forkel schließlich äußert Bach seine Vorlieben und Abneigungen bezüglich verschiedener Clavichord-Modelle.[3] Der vorliegende Beitrag möchte nun anhand einer bisher nicht berücksichtigten Quelle das Thema „C. P. E. Bach und der Klavierbau seiner Zeit" um eine weitere Facette bereichern und daran einige Beobachtungen zur Datierung seiner spätesten Hamburger Kompositionen anknüpfen.

---

* In memoriam Christopher Hogwood (1941–2014).

[1] NV, S. 92. Die Beschreibung des letztgenannten Instruments trägt den Zusatz „An diesem Claviere sind fast alle in Hamburg verfertigte Compositionen componirt worden."

[2] CPEB Briefe I, S. 381; CPEB Briefe II, S. 891–893 und 900 f.

[3] CPEB Briefe I, S. 343. In diesem Brief werden auch „Fortbiens" (Fortepianos) erwähnt (Suchalla liest „Farbbillet").

Die Durchsicht einiger Konvolute mit – zum Teil nur vermeintlichen – „Bruch-
stücken" anonymer Handschriften in der Staatsbibliothek zu Berlin förderte
neben anderen bemerkenswerten Quellen (siehe die Aufstellung im Anhang)
die bislang verschollen geglaubte Hauskopie von C. P. E. Bachs Fantasie in
C-Dur (Wq 61/6) aus der sechsten Sammlung von Werken „für Kenner und
Liebhaber" zutage. Es handelt sich um eine saubere und akkurate Abschrift
von der Hand seines wichtigsten Hamburger Kopisten Johann Heinrich Michel
(siehe Abb. 1–2). Die Chiffren in der oberen rechten Ecke der ersten Seite erlauben uns, die Handschrift als Bachs persönliches Exemplar zu identifizieren:[4] Die Angabe „No. 207" und der auf Hamburg als Entstehungsort deutende
Buchstabe „H." weisen die charakteristischen leicht zittrigen Schriftzüge seiner späten Hand auf. Die etwas kleinere und mit feinerem Federstrich geschriebene Signatur „(207.)" stellt eine Zutat von Bachs Tochter Anna Caroli-
na Philippina dar und reflektiert deren Arbeit am Nachlaßverzeichnis von
1790.

Die Bedeutung der Handschrift liegt weniger in der Textkritik – gegenüber
dem 1787 erschienenen Erstdruck lassen sich nur unbedeutende Divergenzen
feststellen – als in einigen bemerkenswerten autographen Zusätzen. Das
rondoartig wiederkehrende Presto di molto wurde von Bach mit der Angabe
„Claveçin" versehen, während die langsamen Abschnitte dem „Pianoforte" zu-
gewiesen sind. Insgesamt ergibt sich folgende Verteilung:

Takt	Tempoangabe	Zusatz
1	Presto di molto	„Claveçin"
49	Andante	„Pianoforte"
72	Presto di molto	„Claveçin"
125	Larghetto sostenuto	„Pianoforte"
154	Presto di molto	„Claveçin"
215c		„Pianoforte"

Diese beiden Begriffe zielen anscheinend auf die Verwendung eines kombi-
nierten Instruments, das in einem gemeinsamen Korpus sowohl die Mechanik
eines Cembalos als auch die eines Hammerklaviers enthielt. Derartige Kombinationsinstrumente erfreuten sich in der zweiten Hälfte des 18. Jahrhunderts
großer Beliebtheit, allerdings war die vorherrschende Bauart die des „vis-
a-vis"-Typs: Solche Klaviere wiesen an jedem Ende eine Tastatur auf, wurden
also von zwei Spielern gleichzeitig bedient. Für seine C-Dur-Fantasie aber hatte Bach kein „vis-a-vis"-Instrument im Sinn (andernfalls hätte er zwei separate

---

[4] Zu C. P. E. Bachs Hauskopien siehe die Ausführungen in meinem Beitrag *Eine
Klaviersonate von C. P. E. Bach aus dem Besitz J. S. Bachs*, BJ 2012, S. 181–201,
speziell S. 185–188.

Stimmen anfertigen müssen), sondern er wollte das Werk von einem einzigen Spieler vorgetragen wissen, der zwischen zwei Manualen wechselte.

Bei der Suche nach einem Instrument dieser Ausprägung, zu dem Bach in den 1780er Jahren in Hamburg Zugang gehabt haben könnte, stoßen wir auf verschiedene Kandidaten:

1. Im ersten Band von Carl Friedrich Cramers *Magazin der Musik* (1783) findet sich eine Anzeige des Instrumentenbauers Johann Christian Jürgensen (1744–1825) aus Schleswig, in der ein neu erbautes „Clavecin Royal" mit zwei Registern und zwei Pedalen sowie ein „Bellsonoreal" mit fünf Registerzügen beschrieben wird.[5] Wie Jürgensen ausführt, erlaubten die unterschiedlichen Kombinationen der Register dem Spieler, den Klang der Instrumente auf verschiedene Weisen zu modifizieren:

Liebhabern Fortepianoartiger Instrumente, d. i. solcher deren Ton Hämmerchen hervorbringen, wird bekannt gemacht, daß bey mir fertig geworden sind: Erstens, ein Clavecin-Royal, von meiner Erfindung, von dem schönsten Mahagonyholz, und alle innerliche Arbeit dem äusserlichen an Schönheit übereinstimmend gemacht; von ungewöhnlichen und in einem so kleinen Instrumente nicht zu erwartendem starken und schönem Ton, mit vielen Veränderungen, die durch zwey Züge und zwey Fußtritte regiert, und durch ihre Verwechselungen und Verbindungen zwölf Veränderungen, als Flügel, Fortepiano, Harfen, Lauten und andern Instrumenten ähnliche Töne hervorbringen. Durch den einen der erwähnten Fußtritte, der durch Oefnung der Bedeckung über den Resonanzboden ein stärkeres Forte macht, entstehen nach den Willen des Spielers über vier und zwanzig Veränderungen; wovon eine jede ihren Liebhaber finden, und sich nach Beschaffenheit gut anwenden lassen wird. Es ist besonders leicht und angenehm zu spielen, und das Forte und Piano auf einem jeden Ton, und nach eines jeden Spielers Verlangen, im hohen Grad fähig. Das Instrument ist nur 2 1/4 Elle hamburger Maaß lang, keine Elle breit, mit einem bequemen und schönen Fuß, einem Notenstuhl, der im Instrumente liegen bleibt, wenn man es verschließt, wie ein Clavier gestaltet und mit einem gebrochnem Deckel versehen. Der Preis ist sechszig dänische Ducaten. Zweytens, ein Bellsonoreal, auch von schönen Mahagonyholz und inwendiger Arbeit, auch von meiner Erfindung; 2 1/2 Elle und 2 Zoll lang, und sonst wie eine Clavier gestaltet. Es thut die Wirkung eines guten Flügels, Dresdener Clavecin Royal, Friederischen Fortpiens, und aller Arten Fortepiano vollkommen, ohne deswegen zu sehr zusammengesetzt zu seyn. Es hat nur fünf Züge, wovon zwey durch Fußtritte regiert werden können, und über acht und vierzig Veränderungen hervorgebracht werden. Es hat einen vollen und männlichen Ton, und das, was Musicverständige Silberton nennen, zeichnet sich bey den meisten Zügen besonders aus. Deswegen nannte einer unserer ersten Clavierspieler, diese Art Instrumente, wovon schon vor ein paar Jahren einige nicht so vollkommene nach Norwegen gesandt worden, Bellesonore; und da ich dieses mit mehr Veränderungen gemacht, nenne ich es Bellesonorereal; um es von jenem zu unterscheiden. Es kostet 75 Ducaten. Schleswig im März 1783.

---

[5] *Magazin der Musik* I/2 (1783), S. 661–662.

[Fußnote:] Ich habe beyde hier von dem Verfertiger bekanntgemachte Instrumente gesehen; und kann sowohl ihre Güte, als die Simplicität des Mechanismus darinn, und die
ausnehmende Zierlichkeit der äusserlichen Arbeit daran bezeugen. Ueberhaupt gehört
Herr Jürgensen, obgleich sein Name noch nicht öffentlich genannt worden ist, zu den
allereminentesten Künstlern, die sich jetzt mit Instrumentmachen beschäftigen. Besonders sind auch seine Claviere von einer Sangbarkeit und Kraft, daß sie sich den Frie-
dericischen, Krämerschen, Lemmischen, und Möllerschen (letzterer in Coppenhagen)
nicht allein an die Seite stellen können, sondern sie vielleicht in einigen Stücken nach
übertreffen. C. F. C[ramer].

In Anbetracht der räumlichen Nähe von Hamburg und Schleswig ist eine
persönliche Bekanntschaft zwischen Bach und Jürgensen durchaus vorstellbar.
Diese Annahme wird durch weitere Indizien unterstützt: J. C. Jürgensens
Name findet sich auf der Pränumerantenliste des zweiten Teils der Sturm-Lie-
der Wq 198 (1781). Auch kann ein „Musikus" namens Jürgensen anhand der
Pränumerantenliste der zweiten Sammlung „für Kenner und Liebhaber" (Wq
56) um 1780 in Hamburg nachgewiesen werden. Offenbar handelte es sich
hierbei um jenen Jürgen Jürgensen, der zur gleichen Zeit einige Kompositionen aus Bachs Bibliothek kopierte und der auch die autographen Verzierungen
zum Schlußsatz der Sonate Wq 50/3 besaß.[6] Bei dem Hamburger Jürgensen
könnte es sich um einen Verwandten (einen jüngeren Bruder?) des Schleswiger
Instrumentenbauers gehandelt haben. Zu beachten ist auch, daß J. C. Jürgensen
am Ende seiner Anzeige die lobende Äußerung eines „unserer ersten Clavierspieler" erwähnt. Sollte hier ein Hinweis auf Bach vorliegen?

2. Das in Bachs Besitz befindliche Clavecin Royal des in Gera ansässigen
Christian Ernst Friederici (1709–1780) bezeichnet einen Instrumententyp, bei
dem der Klang durch mehrere Dämpfmechanismen aus Papier, Seide oder
Leder modifiziert werden konnte. Von Friedericis Instrumenten sind keine
Beschreibungen oder anderweitigen Belege greifbar; eine im dritten Band von
Forkels *Musicalisch-kritischer Bibliothek* (1779) veröffentlichte umfangreiche
Anzeige des Dresdner Instrumentenbauers Johann Gottlob Wagner vermittelt
aber eine genaue Vorstellung von den mechanischen Raffinessen, die in
gleicher oder ähnlicher Form auch die Instrumente Friedericis ausgezeichnet
haben mögen:[7]

Dieses Clavecin Roïal ist, dem äußerlichen Ansehn nach, nichts anders, als ein ordi-
naires aus 5. completen Octaven von F bis f bestehendes Clavier, eben so bezogen, mit
nicht mehr und nicht weniger Drahtsaiten, 3. Ellen lang, 23. Zoll breit, 10. Zoll hoch.
Statt der Kiele und meßingen Tangenten werden die Töne der verschiedenen Züge oder
Register, deren sechse in allem sind, durch hölzerne Hämmerchen hervorgebracht; der

[6] D-LEb, *Ms. R 12*; siehe Krause I, S. 46–48
[7] J. N. Forkel, *Musicalisch-kritische Bibliothek*, Bd. III, Gotha 1779, S. 322–328.

Resonanzboden hat eine leichte Decke von Tafft mit dünner Pappe unterlegt, so wie auch der übrige obere Theil des Instruments, auf welcher Decke ein Pult dergestalt angebracht ist, daß nicht der mindeste Staub hinein dringen kann. Es steht auf einem Gestelle, an welchem sich unten linker Hand drey Pedaltritte, No. 1. 2. und 3. befinden, rechter Hand aber noch ein dergleichen Tritt No. 4. angebracht ist. Vermittelst dieser Pedaltritte, welche durch Abstracte oben in das Maschinenwerk eingreifen, werden alle Veränderungen in der größten Geschwindigkeit, mitten im Spielen bewirket, ohne daß der Künstler eine Hand von dem Manual wegrühren darf, ja er kann sogar, jeden einzeln Ton, stark oder schwach, angeben.

I. Wenn der Musikverständige das Instrument an und für sich, wie es ist, ohne einen von obigen Tritten zu berühren, bearbeitet, so hat es die völlige Stärke eines Flügels oder Clavecins, mit dem Unterschiede, daß die Töne im Baß weit länger nachhalten. Ist er geschickt im Selbsterfinden, reich an eigenen Gedanken, und weiß dieses Nachhalten der Bässe kunstmäßig zu nutzen, so wird er dem Ohre die angenehmsten Harmonien vorzutragen im Stande seyn. Erfordert sein Thema, oder wenn er vom Papiere spielt, daß er mit Geschwindigkeit aus einem Ton in den andern gehen muß, wo das Nachklingen in den Bässen eine Verwirrung der Töne verursachen könnte, so nimmt er es weg, indem er den linken Fuß auf den mittelsten Pedaltritt No. 2. setzt. Durchs bloße, stärkere oder schwächere, Anschlagen der Claves hat er die Gradation des pianissimo, piano, forte, und des fortissime, wenn er den Tritt No. 4. mit dem rechten Fuß berührt, wodurch sich die leichte Decke über den Resonanzboden, weniger oder mehr, nach seinem Belieben, erhebt, in seiner Gewalt.

II. Wenn der mittelste Tritt No. 2. angetreten wird, und der Fuß darauf stehen bleibt, so ist dieses Instrument einem Flügel oder Clavecin gleich, eben so starck im Klang, und kann bey einer vollständigen Musik so gut gebraucht werden, als bey dem Accompagnement der Recitative; die Töne schneiden sich ab, so rein, als durch Federkiele, und halten nach, sobald man die Hände liegen läßt; man ist Herr von dem piano und forte bloß durch den Anschlag, und von dem fortissime, durch Berührung des Pedaltritts No. 4. welcher die Decke über den Resonanzboden öffnet, und dem Klange freyern Ausbruch verschafft: ein Vorzug, dessen sich das Clavecin nicht rühmen kann, und wo ich allemal, doch nur forte und piano nicht anders haben kann, als daß ich von einem Manual aufs andere gehe.

III. Wird der linke Fuß auf den Pedaltritt No. 1. gesetzt, so habe ich den Klang einer Harfe vollkommen rein und natürlich, die Töne kurz abgesetzt und schnarrend, als wären sie von Darmsaiten gezeugt, die schönsten arpeggio im Discant und Baß, so wie hier zugleich die gebrochenen Octaven. Der Harfeniste selbst, falls er dieses Instrument höret, ohne zu sehen, und es zumalen von einem Künstler gespielt wird, der das, was auf der Harfe auszudrücken ist, kennt, kann hintergangen werden. Er wird Töne und Harmonien zu vernehmen kriegen, die entweder gar nicht, oder mit großer Mühe und kaum halbvollkommen, hervorzubringen sind.

IV. Läßt man den linken Fuß auf dem Tritt No. 1. liegen, und nimmt dazu den Tritt No. 3. so entsteht dadurch der Klang einer Laute, und ein Kenner dieses Instruments, wird einen Zuhörer in der Ferne gar leicht dahin bringen können, daß er glaubt, er höre wirklich eine Laute, nur muß er sich bloß auf gebrochene Ausdrücke einlassen, die Bässe allemal doppelt nehmen, und nicht zu viel damit machen wollen. Auf Schwebungen und Bebungen kann er sich nicht einlassen; es bleiben diese allemal ein, der, Laute, unnachahmlicher Vorzug. Durch Aufhebung des rechten Fußes vom Tritt No. 3. und wiederdraufsetzen, kann der Spieler die Harfe und Laute, auf eine dem Ohre angenehme Art, ohne die Hand vom Manual zu bringen, abwechseln lassen. Auch hier bleibt das forte und piano, durch den Anschlag in seiner Hand. V. Der Pedaltritt No. 3. allein mit dem rechten Fuße niedergedrückt, macht den Pantalon, dieses nunmehr fast ganz, wegen seiner vielen Schwierigkeiten, abgekommene Instrument aus. Diejenigen denen es nicht ganz fremd ist, werden nicht in Abrede seyn, daß sie etwas sehr ähnliches zu hören bekommen. Die Töne in den Bässen sind stark, voll und nachhaltend; man kann sie aber, durch Hülfe des Trittes No. 2. so oft abschneiden, als man will, so wie oben, wenn dieses Clavecin roïal ohne Zuthun eines Registers, gespielt wird. Die Hauptsache, und wo die Nachahmung des Pantalons glücklich seyn soll, kömmt hier freylich wiederum auf den Kenner dieses Instruments an. VI. Endlich entsteht, wenn ich zu dem niedergedrückten Pedaltritt No. 3. den Tritt No. 2 zu Hülfe nehme, und beyde Füße darauf ruhen lasse, das sogenannte Piano forte, welches lediglich durch den schwächern und stärkern Anschlag erzeugt wird. Es sind bisher so verschiedene Arten von diesem Instrumente, in Ansehung der Größe, der Construction und der Töne, zum Vorschein gekommen, daß es fast unmöglich ist, eine bestimmte, und auf alle dieselben passende Beschreibung davon zu geben. Hier ist es bloß eine an dem Clavecin roïal angebrachte Veränderung, der ich den Namen Piano forte zu geben, um so weniger Bedenken getragen habe, weil der dadurch verursachte Klang demjenigen ganz ähnlich ist, welchen die unter diesem Namen bisher bekannt gewordene Instrumente, gemeiniglich zu haben pflegen. Der stärkere Anschlag bringt halb gedämpfte, der schwächere ganz gedämpfte Töne hervor; bey jenen hört man ein metallenes scharfes Mitnachklingen, bey diesen aber ist es stumpf, sanft, und in beyden Fällen, zum Accompagnement beym Singen, vorzüglich geschikt. So viel und auch nicht mehr hat man bisher durch das Piano forte als ein besonderes Instrument betrachtet, bewerkstelligen können.

Vermutlich war Bachs eigenes Clavecin Royal aus der Werkstatt Friedericis mit ähnlichen Mechanismen ausgestattet; mithin ist durchaus anzunehmen, daß seine Fantasie Wq 61/6 auf die in der Handschrift angegebene Weise realisiert werden konnte.[8] Allerdings bliebe in diesem Falle ungeklärt, warum Bach nur zwei verschiedene Registrierungen verwendete (bei Wagner werden sechs genannt).

3. Von einem weiteren Instrumententyp erfahren wir aus einem Bericht in Carl Ludwig Junkers *Musikalischem und Künstler-Almanach* über verschiedene experimentelle Instrumente aus der Werkstatt des Wetzlarer Instrumentenbauers Johann Carl Greiner:

---

[8] Eine scharfe Kritik des Clavecin Royal findet sich im *Magazin der Musik* I/2 (1783), S. 1009–1013.

„Auch hat er ein Instrument vollendet, das in einem Korpus den Kielflügel und das *forte piano* in zwey Clavieren zugleich enthält […]".[9]

Greiner scheint sich auf die Anfertigung solcher Kombinationsinstrumente spezialisiert zu haben. Cramers *Magazin der Musik* von 1783 beschreibt ein Bogenhammerklavier, das Greiner auf einer „Reise von Wetzlar nach Copenhagen (welches das unvermuthete Ziel desselben war; indem die Erbprinzeßin von Dännemark das Instrument für 600 Rthlr. in B. B. gekauft hat […])"[10] in verschiedenen Städten vorstellte, darunter auch Hamburg.[11] Für die Annahme, daß Greiner in Hamburg mit Bach zusammentraf, gibt es triftige Gründe.[12] Die bei Cramer veröffentlichten Berichte scheinen anzudeuten, daß Greiner seine Reise nicht mit nur einem einzelnen Instrument unternahm, sondern daß er eine Auswahl von Clavieren mit sich führte, die seinen potentiellen Kunden einen Eindruck von seinen handwerklichen Fähigkeiten und seinem Experimentiergeist vermitteln konnten. Angesichts seiner Vorliebe für Kombinationsinstrumente wäre somit denkbar, daß sich unter seinen Modellen auch eines seiner bei Junker beschriebenen Cembalo-Hammerklaviere befand.[13]

---

⁹ Junker, *Musikalischer und Künstler-Almanach auf das Jahr 1783*, [Leipzig 1782], S. 151 f.

¹⁰ *Magazin der Musik* I/2 (1783), S. 661.

¹¹ *Magazin der Musik* I/2 (1783), S. 954–958; siehe auch G. Kinsky, *Hans Haiden, der Erfinder des Nürnbergischen Geigenwerks*, in: ZfMw 6 (1923/24), S. 193–214, speziell S. 214.

¹² Siehe hierzu M. Bärwald, „… *ein Clavier von besonderer Erfindung" – Der Bogenflügel von Johann Hohlfeld und seine Bedeutung für das Schaffen Carl Philipp Emanuel Bachs*, BJ 2008, S. 271–300, speziell S. 294–298; dort auch weitere Angaben zur Biographie Greiners. Siehe außerdem E. F. Schmidt, *Carl Philipp Emanuel Bach und seine Kammermusik*, Kassel 1931, S. 68; ferner H. Welcker von Gontershausen, *Der Clavierbau in seiner Theorie, Technik und Geschichte*, Frankfurt/M. 1864, S. 164 f. Einen Beleg für die Verbreitung von Greiners Bogenhammerklavier in Norddeutschland bietet W. Freytag, *Musikgeschichte der Stadt Stettin im 18. Jahrhundert*, Greifswald 1936, S. 111.

¹³ Zur Geschichte des Cembalo-Hammerklaviers liegen bislang anscheinend keine systematischen Untersuchungen vor. Dietrich Hein verdanke ich den Hinweis auf zwei erhaltene Instrumente (Giovanni Ferrini, Florenz, 1746 und Johann Ludwig Hellen, Bern, vor 1779). Siehe J. H. van der Meer, *Clavicembali e spinette dal XVI al XIX secolo. Collezione L. F. Tagliavini*, Bologna 1986, S. 186–200 (Beschreibung des Instruments von Ferrini); und K. Restle, *Bartolomeo Cristofori und die Anfänge des Hammerclaviers. Quellen, Dokumente und Instrumente des 15. bis 18. Jahrhunderts*, München 1991 (Münchener Arbeiten zur Musiktheorie und Instrumentenkunde. 1.), S. 301–319 (Beschreibung der Instrumente von Ferrini und Hellen sowie weitere Belege). Eszter Fontana wies mich freundlicherweise darauf hin, daß die Hammerklaviere von Silbermann ein Cembalo-Register hatten; es handelte sich

Georg Kinskys plausibel erscheinende Vermutung, daß Bachs Zusammen-
treffen mit Greiner die Komposition der „Sonate für das Bogenklavier"
Wq 65/48 angeregt haben könnte, wäre dann auf die Fantasie Wq 61/6 aus-
zuweiten. Wenn wir diese biographischen Indizien ernstnehmen, stoßen wir allerdings
auf ein Datierungsproblem. Denn laut NV entstand Wq 61/6 erst 1786, mithin
drei Jahre nach Greiners Besuch in Hamburg. Eine kritische Durchsicht der
entsprechenden Einträge nährt jedoch den Verdacht, daß das NV – ähnlich wie
bei den frühen Kompositionen[14] – für die Chronologie von Bachs Spätwerk
nicht immer zuverlässige Angaben bietet. Soweit sich dies an den wenigen
Belegen ablesen läßt, pflegte Bach auf die Hauskopien seiner in den 1780er
Jahren entstandenen größeren Stücke neben einer entsprechenden Inventar-
nummer auch Ort und Jahr der Entstehung zu vermerken; diese Angaben wurden später von den Erben ins NV übernommen. In Anbetracht der großen Sorgfalt, mit der Bach über seine künstlerische Arbeit Buch führte, ist allerdings
auffällig, daß die Hauskopien von vier seiner spätesten Werke (2 Sonaten und
2 Fantasien) keinerlei Angaben zum Entstehungsjahr enthalten. Dieses Fehlen
erstaunt umso mehr, als die Autographe der Fantasien sehr wohl den Kenn-
buchstaben „H." (für Hamburg) aufweisen. Die folgende Übersicht zeigt die
originalen chronologischen Angaben zu den sieben letzten Klavierwerken im
NV (No. 205–210 und No. 48) und auf den Hauskopien (No. 205–211).[15]

Werk	NV 1790	Hauskopie[15]
Wq 65/49: Sonate in c-Moll	No. 205. H. 1786	*P 771*: a) „H. 86"; „No. 205"; b) „(205.)"
Wq 65/50: Sonate in G-Dur	No. 206. H. 1786	*P 771*: [ohne Ort, ohne Jahr]; a) „No. 206"; b) „(206.)"
Wq 61/6: Fantasie in C-Dur	No. 207. H. 1786	D-B, *Mus. ms. 38141 (1)*: a) „H." [ohne Jahr]; „No. 207"; b) „(207.)"
Wq 61/3: Fantasie in B-Dur	No. 208. H. 1786	US-Wc, *ML96.B18 Case*: a) „H." [ohne Jahr]; „No. 208"; b) „(208.)"

---

nicht eigentlich um Kombinationsinstrumente, doch konnte durch Verwendung des
Registers der Klang entsprechend modifiziert werden.

[14] Vgl. U. Leisinger und P. Wollny, *„Altes Zeug von mir"*. *Carl Philipp Emanuel Bachs
kompositorisches Schaffen vor 1740*, BJ 1993, S. 127–204, speziell S. 163 und 166 f.;
sowie BJ 2012, S. 188 f. (P. Wollny). Es hat den Anschein, als seien nur die Datierungen der Werke aus der mittleren Periode zuverlässig.

[15] Die Zusätze unter a) stammen von der Hand C. P. E. Bachs, die unter b) wurden von
A. C. P. Bach nachgetragen.

Wq 61/4: Rondo in d-Moll	No. 209. H. 1786	Schloß Fasanerie Fulda: a) „86., H."; „No. 209"; b) „(209.)"
Wq 67: Fantasie in fis-Moll	No. 210. H. 1787	*P 359*: a) „H. 87"; „No. 210"; b) „(210.)"
Wq 65/19: Sonate in F-Dur	No. 48. B. 1746 (vermutlich erst 1787 oder 1788 entstanden)	*P 771*: [ohne Ort, ohne Jahr]; a) „No. 211"; b) „(48.)"

Auf eine Diskussion der beiden Sonaten Wq 65/50 und Wq 65/19 kann an dieser Stelle verzichtet werden; es scheint, daß sie gemeinsam mit anderen Stücken eine Gruppe von kleinen und anspruchslosen Werken bilden sollten, die Bach in einer – geplanten, aber nicht mehr realisierten – Sammlung von „Leichten Sonaten" veröffentlichen wollte. Bei den beiden Fantasien Wq 61/6 und Wq 61/3 wäre hingegen zu überlegen, ob die – nicht durch die Hauskopien gestützten – Datierungen im NV spätere Zutaten darstellen. Vernachlässigen wir diese Daten und suchen nach einem wahrscheinlicheren Entstehungskontext, so wäre naheliegend, sie mit den übrigen Fantasien aus der vierten und fünften Sammlung „für Kenner und Liebhaber" zu gruppieren und wie diese in dem Zeitraum 1782/83 anzusiedeln.

C. P. E. Bach hätte demnach die in den sechs Sammlungen „für Kenner und Liebhaber" vereinigten Werke in Serien ausgearbeitet: Die Sonaten entstanden größtenteils zwischen 1772 und 1774, die Rondos wurden zwischen 1778 und 1780 komponiert und die Fantasien markieren die letzte Phase seiner kreativen Arbeit an diesem großen Projekt. Wie wir aus einem Brief an Johann Nikolaus Forkel vom 10. Februar 1775 wissen, hatte Bach sich gedanklich bereits längere Zeit mit der Gattung der freien Fantasie beschäftigt und „sechs oder zwölf" dieser Werke in Skizzen oder Entwürfen (der Komponist spricht von einem „Haufen collectanea") konzipiert, die er aus Furcht vor einem finanziellen Mißerfolg zunächst zurückhielt.[16] Die Ausarbeitung scheint dann in rascher Folge um 1782/83 stattgefunden zu haben, also in zeitlicher Nähe zu dem Besuch Greiners und den Experimenten von Jürgensen. Die Vermutung, daß Bach Werke gleicher Gattung gerne in Serien ausarbeitete (Sonaten, Rondos, Fantasien), bietet somit – über den hier vorgestellten Einzelfall hinausgehend – neue Anhaltspunkte für unser Verständnis seiner kreativen Strategien und für die vergleichende Analyse seines Schaffens.

---

[16] CPEB Briefe I, S. 486.

Anhang: Bachiana in den Berliner Fragmentkonvoluten

Mus. ms. 38141 (2)
J. S. Bach, Fragment einer (Teil-)Abschrift des Wohltemperierten Klaviers II
4 Bll. (34 × 21,5 cm); ohne Wasserzeichen
Inhalt: Präludium in h-Moll BWV 893/1 (ab T. 34 b); „Præludio. H dur." BWV
892/1; „Præludio. B dur." BWV 890/1; „Fuga a 3." BWV 890/2 (T. 1–50)

Mus. ms. 38141 (3)
C. P. E. Bach, „Sonata II" in B-Dur Wq 48/2
4 Bll.; ohne Wasserzeichen

Mus. ms. 38141 (4)
C. P. E. Bach, „Allegretto | con Variationi" in A-Dur Wq 118/2
1 Bl. (nur Thema und Variationen 1–4; Notentext unabhängig vom Erstdruck
im *Musicalischen Mancherley*)
Schreiber: Anon. V 19; Besitzvermerk: „Z. Wulff née Itzig"

Mus. ms. 38141 (5)
C. P. E. Bach, Fragment einer Abschrift mit Klaviersonaten
Inhalt: Wq 62/9/iii; Wq 62/16/ii–iii; Wq 62/19/iii; Wq 62/9/i–ii

Mus. ms. 38177 (1)
(a) C. P. E. Bach, Fragment einer Viola-Stimme zur Sonatine in D-Dur Wq
109; Schreiber: Anon. 343, mit Revisionen von der Hand C. P. E. Bachs
(b) Skizze zum Chor „Zeige du mir deine Wege" (siehe Abb. 3); Konzeptpar-
titur der Überarbeitung von Wq 196/9 zu Wq 223 (aufgeführt am 8. Sonntag
nach Trinitatis 1777); die Skizze bildete die Vorlage für die in D-Bsa, *SA 258*
erhaltene reinschriftliche Partitur.

Abb. 1 und 2. C. P. E. Bach, Fantasie in C-Dur Wq 61/6, Abschrift von J. H. Michel
mit eigenhändigen Zusätzen. *Mus. ms. 38141 (1)*, S. 1 und 4

Abb. 3. C. P. E. Bach, Skizze zum Chor „Zeige du mir deine Wege" Wq 223. *Mus. ms.
38177 (1)*, S. 2

Abb. 1.

Abb. 2.

Abb. 3.

Zwischen Heinrich Schütz und Johann Nikolaus Bach: Augustus Kühnel
Prolegomena zu einer Biographie des Viola-da-Gamba-Virtuosen und -Komponisten[*]

Von Hans-Joachim Schulze (Leipzig)

I.

In den nicht eben kleinen Kreis von Musikern, denen in der zweiten Hälfte des 17. und zu Beginn des 18. Jahrhunderts eine relativ kleinteilige Karriere beschieden war, gehört neben der Paulina[1] auch August(us) Kühnel. In Wolfgang Caspar Printz' Zusammenstellung „neuerer und berühmterer *Componisten und Musici* dieses Jahrhunderts"[2] fehlt dessen Name ebenso wie in Johann Matthesons *Grundlage einer Ehren-Pforte*.[3] Mit der Aufgabe, eine hinreichende Anzahl von Mosaiksteinen für ein angemessenes Lebensbild zusammenzutragen, war die Musikforschung denn auch ungewöhnlich lange beschäftigt.[4] Am Anfang (1732) stand Johann Gottfried Walthers *Musicalisches Lexicon* mit der lapidaren Verzeichnung von Kühnels 1698 erschienenem Druck von Sonaten und Suiten und dem damit verbundenen Hinweis auf Kassel als Wirkungsstätte. Weiter präzisiert wurden die zu Kassel gehörenden Daten (1695–1699) durch David August von Apell (1806), Ernst Ludwig Gerber (1813) und Christiane Engelbrecht (1957). Auf Addenda in Walthers Handexemplar seines Lexikons zurückgehen dürften die 1790 von Gerber erstmals vorgelegten Angaben zu Kühnels Geburtstag im Jahre 1645, seiner Herkunft aus Delmenhorst sowie einer angeblichen Ausbildung durch Agostino Steffani. Die Quelle von Walthers vor etwa 1745 anzusetzenden Informationen ist nicht bekannt.

---

[*] Winfried Schrammek als Gruß zum 85. Geburtstag.

[1] Vgl. meinen Beitrag im BJ 2013, S. 279 ff. Der dort (S. 285) einbezogene „Abstecher nach Berlin" im September 1704 ist – nach freundlichem Hinweis von Rashid-Sascha Pegah – aus der Vita der Sängerin wieder zu streichen; bei der in Lietzenburg gastierenden „Cantatrice" handelte es sich offenbar um die seinerzeit in Hannover tätige Elisabetta Pilotta-Schiavonetti (um 1680–1742).

[2] *Historische Beschreibung der Edelen Sing- und Kling-Kunst*, Dresden 1690, S. 147 bis 149.

[3] Hamburg 1740 (Nachdruck Berlin 1910).

[4] Zu der folgenden Zusammenfassung vgl. die tabellarische Übersicht der Biographie (Abschnitt III) sowie die zugehörigen Literaturangaben.

1854 machte Ernst Pasqué auf Kühnels Wirken in Darmstadt (1686–1688) aufmerksam; mit Ergänzungen warteten Wilibald Nagel (1900) und Elisabeth Noack (1967) auf. 1861 deutete Moritz Fürstenau auf ein Gastspiel in Dresden (1678) – verbunden mit einem Hinweis auf Kühnels Tätigkeit in Zeitz –, gab allerdings Kühnels Namen als „Küttel" wieder. 1873 erwähnte Philipp Spitta im Zusammenhang mit Erkundungen zu Johann Sebastian Bachs angeblicher Reise nach Kassel im Jahre 1714 beiläufig Kühnels Tätigkeit als Vizekapellmeister in Weimar (vor Juli 1695). Weitere – jedoch offenbar nicht vollständige – Angaben zum Weimarer Intermezzo (1693–1695) lieferte 1954 Wolfgang Lidke.

Einen beträchtlichen Zuwachs erfuhr die einschlägige Forschung 1901 durch – ursprünglich als Textbeigabe zu einer kurz nach 1900 von Franz Bennat besorgten Ausgabe von Kühnels Kompositionen fungierende – Mitteilungen Adolf Sandbergers aus Münchener Archivunterlagen im Vorwort zu einem Johann Kaspar Kerll gewidmeten Band der *Denkmäler der Tonkunst in Bayern*. Aus – nicht ganz fehlerfrei übertragenen – Briefen Kühnels und anderen Schriftstücken aus dem Jahre 1682 ergab sich, daß dieser der bayerischen Residenz schon 1680 einen Besuch abgestattet hatte, nunmehr, nach dem Tod des Herzogs von Sachsen-Zeitz ohne feste Anstellung, mit dem Gedanken an München als neuen Wirkungsort umging, den vom bayerischen Kurfürsten als Voraussetzung für eine Berufung genannten Konfessionswechsel jedoch nicht zu vollziehen gedachte und statt dessen noch 1682 eine Reise nach England als vermeintlichem Ursprungsland der Viola da Gamba antreten zu können hoffte. Mit einem in Kühnels Briefen erwähnten „Cammerdirector Augustin" ist offenkundig Agostino Steffani gemeint; die Frage, ob jener dem neun Jahre älteren Kühnel Kompositionsunterricht erteilt haben könnte, muß allerdings offenbleiben.

Im selben Jahr 1901 versuchte Robert Eitner eine Zusammenfassung der bis dahin vorliegenden biographischen Daten, konnte sich jedoch nicht dazu durchringen, alle Unterlagen auf ein und denselben Namensträger zu beziehen. So postulierte er zwei namensgleiche Personen, von denen er der einen die Geburt in Delmenhorst zuwies, eine Ausbildung durch Steffani sowie die Tätigkeit in Kassel. Mit einem hypothetischen „Kühnel, August II." wurde eine Reise nach Frankreich (1665) in Verbindung gebracht, eine Tätigkeit in Zeitz (1670), die bereits angedeutete Zahlung in Dresden (1678), eine Anstellung in München als Konzertmeister (1680) sowie die Bezeichnung „sächs. Kammermusikus" (1691) in Akten des sächsischen Staatsarchivs.

1906 konnte Caroline Valentin aus Unterlagen des Stadtarchivs Frankfurt am Main, die wahrscheinlich im Zweiten Weltkrieg zerstört worden sind, Hinweise auf die Beziehungen des Stadtmusikers Daniel Kühnel zu seinem Bruder August (1669) beibringen. Einige Ergänzungen steuerte 1924 Peter Epstein bei.

1919 wies Alfred Einstein in seiner ersten Bearbeitung des Riemann-Musiklexikons auf einen London-Aufenthalt August Kühnels im Jahre 1685 hin, allerdings noch ohne Quellenbeleg. Dieser findet sich in einer 1961 von Michael Tilmouth vorgelegten Sammlung von England betreffenden Musiknachrichten. Ebenfalls 1919 veröffentlichte Clemens Meyer Daten zur Musikpflege am Hof zu Mecklenburg-Güstrow, in denen für die Jahre 1657/58 bis 1662 Augusts Vater Samuel Kühnel nebst drei Söhnen erwähnt wird. Eine frühere Untersuchung aus der Feder Friedrich Chrysanders über die Hofkapelle von Güstrow (1855) nennt den Namen Kühnel merkwürdigerweise noch nicht.

1922 konnte Arno Werner aus Akten des sächsischen Staatsarchivs, aus Kirchenbucheintragungen und anderen Unterlagen Daten zu August Kühnels 1664/65 bis 1681 nachweisbarer Tätigkeit in der 1663 gegründeten Hofkapelle von Zeitz vorlegen, die von Heinrich Schütz als kurfürstlich-sächsischem Hofkapellmeister „von Haus aus" beraten und gefördert wurde. Einige unerklärliche Lücken fallen hier auf: es fehlen das exakte Datum von Kühnels Trauung im Jahre 1671, die Namen von Braut und Brautvater sowie das Datum des zur Reise nach Frankreich 1665 ausgestellten Passes.

Als größtes Defizit erwies sich bislang die Ungewißheit über das Schicksal August Kühnels nach der Beendigung seiner Tätigkeit in der Kasseler Hofkapelle im Jahre 1699. Üblicherweise wurde angenommen, er sei bald darauf gestorben.[5] In Wirklichkeit war er bereits 1690 in Jena angelangt und hatte sich am 4. Februar in die Matrikel der Universität eingetragen,[6] solchergestalt sich der Jurisdiction der Universitätsbehörden unterstellend und einige andere Sonderrechte erlangend.[7] Die Hoffnung auf ein dauerhaftes Engagement am Hofe des kleinen Herzogtums war jedoch nur von kurzer Dauer: Der unter Vormundschaft tätige Jenaer Erbprinz Johann Wilhelm starb bereits am 4. November 1690 im Alter von noch nicht einmal 16 Jahren, die Hofhaltung wurde aufgelöst und der Herrschaftsbereich durch einen Teilungsvergleich vom 12. Juli 1691 den Herzogtümern Sachsen-Eisenach und Sachsen-Weimar zugeschlagen. Kühnel verdingte sich daraufhin zunächst in Weimar, ab 1695 dann in Kassel. Möglicherweise war er schon 1700 wieder in Jena ansässig, vielleicht in der Erwartung, aus der Studentenschaft Schüler rekrutieren und

---

[5] Vgl. C.-B. Harders, *August Kühnel (1645 bis ca. 1700)*, in: Viola da gamba Mitteilungen Nr. 18, Mai/Juni 1995, S. 4 f., sowie alle gängigen Lexika.

[6] *Die Matrikel der Universität Jena. Bd. II 1652 bis 1723*, bearbeitet von R. Jauernig, weitergeführt von M. Steiger, Weimar 1977. Da Kühnels Name hier irrtümlich als „Lühnel" verbucht ist, war er nur zufällig zu entdecken.

[7] Ähnlich verfuhr noch der ehemalige Merseburgische Kapellmeister Christian Heinrich Aschenbrenner (1654–1732), als er 1719 Jena als Altersruhesitz wählte.

durch Unterrichtstätigkeit[8] seine Einkünfte aufbessern zu können. Vorstellbar
wäre, daß solche Aktivitäten eine spezielle Jenaer Viola-da-Gamba-Tradition
begründeten, als deren später Exponent jener Wolfgang Carl Rost (1716–1785)
zu gelten hätte, „der Seb. Bachen 1747 u. 48 oft in Leipzig besuchte."[9] Als
Indiz für eine Rückkehr Kühnels (und seiner Familie?) nach Jena könnte die
Immatrikulation von Gottlieb Michael Kühnel am 5. Oktober 1700 gelten, da
der Sohn August Kühnels sich hier wie bei seinen folgenden Inskriptionen in
Halle und Frankfurt/Oder geflissentlich als „Jenens[is]" bezeichnete. Unabhängig davon stellt Jena die bisher vermißte letzte Lebensstation August
Kühnels dar: nach Angabe des Stadtkirchners Johann Christian Jacob Span-
genberg wurde Kühnel am 27. Februar 1708 hier begraben.[10]

II.

Die Suche nach einer auch nur hypothetischen Antwort auf die Frage, ob
August Kühnel (1645–1708) und Johann Nikolaus Bach (1669–1753) einander in Jena begegnet sein oder gar gemeinsame musikalische Aktivitäten
veranstaltet haben könnten, wird hinsichtlich der greifbaren Quellen erschwert
durch 1. die Unvollständigkeit der Jenaer Anstellungsunterlagen, insbesondere
im Blick auf den Organistenposten an der Kollegien-(Universitäts-)Kirche,
2. das Überwiegen von Materialien zu Orgelneubauten, -reparaturen und -be-
gutachtungen, die denn auch in den bisher vorliegenden Darstellungen[11] den
Löwenanteil beanspruchen, 3. gewisse Ungereimtheiten in zeitgenössischen
Mitteilungen handschriftlicher und gedruckter Art, die einige Verwirrung ge-
stiftet haben.

[8] Zu einigen Schülern Kühnels vgl. A. Werner, *Städtische und fürstliche Musikpflege in Zeitz bis zum Anfang des 19. Jahrhunderts*, Bückeburg und Leipzig 1922 (Veröffentlichungen des Fürstlichen Instituts für musikwissenschaftliche Forschung zu Bückeburg, 4. Reihe, 2. Band), S. 90 und 93.

[9] Vgl. meinen Beitrag *Über die „unvermeidlichen Lücken" in Bachs Lebensbeschreibung*, in: Bach-Symposium Marburg, S. 32 ff., besonders S. 38–39.

[10] Vgl. den Nachweis in der chronologischen Übersicht. Auf welche Hofhaltung die Angabe „Fürstl. S. Küchenmeister und Capelldirector" zu beziehen ist, muß vorerst offenbleiben. Das seit 1819 gedruckt vorliegende Begräbnisdatum fehlt selbst in der von Erich Wennig besorgten materialreichen *Chronik des musikalischen Lebens der Stadt Jena. Erster Teil. Von den Anfängen bis zum Jahre 1750*, Jena [1937].

[11] H. Koch, *Der Jenaer Bach*, in: Bach in Thüringen. Gabe der Thüringer Kirche an das Thüringer Volk im Bach-Gedenkjahr 1950, Berlin 1950, S. 127–146; ders., *Johann Nikolaus, der „Jenaer" Bach*, Mf 21 (1968), S. 290–304; M. Maul, *Frühe Urteile über Johann Christoph und Johann Nikolaus Bach, mitgeteilt anläßlich der Besetzung der Organistenstelle an der Jenaer Kollegienkirche (1709)*, BJ 2004, S. 157–168.

Dessenungeachtet scheint für den relevanten Zeitraum 1690 bis 1708, also vom Jahr der Immatrikulationen Kühnels und Johann Nikolaus Bachs an der Salana bis zum Tode August Kühnels, in bezug auf die für das Jenaer Musikleben maßgebenden Organistenstellen an der Stadtkirche St. Michael sowie an der Kollegienkirche folgendes gesichert:
An der Orgel der Stadtkirche war von 1686 an Johann Magnus Knüpfer (1661–1715) tätig, der im Herbst 1694 aus familiären Gründen seine Stelle aufgab, nach Naumburg/S. wechselte und bis zu seinem Tode dort verblieb.[12] In seinem nach Naumburg gesandten Bewerbungsschreiben vom 17. September 1694 erwähnte er, „daß er über acht Jahre in Jena den Stadt- und Kollegienkirchendienst und ‚Officium Directoris Chori Musici' verwaltet habe".[13] Bei Ernst Ludwig Gerber heißt es 1790, wohl wie üblich auf handschriftlichen Ergänzungen Johann Gottfried Walthers für das 1732 gedruckte *Musicalische Lexicon* fußend:

Knüpfer (Joh. Magnus) ein Sohn von Sebastian Knüpfern, war zuletzt Fürstl. Sächs. Zeitzischer Cammerkomponist, deutscher Poet, Juris Praktikus und *Notar. Publ. Caesar.* Anfangs war er zu Jena und dann erst zu Naumburg Organist gewesen, ehe er obige Stelle erhielt.[14]

Von einer Anstellung Knüpfers am Hofe zu Sachsen-Zeitz kann jedoch ebensowenig die Rede sein wie von einer achtjährigen Doppelfunktion als Stadt- und Universitätsorganist in Jena. Hinsichtlich der Stelle des Stadtorganisten trifft die Zeitangabe zu. Hier trat – wohl spätestens zur Jahreswende 1694/95 – Johann Nikolaus Bach die Nachfolge an und verblieb in dieser Anstellung, erst in seinen letzten Lebensjahren durch Vertreter unterstützt, bis zu seinem Lebensende.
Als komplizierter erweist sich die Situation im Blick auf die schlechtbezahlte Stelle an der Orgel der Kollegienkirche. Nachdem man sich längere Zeit mit einem unzulänglichen Orgelpositiv beholfen hatte, wurde 1686 endlich ein Orgelneubau in Angriff genommen,[15] der nach Angabe einer Chronik am Michaelistag (29. September) 1690 erstmals (gemeint wohl: erstmals in vollem Umfang) gespielt werden konnte.[16]

---

12 W. Haacke, *Die Organisten an St. Wenceslai zu Naumburg a. d. Saale im 17. und 18. Jahrhundert*, in: Kerygma und Melos. Christhard Mahrenholz 70 Jahre, Kassel 1970, S. 287–299, hier S. 291–293.
13 Ebenda, S. 292.
14 Gerber ATL, Bd. I, Sp. 739.
15 Wennig (wie Fußnote 10), S. 65 f., und Maul (wie Fußnote 11), S. 159, nennen unterschiedliche Namen für den ausführenden Orgelbauer.
16 Wennig, nach M. Schmeizel, *Jenaische Stadt- und Universitätschronik*, hrsg. von E. Devrient, Jena 1908.

Noch im selben Jahr 1690 verließ der Organist Johann Matthias Gott-mannshausen sein Jenaer Amt.[17] Dieser war offenbar kein Student der Salana, vermutlich aber identisch mit einem durch einen Erfurter Traueintrag vom 31. Juli 1692 nachweisbaren Organisten namens Johann Matthaeus Gott-mannshausen.[18] Um die Nachfolge bemühte sich wohl auch der kaum 21jährige Student Johann Nikolaus Bach, unterlag aber gegen den Stadtorganisten Johann Magnus Knüpfer, denn dieser „war von dem seligen Printzen recommendirt". Mit dem „seligen Printzen" ist der – wie oben erwähnt – am 4. November 1690 ver-storbene Erbprinz Johann Wilhelm von Sachsen-Jena gemeint, der, obwohl noch minderjährig, vom Sommersemester 1688 an als *Rector magnificentis-simus* der Universität fungierte.[19] Nicht lange nach diesem Fehlschlag scheint Johann Nikolaus Bach sich entschlossen zu haben, erst einmal eine größere Reise anzutreten. Belegt ist deren Zustandekommen einzig durch eine Bemerkung in Johann Gottfried Walthers *Musicalischem Lexicon* (1732) im Artikel über Johann Nikolaus Bachs Kommilitonen Georg (von) Bertuch (1668–1743) aus Helmershausen:

Als er zu Jena studiret,[20] hat Er in Gesellschafft des dasigen Organistens, Hrn. Johann Nicol. Bachs, eine Reise nach Italien angetreten, auch die Grentzen nur gedachten Landes würcklich erreichet gehabt, als Ihm aber eines Dänischen *Generals* Söhne, deren Hofmeister gestorben war, daselbst entgegen gekommen, und die *vacante* Stelle angetragen, ist Er mit ihnen nach Dännemarck zurück gegangen […].

Strenggenommen kann Johann Nikolaus Bach zur fraglichen Zeit noch nicht als Organist tätig gewesen sein. Unbeantwortet bleibt überdies die Frage nach der Finanzierung der Reise; aufschlußreich erscheint immerhin, daß Bertuch zugunsten einer – im allgemeinen nicht sonderlich geschätzten – Stelle als Hauslehrer („Hofmeister") seine Pläne so rasch aufgab. Daß Johann Nikolaus Bach sich im Unterschied zu seinem Begleiter nicht aufhalten ließ, gilt seit langem als ausgemacht.[21] Wie lange er in Italien weilte, durch welche Orte ihn seine Reise führte, womit er seinen Unterhalt finanzierte, ob er sich noch ein-mal an einer Universität einschrieb, das alles bleibt bislang ungewiß. Rück-schlüsse auf den – nicht zu spät anzusetzenden – Antritt der Reise ergeben sich aus der weiteren Laufbahn Bertuchs, da dieser sich bereits am 4. Oktober 1691

---

[17] Das Folgende hauptsächlich nach Koch 1968 (wie Fußnote 11), S. 291 f.

[18] M. Bauer, *Register der Traubücher 1638–1814 der evangelischen Kaufmannskirche in Erfurt*, Kleve 2004 (Schriftenreihe der Arbeitsgemeinschaft für mitteldeutsche Familienkunde. 155.), S. 65.

[19] Matrikel (wie Fußnote 6), S. CII f.

[20] Deposition 27. 9. 1687, Inskription 25. 4. 1688.

[21] Vgl. Spitta I, S. 855.

an der Universität Kiel einschreiben ließ und im Januar 1693 unter dem kurz-
zeitig dort als Professor tätigen Elias August Stryck († 1733 in Hannover) eine
Dissertation verteidigte.

Als Johann Magnus Knüpfer, der sich am 1. Februar 1692 noch in Jena hatte
immatrikulieren lassen, bedingt durch seine Übersiedelung nach Naumburg
1694 nach vier- (nicht acht-)jähriger Tätigkeit das Organistenamt an der
Kollegienkirche wieder aufgab, ernannte die Stadt auf Vorschlag des nunmehr für Jena zuständigen Herzogs Johann Georg II. zu Sachsen-Eisenach
(1665–1698) den neuen Stadtorganisten Johann Nikolaus Bach auch für die
Kollegienkirche zum Nachfolger, doch demonstrierte die Universität ihre
Eigenständigkeit, indem sie den im Wintersemester 1693 inskribierten Johann
Christian Hertel (Härtel) aus dem schlesischen Goldberg zum Universitäts-
organisten bestellte. Die in der Person Johann Magnus Knüpfers praktizierte
(und tolerierte) Doppelbelastung des Organisten von Stadt- und Universitäts-
kirche, die bei zeitlicher Überschneidung dazu führte, daß Knüpfer gelegentlich gezwungen war, „in der Statt Orgel einen *Studiosum* zum Ausgange
spielen zu laßen"[22] war damit vorerst wieder aufgegeben.

1695 wechselte August Kühnel aus dem nahegelegenen Weimar nach Kassel.
Im selben Jahr gab in Jena Johann Christian Hertel seine eben erlangte Stelle
an der Orgel der Kollegienkirche wieder auf und machte den Weg frei für
Johann Jakob Effler, den in Erfurt geborenen und am 24. August 1695 in Jena
immatrikulierten Sohn des Weimarer Hoforganisten und Amtsvorgängers
Johann Sebastian Bachs Johann Effler (1634–1711). Dessen 1696 eingereichte
Bewerbung hatte Erfolg, doch hielt es auch ihn nicht lange in der neuen
Funktion: Zugunsten einer lukrativeren Notariatstätigkeit trat er den Rückzug
an und wurde ab Luciae (Dezember) 1698[23] durch Johann Jakob Syrbius
(1674–1738) ersetzt.

Syrbius' Tätigkeit, die eine größere Stabilität versprach, reichte über die
Wende vom 17. zum 18. Jahrhundert hinaus und könnte so auch von August
Kühnel wahrgenommen worden sein, wenn dieser denn im Jahre 1700 nach
Jena zurückgekehrt sein sollte.

In die ersten Jahre des neuen Jahrhunderts fällt eine umfassende Reparatur der
Kollegienorgel, die fast einem Neubau gleichkam und von Zacharias Thayßner
ausgeführt wurde. Diese Tätigkeit zog sich jahrelang hin, da Thayßner, wie
viele seiner Orgelbauerkollegen, an mehreren Vorhaben gleichzeitig arbeitete,
um trotz des allenthalben herrschenden Preisdrucks finanziell noch auf einen
grünen Zweig zu kommen. Die Arbeit an der Jenaer Orgel konnte er erst
ein Jahr vor seinem Tode – er wurde am 9. November 1705 in Saalfeld be-

---

[22] BJ 2004, S. 167.
[23] BJ 2004, S. 164, Fußnote 31. Syrbius stammte aus Wechmar und hatte die Universität Jena im Wintersemester 1693 bezogen.

graben – abschließen. Ein gemeinschaftliches Zwischengutachten[24] übergaben Johann Jakob Syrbius und Johann Nikolaus Bach am 27. September 1703 dem Prorektor Johann Adrian Slevogt (1653–1726). Ein Jahr später, am 2. September 1704, mußte Johann Nikolaus Bach bei der Begutachtung der nunmehr fertiggestellten Orgel ohne die Unterstützung Syrbius' auskommen,[25] da dieser die Leitung des am 28. Juli 1704 neugegründeten Predigerseminars und der neueingerichteten Selecta des Gymnasiums in Eisenach übernommen und Jena bereits verlassen hatte.[26] Wenige Tage später (6. September 1704) ließ Herzog Johann Wilhelm von Sachsen-Eisenach (1666–1729), der seit 1698 regierende jüngere Bruder von Herzog Johann Georg II., als zuständiger Landesherr die Universität wissen, sie möge die erneut zu besetzende Organistenstelle Johann Nikolaus Bach übertragen, „damit die vielen Reparationskosten vermieden werden".[27] Doch die Universität ignorierte auch diesen Vorschlag und berief zwei Monate später[28] den am 14. August 1704 immatrikulierten Studenten Johann Georg Anthoni aus Leipzig.

Eine neuerliche Veränderung sollte erst 1709 eintreten, ein Jahr nach dem Tod August Kühnels. Dieser hatte noch miterleben können, wie Johann Nikolaus Bach einen Weinberg kaufte (16. August 1700), ein Haus erwarb (14. Januar 1705)[29] und insbesondere einen grundlegenden Umbau der Orgel in der Stadtkirche erwirkte, den die Brüder Stertzing in den Jahren 1704 bis 1706 durchführten.[30] Am 4. Februar 1709 starb Johann Georg Anthoni, einen Monat später (7. März 1709) bekundete Johann Nikolaus Bach unter der Hand sein unverändertes Interesse an dessen Stelle,[31] nachdrücklich unterstützt durch ein undatiertes Schreiben des 1707 nach Jena zurückgekehrten Johann Jakob Syrbius.[32] Nachdem Johann Nikolaus Bach dreimal gescheitert war – 1690, 1694 und 1704 –, hatte die Universität endlich ein Einsehen, bewertete die Instandhaltung der permanent störanfälligen Orgel der Kollegienkirche höher als eine konsequente Distanzierung vom Amtsinhaber an der Stadtkirche

---

[24] Koch 1968 (wie Fußnote 11), S. 293.
[25] Schreiben an den Prorektor Johann Jakob Müller (1650–1716); Koch 1968 (wie Fußnote 11), S. 293–295.
[26] Matrikel (wie Fußnote 6), S. 804.
[27] Koch 1968 (wie Fußnote 11), S. 295.
[28] Wennig (wie Fußnote 10), S. 78.
[29] Koch 1968 (wie Fußnote 11), S. 299.
[30] Wennig (wie Fußnote 10), S. 78 f.
[31] Schreiben an den Prorektor, den Juristen und Spezialisten für Kirchenrecht Johann Philipp Slevogt (1649–1727); Koch 1968 (wie Fußnote 11), S. 296 f.
[32] Maul (wie Fußnote 11), S. 166–168 und 158. Hinsichtlich der Alimentierung der Witwe schlug Syrbius vor, ihr das Quartal Reminiscere (zugehöriger Quatember war 1709 der 20. 2.) sowie die Hälfte des folgenden Quartals (Trinitatis) auszureichen; BJ 2004, S. 168.

St. Michael und berief Johann Nikolaus Bach 1709 zum Nachfolger Antho-
nis.[33] Zehn Jahre später reichte Johann Nikolaus Bach eine „Unmaßgebliche
Vorstellung" über die „nöthige Auffsicht an der Orgel" ein und bat im Blick
auf den ständig erforderten Zeitaufwand um eine Erhöhung seiner Bezüge
von 3 auf 4 Taler pro Quartal.[34] Es folgten ein undatiertes Memorandum über
„Diejenigen Zufälle, so an der Collegen-Orgel sich schier gewöhnlich ereig-
nen",[35] sowie eine am 12. Dezember 1719 ausgefertigte neue „Bestallung des
Organisten in der Collegen-Kirche", die einige Formulierungen des undatier-
ten Memorandums übernimmt.[36]
Diese Vorgänge gehören zwar mehrheitlich in die Ära nach dem Tode August
Kühnels, sie zeugen jedoch von der Weiterentwicklung des Musiklebens in
Jena und konterkarieren damit den Eindruck einer musikalischen Pensionärs-
stadt, den der Aufenthalt des Geigers Johann Georg Hoffmann (bis 1720) sowie die Übersiedelung der Emeriti Johann Effler (ab 1708), Christian Heinrich
Aschenbrenner (ab 1719) und vielleicht auch August Kühnel (ab 1700?) erwecken könnten.

III.

August Kühnel: Daten zur Biographie

1645 VIII. 3.	Geboren in Delmenhorst (Gerber ATL, wohl nach hs. Noti-zen J. G. Walthers). Sohn des (nachmaligen) Fürstlich Meck-lenburgischen Kammermusikers Samuel Kühnel (wohl nach Traueintrag Zeitz; Werner 1922, S. 85 f.)
1647 V. 23.	Tod des Landesherrn Graf Christian IX. von Oldenburg-Delmenhorst (* 26. 9. 1612, regierend ab 1630)
1657/58	Güstrow: Anstellung des Vaters „Samuel Künell" nebst drei Söhnen (wohl August, Daniel und Bogislaus) in der Hofka-pelle des Herzogs Gustav Adolf von Mecklenburg-Güstrow (1633–1695; Meyer 1919, S. 25)
1661–1681 XII.	Zeitz: Regent Herzog Moritz von Sachsen-Zeitz (1619–1681)

33 Der Nachweis ist Michael Maul zu verdanken. 1968 hatte Herbert Koch zur Jahres-zahl 1709 noch kategorisch erklärt, „bestimmt aber ist diesmal Bach wieder über-gangen worden" (Koch 1968, wie Fußnote 11, S. 296).
34 Empfänger des Schreibens vom 6.11.1719 war Prorektor Johann Adolph Wedel (1675–1747). Wortlaut: Koch 1950 (wie Fußnote 11), S. 142, 144; Koch 1968 (wie Fußnote 11), S. 298 f. (hier irrtümlich als undatiert bezeichnet).
35 Koch 1950 (wie Fußnote 11), S. 141 f.; Koch 1968 (wie Fußnote 11), S. 298.
36 Koch 1950 (wie Fußnote 11), S. 144–146; Koch 1968 (wie Fußnote 11), S. 296 f. (Daten 12. Februar 1719 und 13. Xbr. 1719 fehlerhaft).

1662 XI. 15.	Güstrow: Abdankung von Samuel Kühnel (Meyer 1919, S. 25)
1662–1669	Frankfurt/M.: Daniel Kühnel Inhaber der „ersten Instrumentisten-stelle" der Ratsmusikanten, zuständig für Barfüßerkirche (Epstein 1924, S. 70, 76)
1663 VI.	Zeitz: Gründung einer Hofkapelle, Heinrich Schütz als Berater (Werner 1922, S. 62; Schütz-Dokumente I, 2010, Nr. 186 und 188)
1664/65	Zeitz: Mitglied der Hofkapelle als Violdigambist (Werner 1922, S. 85 f.)
1665	Zeitz: Paß für eine Reise nach Frankreich (EitnerQ, Bd. 5, 1901, S. 467; Werner 1922, S. 85 f.)
1667	Güstrow: Samuel Kühnels Witwe erwähnt (Meyer 1919, S. 25)
1669 Frühjahr	Frankfurt/M.: Unerlaubte Abreise von Daniel Kühnel nach Italien (Valentin 1906, S. 186)
1669 V. 16.	Rom: Schreiben von Daniel Kühnel an seinen Bruder August mit Vollmacht, in Frankfurt/M. zurückgelassenen Besitz in Empfang zu nehmen (Valentin 1906, S. 186)
1669 VI. (?)	Zeitz (?): Schreiben an den Rat zu Frankfurt/M. mit Bitte um ehrlichen Abschied für den Bruder Daniel (Valentin 1906, S. 186)
1669 VII. 3.	Moritzburg/E.: Unterstützendes Schreiben von Herzog Moritz von Sachsen-Zeitz an den Rat zu Frankfurt/M. (Valentin 1906, S. 186)
1671	Zeitz: Verheiratung mit Christiana Werner, der Tochter von Gottfried Werner, Pfarrer an St. Michael (Kirchenbuch; vgl. Werner 1922, S. 85 f.)
	Mitteilung des Pfarramts St. Michael, 9. 9. 2014; zu Gottfried Werner (1608–1668) vgl. *Pfarrerbuch der Kirchenprovinz Sachsen*, Bd. 9, Leipzig 2009, S. 347.
1678 I./II.	Dresden: Konzert bei „Chur- und Hochfürstlich Brüderlicher Zusammenkunfft"; Empfang eines Diamantrings als Geschenk des Kurfürsten (Fürstenau 1861, S. 9; Werner 1922, S. 85 f.)
	Kurfürst Johann Georg II. von Sachsen (1613–1680) und seine herzoglichen Brüder der Albertinischen Nebenlinien: August (1614 bis 1680) von Sachsen-Weißenfels/Halle, Christian (1615–1691) von Sachsen-Merseburg, Moritz (1619–1681) von Sachsen-Zeitz (Posse 1897, Tafel 29, 32, 33, 34)
	Festlichkeiten 31. 1. bis Ende Februar (Becker-Glauch 1951, S. 76: 3.–28. 2.)
1680	Zeitz: Urlaub für München, 1 Jahr (Werner 1922, S. 85 f.)
1680 VII. 11.	München: Regierungsantritt von Maximilian II. Emanuel (1662 bis 1726), Sohn von Kurfürst Ferdinand Maria (1626–1679)

1680 XI. 4.	München: Agostino Steffani (1654–1728) „Hof- vnd Camer Musicus" (Lipp 1944, S. 164)
1680	München: Aufenthalt am Hofe von Kurfürst Maximilian II. Emanuel (DTB II/2; S. LXXXI)
	München: Gespräch mit „Cammer director Augustin" (Agostino Steffani) wegen Anstellungsmodalitäten (DTB II/2, S. LXXXII)
1681 VIII. 20.	Agostino Steffani „Camer Music Director" (Lipp 1944, S. 164)
1681 XII. 4.	Zeitz: Herzog Moritz von Sachsen-Zeitz † (Posse 1897, Tafel 34); † 2. Advent Alten Stils (DTB II/2, S. LXXXI)
1682 VI. 6.	Zeitz: Titel Konzertmeister, nach erfolgter Entlassung (Werner 1922, S. 85 f.)
1682 IX. 6.	Zeitz: Brief an Geheimsekretär Corbinian Prielmayr (1643 bis 1707) in München; beigelegt Brief an „Cammerdirector Augustin", obwohl vorhergehendes Schreiben von diesem nicht beantwortet (DTB II/2, S. LXXXII)
1682 IX. 23.	Esting/Obb.: Brief von Obersthofmeister Bernhard Bero Freiherr von Rechberg (1607–1686) an C. Prielmayr mit Bericht über Gespräch mit Kurfürst Maximilian II. Emanuel: Religionswechsel als Bedingung für Daueranstellung an dessen Hof (DTB II/2, S: LXXXII)
1682 IX. 25.	München: Brief von C. Prielmayr an A. Kühnel in Zeitz (DTB II/2, S. LXXXII)
1682 IX. 26.	Zeitz: Taufe des Sohnes Gottlieb Michael Kühnel (Kirchenbuch) Mitteilung des Pfarramts St. Michael, 9. 9. 2014
1682 X.15.(25.)	Zeitz: Brief an Prielmayr: Keine Konversion (DTB II/2, S. LXXXIIf.); Reise nach England geplant (DTB II/2, S. LXXXIII)
1683 Frühjahr	Rückkehr nach Deutschland geplant (DTB II/2, S. LXXXIII)
1685 XI. 23.	London: Ankündigung eines Konzerts im York Building (Tilmouth 1961, S. 7): „some performance upon the Barritone, by Mr. August Keenell, the Author of this Musick" (New Grove 2001, Bd. 14, S. 12)
1686	Darmstadt: Empfang einer Zahlung „vor erkauffte Geigenseiten [...] 6 G. 15 alb." (Nagel 1900, S. 46)
1686	Daniel Kühnel nach Rückkehr aus Italien von Herzog Christian von Sachsen-Eisenberg (1653–1707) nach Zeitz empfohlen, wegen fehlender Vakanz weiterempfohlen an Markgraf Christian Ernst von Brandenburg-Bayreuth (1644–1712; Werner 1922, S. 92)
1686 IV. 1.	Darmstadt: (Rückwirkende Ernennung:) Violdigambist und Direktor der Instrumentalmusik (Nagel 1900, S. 46 f.; Noack 1967, S. 157–161)

Bevorzugung der Viola da Gamba durch Landgraf Ernst Ludwig bewirkt (Pasqué 1854, S. 43; ohne Beleg) Darmstadt: Landgraf Ernst Ludwig (1667–1739), bis 15. II. 1688 unter Vormundschaft seiner Mutter Elisabeth Dorothea geb. von Sachsen-Gotha (1640–1709), Witwe von Landgraf Ludwig VI. (1630–1678; Posse 1897, Tafel 14; MGG, Art. Ernst Ludwig)

1688 (Herbst) Darmstadt: Weggang wegen Kriegsgefahr Übersiedelung des Hofes nach Nidda, später nach Gießen; Pfälzischer Erbfolgekrieg; Einmarsch von Truppen des französischen Königs Ludwig XIV.

o. D. Konzertieren an verschiedenen Höfen (MGG; ohne Einzelheiten)

1690 II. 4. Jena: Immatrikulation an der Salana (s. o., fehlerhafte Übertragung: „Lühnel, Aug. gewesener fürstl. Heßen Darmstädtischer Capell Director der Instrumental Music")

1690 V.12. Jena: Immatrikulation von Johann Nikolaus Bach (1669–1753) nach Besuch des Gymnasiums Eisenach 1678–1689 (Helmbold 1930, S. 54)

1690 XI. 4. Jena: Prinz Johann Wilhelm von Sachsen-Jena † (* 28. 3. 1675 Jena, Sohn von Bernhard – 1638–1678 –, unter Vormundschaft, zuletzt von Wilhelm Ernst von Sachsen-Weimar; Posse 1897, Tafel 10); Erlöschen der Nebenlinie Sachsen-Jena, Verlegung der Residenz nach Eisenach

vor 1691 (?) Jena: Antritt einer Italienreise durch Johann Nikolaus Bach (Spitta I, S. 855: „1695 oder 1696"; Kock 2006, S. 103, 271: vor 1695)

1691 V. 29. Moritzburg/E.: Zwei Empfehlungsschreiben des Herzogspaares an Kurfürst und Kurfürstin von Brandenburg für „Überbringer dieses". Hinweise auf Tätigkeit als Konzertmeister, Oberinstrumentist (Dirigent) und Kammerdiener unter Herzog Moritz sowie auf frühere Anforderungen durch Kaiser Leopold (1640–1705) und Kurfürst Maximilian II. Emanuel von Bayern.
Verfasser: 1. Moritz Wilhelm von Sachsen-Zeitz (1664–1718), 2. dessen Gemahlin Marie Amalie (1670–1739), geborene Prinzessin von Brandenburg; Empfänger: 1. Friedrich III. (1657–1713, der spätere König in Preußen Friedrich I.), 2. dessen Gemahlin Sophie Charlotte (1668–1705). Quelle: Sächsisches Hauptstaatsarchiv Dresden, *Bestand 10024, Loc. 8764/2*, Bl. 136 und 137. Vgl. Werner 1922, S. 85 f.

1691 [Ort?]: Bezeichnung als „sächs. Kammermusicus" (EitnerQ; Akten des sächsischen Staatsarchivs)

1692 III. 9. Weimar: „Fürstl. Sächs. Weimarisch-Joh. Ernestinischer *Director* der Cammer-Music"

Glückwunschgedicht zum Geburtstag der Herzogin Sophia Augusta geb. von Anhalt-Zerbst (1663–1694), der ersten Gemahlin von Herzog Johann Ernst III. von Sachsen-Weimar (1664–1707). Exemplar: D-HAu, *an Pon Wc 782,4°* (10), ermittelt von Peter Wollny.

1692 VI. 27.	Weimar: Tod der Tochter Christiana Elisabeth
1692 VII. 4.	Weimar: Begräbnis der Tochter Christiana Elisabeth. Trauergedicht von Johann Christoph Wentzel (1659–1723), Wiederabdruck in dessen *Cypressen-Wald* (Jena 1701), S. 111 bis 114.

J. C. Wentzel war designierter Leiter der Hofkapelle Prinz Johann Wilhelms von Sachsen-Jena und für eine Italienreise vorgesehen. Zedler, Bd. 55 (1748), Sp. 55–57; vgl. Wennig 1937, S. 60.

1693	Weimar: „Instrumental-Director" (Lidke 1954, S. 29f.); vor 1695 Vizekapellmeister (Spitta I, S. 508)

Weimar: gemeinschaftliche Regierung der herzoglichen Brüder Wilhelm Ernst (1662–1728) und Johann Ernst (1664–1707); 1683 Wiedereinrichtung einer Hofkapelle

1694	Weimar: Empfang von Zahlungen, auch zwecks Einkleidung eines Sohnes (Lidke 1954, S. 29f.)
1695 VII. 1.	Kassel: Kapellmeister bei Landgraf Carl von Hessen-Kassel (1654–1730); (Spitta I, S. 508; Engelbrecht 1957, S. 149)
1696 IX.	Weimar: Ende der Besoldung mit dem Quartal Crucis (Lidke 1954, S. 29f.).
1696	Kassel: Verzeichnis von Instrumenten (Strümper 2004, S. 116; Engelbrecht 1957, S. 149)
1698	Kassel: Veröffentlichung von Kompositionen (RISM A/I/5, K 2960), Eigenverlag; Annoncen (Schaefer 1975, S. 617); Widmung an Landgraf Carl: „accomodati pure ad un instrumento, del quale Uostro Altezza Serenissima si diletta"
1699 V. 27.	Kassel: Weggang bereits erfolgt (Engelbrecht 1957, S. 149)

Nachfolger: Ruggiero Fedeli (Anstellungsdekret 11. 5. 1701 nach MGG², Personenteil, Bd. 6, 2001, Sp. 864)

1700 VI. 5.	Jena: Immatrikulation von Gottlieb Michael Kühnel Jenensis
1700 X. 5.	Halle: Immatrikulation von Gottlieb Michael Kühnel Jenensis
1702 XI. 23.	Frankfurt/O.: Immatrikulation von Gottlieb Michael Kühnel, Jenensis
1708 I.–1713	Berlin: Gottlieb Michael Kühnel Mitglied der preußischen Hofkapelle (Schneider 1852, S. 34f.: „Gottlieb Michael Kündel"; Schneider 1852, Beilage [II], S. 54–56; Sachs 1910, S. 185; Walther 1732: „Johann Michael Kühnel d. Ä.")
1708 II. 27.	Jena: August Kühnel begraben (Spangenberg 1819, S. 38) („Fürstl. S. Küchenmeister und Capelldirector")

*

1708	Jena: Übersiedelung des pensionierten Weimarer Hoforganisten Johann Effler (1634–1711); (Jauernig 1950, S. 92)
1714/16	Jena: Wohnort von Johann Georg Hoffmann, Mitglied der Weimarer Hofkapelle (Spitta I, S. 855)
1718 III. 13.	Weimar: Entsprechend einem Befehl von Herzog Wilhelm Ernst von Sachsen-Weimar vom 5. 1. 1718 Beginn der Besoldung für den „Capellisten und Lautenisten Gottlieb Michael Kühnel" mit dem Quartal Reminiscere (Küster 1996, S. 202 f.). Nach Walther 1732 [hier: „Johann Michael"] und Telemann-Briefe 1972, S. 170, war Gottlieb Michael Kühnel Mitglied der Privatkapelle von Herzog Ernst August von Sachsen-Weimar und „Secretarius".
1719	Jena: Übersiedelung des pensionierten Merseburger Kapellmeisters und vormaligen Zeitzer Musikdirektors Christian Heinrich Aschenbrenner (1654–1732; Walther 1732)
1719 XI. 7.	Immatrikulation Aschenbrenners an der Universität Jena
1720 VI. 16.	Jena: Begräbnis von „Johann Georg Hofmann, Fürstl. Weimar. Cammermusikus u. Rahtsverwandter alhier" (Spangenberg 1819, S. 114)
vor 1723	Dresden: Tätigkeit von „Johann Michael Kühnel d. Ä." bei Generalfeldmarschall Jakob Heinrich von Flemming (1667–1728); (Baron 1727, S. 81 f.; Walther 1732); sicherlich gemeint: Gottlieb Michael Kühnel
1723 XI. 2.	Hamburg: Konzertankündigung von „Hrn. Kühnel" im *Relations Courier* Nr. 174 (Becker 1956, S. 26; Neubacher 2009, S. 108, irrtümlich „Johann Michael" Kühnel; Berichtigung nach Auskunft Stiftung Hanseatisches Wirtschaftsarchiv Hamburg, 29. 9. 2014); sicherlich gemeint: Gottlieb Michael Kühnel
1727	Nürnberg: Würdigung von „Johann Michael Kühnel d. Ä." bei Baron 1727 (S. 81 f.) als Spieler von Viola da Gamba und Laute sowie neuerdings als Komponist; sicherlich gemeint: Gottlieb Michael Kühnel
nach 1731	Stuttgart: „120. Trio in türckischen Pappier, l 3. bänd, Von Kuhnel. – 40, –" im Nachlaß des Erbprinzen Friedrich Ludwig von Württemberg-Stuttgart (1698–1731); (Krüger 2006, S. 570); wohl gemeint: Druck von 1698; Exemplar D-ROu, *Mus. Saec. XVII.16–21¹*, vermißt
vor 1732	Amsterdam: Veröffentlichung von „Johann Michael Kühnel" im Verlag von Jeanne Roger, *Sonates à 1. & 2. Violes de Gambe* (Walther 1732); sicherlich gemeint: Gottlieb Michael Kühnel. RISM A/I/5 und 12: kein Nachweis
1732	Weimar/Leipzig: Notizen zu August und „Johann Michael d. Ä." Kühnel in Walther 1732
1759	Den Haag: gedruckte Werke von A. Kühnel im Nachlaß des niederländischen Musikalienhändlers Nicolas Selhof (1680–1758: Auktionskatalog, S. 149, Nr. 1078, S. 113, Nr. 467, 468)

Literaturabkürzungen zur vorstehenden biographischen Übersicht

Baron 1727   Baron, E. G., *Historisch-Theoretisch und Practische Untersuchung des Instruments der Lauten*, Nürnberg 1727

Becker 1956   Becker, H., *Die frühe Hamburgische Tagespresse als musikgeschichtliche Quelle*, in: Beiträge zur Hamburgischen Musikgeschichte, Heft I, Hamburg 1956, S. 22–45

Becker-Glauch
1951   Becker-Glauch, I., *Die Bedeutung der Musik für die Dresdener Hoffeste bis in die Zeit Augusts des Starken*, Kassel/Basel 1951

DTB II/2   Sandberger, A., Einleitung zu: *Ausgewählte Werke des kurfürstlich bayerischen Hofkapellmeisters Johann Kaspar Kerll (1627–1693)*, Bd. 1, Leipzig 1901 (Denkmäler der Tonkunst in Bayern, Bd. II/2)

Engelbrecht 1957   Engelbrecht, C., *Die Hofkapelle des Landgrafen Carl von Hessen-Kassel*, in: Zeitschrift des Vereins für hessische Geschichte und Landeskunde 68 (1957), S. 141–173

Epstein 1924   Epstein, P., *Die Frankfurter Kapellmusik zur Zeit J. A. Herbst's*, AfMw 6 (1924), S. 58–102

Fürstenau 1861   Fürstenau, M., *Zur Geschichte der Musik und des Theaters am Hofe zu Dresden. Erster Theil*, Dresden 1861

Helmbold 1930   Helmbold, H., *Die Söhne von Johann Christoph und Johann Ambrosius Bach auf der Eisenacher Schule*, BJ 1930, S. 49–55

Jauernig 1950   Jauernig, R., *Johann Sebastian Bach in Weimar. Neue Forschungsergebnisse aus Weimarer Quellen*, in: Johann Sebastian Bach in Thüringen. Festgabe zum Gedenkjahr 1950, Weimar 1950, S. 49–105

Kock 1995   Kock, H., *Genealogisches Lexikon der Familie Bach, bearbeitet und aktualisiert von Ragnhild Siegel*, Gotha 1995

Krüger 2006   Krüger, E., *Die Musikaliensammlungen des Erbprinzen Friedrich Ludwig von Württemberg-Stuttgart und der Herzogin Luise Friederike von Mecklenburg-Schwerin in der Universitätsbibliothek Rostock, Bd. II/1, Katalog Komponisten A–P*, Beeskow 2006

Küster 1996   Küster, K., *Der junge Bach*, Stuttgart 1996

Lidke 1954   Lidke, W., *Das Musikleben in Weimar von 1683 bis 1735*, Weimar 1954 (Schriften zur Stadtgeschichte und Heimatkunde. 3.)

Lipp 1944   Lipp, H., *Kurfürst Max II. Emanuel und die Künstler*, Dissertation (maschr.), [München] 1944

Meyer 1919   Meyer, C., *Geschichte der Güstrower Hofkapelle. Darstellung der Musikverhältnisse am Güstrower Fürstenhofe im 16. und 17. Jahrhundert*, in: Jahrbuch des Vereins für mecklenburgische Geschichte und Altertumskunde 83 (1919), S. 1–45

Nagel 1900   Nagel, W., *Zur Geschichte der Musik am Hofe von Darmstadt*, in: Monatshefte für Musikgeschichte 32 (1900), S. 1–74, 79–95

Neubacher 2009   Neubacher, J., *Georg Philipp Telemanns Hamburger Kirchenmusik und ihre Aufführungsbedingungen (1721–1767). Organisationsstrukturen, Musiker, Besetzungspraktiken*, Hildesheim 2009 (Magdeburger Telemann-Studien. XX.)

Noack 1967 · Noack, E., *Musikgeschichte Darmstadts vom Mittelalter bis zur Goethezeit*, Mainz 1967 (Beiträge zur Mittelrheinischen Musikgeschichte. 8.)

Pasqué 1854 · Pasqué, E., *Geschichte der Musik und des Theaters am Hofe zu Darmstadt. Aus Urkunden dargestellt* [Fortsetzung], in: Die Muse. Blätter für ernste und heitere Unterhaltung [2] (1854), Nr. 6–9, 20–26, 79–80, 82–87, 90–91

Posse 1897 · Posse, O., *Die Wettiner. Genealogie des Gesamthauses Wettin Ernestinischer und Albertinischer Linie*, Leipzig und Berlin 1897

Sachs 1910 · Sachs, C., *Musik und Oper am kurbrandenburgischen Hof*, Berlin 1910

Schaefer 1975 · Schaefer, H., *Die Notendrucker und Musikverleger in Frankfurt am Main von 1630 bis um 1720. Eine bibliographisch-drucktechnische Untersuchung*. Bd. II, Kassel 1975 (Catalogus Musicus. VIII.)

Schneider 1852 · Schneider, L., *Geschichte der Oper und des Königlichen Opernhauses in Berlin*, Berlin 1852

Schütz-Dokumente I, 2010 · *Schriftstücke von Heinrich Schütz*, Köln 2010 (Schütz-Dokumente, Bd. I)

Spangenberg 1819 · Spangenberg, J. C. J., *Handbuch der in Jena seit beinahe fünfhundert Jahren dahingeschiedenen Gelehrten, Künstler, Studenten und andern bemerkenswerthen Personen*, Jena 1819

Strümper 2004 · Strümper, M., *Die Viola da gamba am Wiener Kaiserhof. Untersuchungen zur Instrumenten- und Werkgeschichte der Wiener Hofmusikkapelle im 17. und 18. Jahrhundert*, Tutzing 2004

Telemann-Briefe 1972 · Große, H. und H. R. Jung (Hrsg.), *Georg Philipp Telemann, Briefwechsel. Sämtliche erreichbare Briefe von und an Telemann*, Leipzig 1972

Tilmouth 1961 · Tilmouth, M., *A Calendar of References to Music in Newspapers Published in London and the Provinces (1660–1719)*, in: Royal Musical Association Research Chronicle 1 (1961), S. II–VII, 1–107; 2 (1962), S. 1–15.

Valentin 1906 · Valentin, C., *Geschichte der Musik in Frankfurt am Main vom Anfange des XIV. bis zum Anfange des XVIII. Jahrhunderts*, Frankfurt/M. 1906

Walther 1732 · Walther, J. G., *Musicalisches Lexicon*, Leipzig 1732

Werner 1922 · Werner, A., *Städtische und fürstliche Musikpflege in Zeitz bis zum Anfang des 19. Jahrhunderts*, Bückeburg und Leipzig 1922 (Veröffentlichungen des Fürstlichen Instituts für musikwissenschaftliche Forschung in Bückeburg, 4. Reihe, 2. Band)

KLEINE BEITRÄGE

„... ohne deshalben den geringsten Streit zu suchen, vielweniger fortzusetzen" – Neue Erkenntnisse zu Johann Matthesons Rolle im Scheibe-Birnbaum-Disput

Die Auseinandersetzung zwischen Johann Adolph Scheibe, dem „Critischen Musikus", und seinem Kontrahenten Johann Abraham Birnbaum hat als die wichtigste zeitgenössische Kontroverse um die Musik des Thomaskantors die Bach-Forschung seit jeher beschäftigt.[1] Die vor einigen Jahren von Michael Maul präsentierten, bis dahin unbekannten „Hintergründe und Schauplätze" des Scheibe-Birnbaum-Disputs haben deutlich gemacht, daß dieser weitere Kreise gezogen hat, als bislang angenommen wurde.[2] Dieser Beitrag möchte auf einen weiteren Schauplatz der Kontroverse hinweisen: Johann Matthesons Schrift *Der Vollkommene Capellmeister* von 1739.

Daß Mattheson eine öffentlich ausgetragene Diskussion zentraler ästhetischer Prämissen zur Musik mit großer Aufmerksamkeit verfolgt hat, erscheint selbstverständlich. Faktisch erwiesen wurde dies durch einen beiläufigen Hinweis Hans-Joachim Schulzes in einer Rezension aus dem Jahr 1961,[3] in der bereits eine Reaktion des „Vollkommenen Capellmeisters" auf die erste Verteidigungsschrift Birnbaums konstatiert und die betreffende Passage folgerichtig in die Bach-Dokumente II aufgenommen wurde:

Ich habe neulich einen Meister-Schluß gelesen, der so lautet: Wozu ich es selbst, durch Fleiß und Uibung habe bringen können, dazu muß es ein ander, der nur halbwegs Naturell und Geschicke hat, auch bringen. Dabey dachte ich, wenn das wahr wäre, wie könnte denn ein solcher Meister der eintzige in der Welt seyn, und ihm keiner gleich kommen? (Dok II, Nr. 464)

---

[1] Siehe etwa Spitta II, S. 476–478 und 732–736; A. Schweitzer, *Johann Sebastian Bach*, Leipzig 1908, 11. Auflage Wiesbaden 1990, S. 155–160; P. Cahn, *Scheibes Kritik an Bach und das Ende des Barock*, in: Europäische Musikgeschichte, Bd. 1, hrsg. von S. Ehrmann-Herfort, L. Finscher und G. Schubert, Kassel und Stuttgart 2002, S. 407–459; C. Wolff, *Johann Sebastian Bach*, Frankfurt/Main 2000, S. 5 f. und 507–511; M. Geck, *Johann Sebastian Bach*, Hamburg 2000, S. 228–240.

[2] M. Maul, *Johann Adolph Scheibes Bach-Kritik. Hintergründe und Schauplätze einer musikalischen Kontroverse*, BJ 2010, S. 153–198.

[3] H.-J. Schulze, Besprechung von K. Geiringer, *Die Musikerfamilie Bach. Leben und Wirken in drei Jahrhunderten*, München 1958, in: Beiträge zur Musikwissenschaft 2 (1960), S. 81–86, hier S. 82.

Der „Meister-Schluß" – eine Bach zugeschriebene Maxime – liest sich bei
Birnbaum als Teil der Argumentation, daß die Werke des Thomaskantors spiel-
technisch durchaus zu bewältigen seien, wie folgt:

Ich gebe zu; daß die von dem Herrn, Hof-Compositeur gesetzten stücke sehr schwehr
zu spielen sind, aber nur denen, die ihre finger zu einer fertigen bewegung und richtigen
applicatur nicht gewöhnen wollen. […] Sein schluß kann kein anderer als dieser seyn:
wozu ich es durch fleiß und übung habe bringen können, dazu muß es auch ein anderer,
der nur halwege naturell und geschick hat, auch bringen. […] Es ist alles möglich wenn
man nur will, und die natürlichen fähigkeiten durch unermüdeten fleiß in geschickte
fertigkeiten zu verwandeln eyfrigst bemühet ist. (Dok II, Nr. 409, S. 303)

Bis jetzt unbeachtet blieben jedoch weitere, zum Teil noch brisantere Passagen
im *Vollkommenen Capellmeister*, deren Bezugnahmen ebenfalls auf die erste
Verteidigungsschrift Birnbaums evident sind beziehungsweise als höchst
wahrscheinlich zu gelten haben. Im Kapitel „Von der musicalischen Schreib-
Art" definiert Mattheson den „Kirchen-Styl", den „Theatralischen Styl" und
den „Kammer-Styl" und setzt ihnen eine allgemeine Einleitung über das „hohe,
mittlere und niedrige in allen Schreib-Arten" sowie die damit verbundenen
Affekte voran. Mattheson ist es wichtig, am Ende dieser Einleitung darauf
hinzuweisen, daß in Bezug auf die „armen Tantz-Lieder" „niedrig" und „nie-
derträchtig" wohl zu unterscheiden sind. In Bezug auf die „niedrigen" Gattungen heißt es anschließend:

Trinck- und Wiegen-Lieder, Galanterie-Stücklein etc. darff man nicht eben ohne Unterschied läppisch nennen: sie gefallen offt besser, und thun mehr Dienste, wenn sie recht
natürlich gerathen sind, als großmächtige Concerte und stoltze Ouvertüren. Jene erfordern nicht weniger ihren Meister nach ihrer Art, als diese. Doch, was soll ich sagen?
Unsere Componisten sind lauter Könige; oder doch von königl. Stamme, wie die Schot-
ländischen Ackers-Knaben. Um Kleinigkeiten bekümmern sie sich nicht. (S. 73)

Fügt sich diese Passage durchaus in die Binnenargumentation, macht jedoch
der Blick auf die Vorlage deutlich, daß Mattheson hier Birnbaum – ohne ihn
zu nennen – explizit widerspricht. Denn gegen den Gebrauch „übermäßiger
Zierrathen" als Kennzeichen einer angeblich „schwülstigen Schreibart" verteidigte Birnbaum Bach ein Jahr zuvor wie folgt:

Was heist schwülstig in der Music? Soll es in dem verstande genommen werden, wie in
der rednerkunst diejenige schreibart schwülstig genennet wird, wenn man bei geringen
dingen die prächtigsten zierrathen verschwendet, und deren verächtlichkeit nur noch
mehr an den tag bringt; […] wenn man bey dem putz auf niederträchtige gezwungene
und läppische kleinigkeiten verfällt, und die gründlichen gedancken mit kindischen
einfällen verwechselt […] Allein, dergleichen von dem Herrn Hof-Compositeur nur
zu dencken, geschweige zu sagen, wäre die gröbste schmähung. Dieser componist ver-

schwendet ja eben nicht seine prächtigen zierrathen bey trinck- und wiegen liedergen, oder bey andern läppischen galanterie stückgen. In seinen kirchenstücken, ouverturen, concerten und andern musicalischen arbeiten findet man auszierungen, welche denen hauptsätzen, so er ausführen wollen, allzeit gemäß sind. (Dok II, Nr. 409, S. 301)

Weiter findet sich unter § 32 des besagten Kapitels bei Mattheson folgende Passage:

Daß aber, wie man sagt, die elendsten Melodien, wenn sie wol herausgebracht werden, schön ins Gehör fallen sollten, ist der Natur und Wahrheit ungemäß. Mancher Liebhaber bunter Noten und Verbrämungen siehet irgend eine ungekünstelte Melodie für elend an; die es doch nur vor elenden Augen und im Grunde nicht ist. Ein böser Baum kann keine guten Früchte tragen, man verpflanze ihn wie man wolle. [...] Die schönsten Melodien zu verderben, dazu wissen einige Spieler und Sänger bald Mittel; die elendsten aber schön zu machen, ist ihnen, und auch aller Welt Künstlern, unmöglich. (S. 73)

Birnbaum aber hatte Bach zuvor gegen Scheibes Vorwurf der Verworrenheit mit genau dem Argument zu verteidigen versucht, daß in der Musik alles auf die „Execution" ankommt:

Ubrigens ist gewiß, daß die stimmen in den stücken dieses grossen meisters in der Music wundersam durcheinander arbeiten: allein alles ohne die geringste verwirrung. [...] Wird dieses alles so, wie es seyn soll, zur execution gebracht; so ist nichts schöners, als diese harmonie. Verursachet aber die ungeschicklichkeit, oder nachläßigkeit, der instrumentalisten oder sänger hierbey eine verwirrung; so urtheilet man gewiß sehr abgeschmackt, wenn man deren fehler dem componisten zurechnet. Es kommt ohne dem in der Music alles auf die execution an. Die elendesten melodien fallen doch offt schön ins gehör, wenn sie wohl gespielet werden. Hingegen kann ein stück aus dessen composition man die schönste harmonie und melodie ersehen kann, alsdann freylich dem gehör nicht gefallen, wenn die, so es executiren sollen ihre schuldigkeit weder beobachten können, noch wollen. (Dok II, Nr. 409, S. 302)

Mit § 33 beschließt dann Mattheson sein indirektes Eingreifen in die aktuelle ästhetische Kontroverse – ganz in Stile eines Diplomaten:

Ich will meine hier angeführte Gedancken über die Schreib-Arten niemand aufdringen, sondern sie nur als eine Kunstübung darlegen; iedem aber seine Meinung gerne lassen; nur habe mir die Freiheit genommen, was ich vor der Sache halte, unmaaßgeblich an den Tag zu legen, ohne deshalben den geringsten Streit zu suchen, vielweniger fortzusetzen. (S. 73)

Wir dürfen davon ausgehen, daß vielleicht einige aufmerksame Leser des *Critischen Musikus* wußten, auf welchen Streit Mattheson hier anspielte – freilich ist evident: eine offene Stellungnahme zu dem Scheibe-Birnbaum-Disput

ist dies nicht, zumal – neben dem geradezu dezidierten Nichterwähnen der
Vorlage – hier nicht unbedingt die entscheidenden Aspekte der Auseinandersetzung erwähnt werden. In einem zentralen Punkt des Disputs, der Bestimmung des Verhältnisses von Kunst und Natur, bezieht Mattheson allerdings
mehrfach Stellung im Sinne seines Selbstverständnisses als fortschrittlich ge-
sinnter Musikkritiker. Mindestens eine Passage zu dieser Thematik offenbart
auch eine auffällige sprachliche Parallele, die vermuten läßt, daß Mattheson
seinen Text hier in einem negativen Bezug zu Birnbaums Verteidigungsschrift
abgefaßt hat:

Allzu große und gezwungene Kunst (ich kann nicht zu viel davon sagen) ist eine eckel-
hafte Künsteley, und benimmt der Natur ihre edle Einfalt. Wenn die Natur gleich
viele Dinge höchst ungestalt zu liefern scheinet, so betrifft diese vermeinte Heslichkeit
doch nur das äusserliche Ansehen; nicht das innerliche Wesen. Es mangelt der Natur
niemals an Schönheit, an nackter Schönheit, sie verbirgt dieselbe nur zuweilen unter
einer züchtigen Decke oder spielenden Larve. Unsere Steinschneider können den
Diamanten polieren; aber ihm damit keinen andern Glantz, kein ander Wasser geben, als
was er schon von Natur hat. Die dienstbare Kunst schenkt also der Natur gar keine
Schöheit, vermehrt sie auch nicht um ein Härlein; sondern stellet sie nur, durch ihre
Bemühen, in ein wahres Licht: welches ganz gewiß mehr verdunkelt, als erhellet
werden muß, wo eine despotische Kunst zu befehlen hat. (S. 143)

Birnbaum hatte allerdings zuvor Bach gegen den Vorwurf einer „allzugroßen
Kunst", welche die Schönheit seiner Stücke „verdunckele", mit dem Argument
zu verteidigen versucht, daß die Natur „viele dinge höchst ungestalt" liefere,
und zudem die Metapher des Glänzens ins Spiel gebracht:

Viel dinge werden von der natur höchst ungestallt geliefert, welche das schönste ansehn
erhalten, wenn sie die kunst gebildet hat. Also schenkt die kunst der natur die er-
mangelnde schönheit, und vermehrt die gegenwärtige. Je größer nun die kunst ist, das
ist, je fleißiger und sorgfältiger sie an der ausbeßerung der natur arbeitet, desto voll-
kommener gläntzt die dadurch hervorgebrachte schönheit. Folglich ist es wiederum
unmöglich, daß die allergrößte kunst die schönheit eines dinges verdunckeln könne.
(Dok II, Nr. 409, S. 303)

Wird man durch den Vergleich von Birnbaums Verteidigungsschrift mit dem
Vollkommenen Capellmeister für das dort vorkommende Vokabular sensibili-
siert, dann steht freilich auch der von Mattheson durchgängig abwertend ge-
brauchte Begriff „Hof-Compositeur" im Verdacht, auf den besagten Disput zu
zielen. Dafür gibt es einige sprachliche, aber auch inhaltliche Indizien, die
jedoch zuvor eine kurze Rekapitulation der Diskussion um den von Scheibe
eingeführten Terminus „Musicant" erfordern. Auf Scheibes Titulierung Bachs
als „der Vornehmste unter den Musicanten", erwiderte Birnbaum, daß der
Begriff „Musicant" „allzustarck in das niedrige" fällt, da zwischen Musikanten

und „Bierfiedlern" kein großer Unterschied bestehe. Birnbaum, der Bach fast durchgängig als „Herrn Hofcompositeur" tituliert, kommt zu dem Schluß:

Nun urtheile der vernünfftige leser selbst, ob es wohl dem Herrn Hof-Compositeur zu einem ihn gebührenden vollkommenen lobe gereichen könne, wenn man ihn den vornehmsten unter den musicanten betittelt. Dieses ist meines erachtens eben so viel, als wenn ich einen grundgelehrten mann dadurch ein besonderes ehrengedächtniß stifften wollte, daß ich ihn den ersten in der letzten classe der schulknaben nennte. Der Herr Hof-Compositeur ist ein grosser Componist, ein meister der Music, ein virtuos auf der orgel und dem clavier, der seines gleichen nicht hat, aber keinesweges ein musicant. (Dok II, Nr. 409, S. 299)

Im Zusammenhang mit der gewissermaßen außermusikalischen Bildung eines Komponisten bezüglich der Frage, ob ein „rechter Capellmeister" notwendigerweise studiert haben müsse, verwendet Mattheson den Begriff des „Hof-Compositeurs" zwei Mal:

[Man frage] heutiges Tages nur bey grossen und kleinen Componisten und Ton-Meistern nach (wenns auch Hof-Compositeurs wären) ob sie in ihrem Unterrichts-Vorrath auch das philologische Capitel von hiehergehörenden Erfindern, Zeiten, Geschichten, Leben und Thaten etc. aufzuweisen haben? So wird bey den klügesten ein tiefes und beschämtes Stillschweigen, bey den meisten aber wol gar ein höhnisches und albernes Gelächter entstehen. (S. 20 f.)

Die erste Frage wird [...] wol darauf ankommen: ob ein rechter Capellmeister (ich will des neuen abgeschmackten Titels, Hof-Compositeurs, schonen) wenn er einer Königl. oder Fürstl. Music-Gesellschaft vorgesetzet werden, und die regieren soll, nothwendig müsse studiret haben? (S. 99)

Ist die pejorative Konnotation des Begriffs unüberhörbar – sie tritt damit in einen schroffen Gegensatz zu der ehrenvollen Titulierung in Birnbaums *Unpartheyischen Anmerkungen* –, so ist auch der mögliche Kontext der zitierten Passagen brisant genug, um Matthesons Aversion gegen diesen Titel wie auch gegen die in seinen Augen ungebildeten Musiker noch einmal zu überdenken:

1. Bach hatte sich 1733 mit der Widmung der Stimmen zu Kyrie und Gloria in h-Moll (BWV 232[I]) um den Titel eines königlich-polnischen Hofcompositeurs beworben und diesen schließlich 1736 erhalten. Den mit dem Führen des Titels verbundenen Prestigegewinn wollte er offensichtlich nutzen, um sich in den zahlreichen Kompetenzstreitigkeiten in Leipzig eine stärkere Position zu verschaffen.[4] Eine ähnliche Strategie scheint Birnbaum am Ende seiner Verteidigungsschrift verfolgt zu haben, wenn er schreibt:

---

[4] Vgl. etwa Wolff (wie Fußnote 1), S. 398 f.

Ich lasse es nunmehro dahin gestellt seyn, ob der verfasser derjenigen stelle, welche ich jetzo untersucht habe, bey genauerer behertzigung vorausgesetzter gründe, nicht gar balde finden könne, daß er dem ehransehn und den verdiensten eines so grosen mannes allzunahe getreten sey, und sein unbilliges urtheil zu bereuen ursach habe. [...] Er würde mit veränderung eines einzigen worts eben also haben sagen können: ein erhabener August würdigt ihn seiner gnade und belohnt seine verdienste, das ist zu seinem lobe genung. Wer von einem so grossen und weisen printz geliebt wird, muß gewiß eine wahre geschicklichkeit besitzen. (Dok II, Nr. 409, S. 305)

2. Bach hatte – im Unterschied zu vielen seiner Komponisten- und Kantoren-kollegen – nicht studiert und ebensowenig zur Feder gegriffen, um sich mit einem theoretischen Lehrwerk an dem Diskurs unter den Musikgelehrten seiner Zeit zu beteiligen. Die Verteidigung gegenüber Scheibes Angriff durch einen Dritten ist symptomatisch. Auf diesen Sachverhalt scheint – in überspitzter Form – Scheibe in seinem im 31. Stück des *Critischen Musicus* (2. April 1739) veröffentlichten fingierten Brief mit der Datierung „W. den 30. Dec. 1737" abzuzielen, wenn er Bach (genannt „Cornelius") – als beleidigtem „Musicanten" – folgende Worte in den Mund legt:

Gewiß, wenn ich zu der Zeit der alten Griechen, (die ich erst aus ihren Blättern, Mein Herr! habe kennen lernen,) gelebt hätte, man würde anjetzo mit grösserm Ruhme, als aller alten Weltweisen und Musicante gedenken. Sie wissen nun wer ich bin, und mit wem Sie zu thun haben. Ich muß Ihnen nunmehro auch erklären, warum ich an Sie anjetzo schreibe. Ich habe mich niemals mit gelehrten Sachen abgegeben. Ich habe auch noch keine musicalische Schriften oder Bücher gelesen. [...] Ich bin beständig der Meinung gewesen, ein Musicant habe bloß mit seiner Kunst genug zu thun, als daß er sich noch mit weitläuftigen Bücherschreiben, und mit gelehrten und philosophischen Untersuchungen bemühen / und damit seine Zeit verschwenden sollte. (Dok II, Nr. 442)

3. Auch nach mehrmaliger Aufforderung sandte Bach nicht die erbetene autobiographische Skizze an Mattheson. Er zeigte also, so ließe sich im Sinne Matthesons schlußfolgern, wenig Interesse für Dinge außerhalb der Praxis. Betrachtet man die hier dargelegten Anspielungen in Matthesons Opus ultimum auf die Auseinandersetzung zwischen Scheibe und Birnbaum, so läßt sich eher von einer Bestätigung als von einer Überraschung sprechen. Daß Mattheson bei aller Verstimmung, die es zeitweilig zwischen ihm und Scheibe auf Grund von Plagiatsvorwürfen gegeben hat, dennoch die musikästhetischen Prämissen seines jungen Kollegen geteilt hat, macht ein Vergleich ihrer Schriften deutlich. Die konstatierte „Überlagerung der zeitgenössischen Kontroversen durch persönliche Ressentiments"[5] war nicht so stark ausgeprägt, daß Mattheson sich dieser Kontroverse vollkommen hätte entziehen können. Sein

---

[5] L. Braun, Artikel *Mattheson, Johann*, in: Das Bach-Lexikon, hrsg. von M. Heinemann, Laaber 2000, S. 362 f.

Engagement freilich – wenn man es in dieser „verschlüsselten" Form denn als solches bezeichnen möchte – entspricht tatsächlich eher einem Selbstverständnis als Diplomat und Integrationsfigur[6] unter den Musikkritikern seiner Zeit. Und gerade dies ermöglichte es ihm, in derselben Abhandlung Bach als Meister des Fugenstils expressis verbis zu loben und zugleich Birnbaums Verteidigung des Thomaskantors fundamental zu widersprechen.

Benedikt Schubert (Weimar)

---

[6] Geck (wie Fußnote 1), S. 280.

Ein unbekanntes Kompositionsautograph
von Melchior Hoffmann in der Staatsbibliothek zu Berlin

Melchior Hoffmann (ca. 1679–1715), Musikdirektor der Leipziger Neukirche in der Nachfolge Georg Philipp Telemanns, schuf ein umfangreiches Oeuvre, das jedoch nur lückenhaft überliefert ist. Im Internationalen Quellenlexikon der Musik (RISM A II) sind derzeit 24 Quellen mit insgesamt 85 Werken von Hoffmann nachgewiesen (darunter 80 Abschriften, drei fragliche Autographe und je ein gesichertes Autograph und Teilautograph).[1] Erfreulicherweise ist nun bei Erschließungsarbeiten im Rahmen des DFG-Projekts „Kompetenzzentrum Forschung und Information Musik" (KoFIM)[2] in der Staatsbibliothek zu Berlin die autographe Partitur einer Kurzmesse von Hoffmann aufgetaucht, die der Fachwelt bislang entgangen ist. Die anonym überlieferte Handschrift war 1960 irrtümlich dem Wiener Mozart-Zeitgenossen Leopold Hofmann zugeschrieben und entsprechend umsigniert worden.[3] In den nachfolgenden 50 Jahren blieb sie unbeachtet. Im Verzeichnis der Messen Leopold Hofmanns, das Hermine Prohászka 1964 in überarbeiteter Form vorlegte, ist weder das Werk noch die Quelle erwähnt.[4] Auch neuere Studien zum Themenbereich der religiösen Musik Leopold Hofmanns diskutieren das Werk nicht.[5] Der in der Handschrift befindliche Leihschein weist als bislang einzigen

---

[1] Dies ergab eine Datenbank-Abfrage im RISM-OPAC am 6. August 2014. Genauere Angaben finden sich in der in Fußnote 8 genannten Arbeit von Andreas Glöckner und bei M. Maul, *Barockoper in Leipzig (1693–1720)*, Freiburg 2009 (Freiburger Beiträge zur Musikgeschichte. 12.), S. 473–615.

[2] Das an der Musikabteilung der Staatsbibliothek zu Berlin angesiedelte Projekt widmet sich der Tiefenerschließung von Musikautographen des 17. bis frühen 19. Jahrhunderts. Schwerpunkte sind die digitale Dokumentation von Schreibern und von mit dem neuartigen Thermographie-Aufnahmeverfahren ermittelten Wasserzeichen (siehe auch http://staatsbibliothek-berlin.de/die-staatsbibliothek/abteilungen/musik/projekte/dfg-projekt-kofim-berlin/).

[3] Die genauen Umstände der Fehlzuschreibung lassen sich heute nicht mehr rekonstruieren. Auf der vorderen Umschlagseite befindet sich von unbekannter Hand die Notiz „Leopold Hoffmann [!] Autograph" sowie der Datumsvermerk „12. I. 60". Möglicherweise lag schon damals eine Verwechslung mit Melchior Hoffmann vor.

[4] Siehe H. Prohászka, *Leopold Hofmann und seine Messen*, in: Studien zur Musikwissenschaft. Beihefte der Denkmäler der Tonkunst in Österreich 26 (1964), S. 79–139.

[5] Vgl. etwa A. Badley, *How foreign is foreign? On the origins of Leopold Hofmann's smaller liturgical works*, in: Fontes Artis Musicae 61 (2014), S. 30–41.

Nutzer den Musikwissenschaftler David Ian Black aus (2005). Black beschäftigte sich im Rahmen seiner Dissertation mit der späten Kirchenmusik Mozarts und dürfte die Handschrift wegen der Zuschreibung an Leopold Hofmann eingesehen haben. Der Autor zweifelte damals am autographen Status der Handschrift und tauschte sich nach eigenen Angaben darüber auch mit dem Hofmann-Forscher Allan Badley mündlich aus.[6] Eine anderweitige Zuschreibung des Manuskripts nahmen die beiden Musikwissenschaftler damals jedoch nicht vor. Hinsichtlich der Forschung zu Melchior Hoffmann sind vor allem die Arbeiten von Andreas Glöckner zu nennen. Glöckner veröffentlichte seit den 1980er Jahren mehrere Aufsätze, die sich mit den Werken Melchior Hoffmanns und ihrer Überlieferung befassen,[7] und legte 1990 in seiner Monographie zur Musikpflege an der Leipziger Neukirche ein Verzeichnis der Werke Melchior Hoffmanns vor. Dort ist die Messe unter der Nummer C 3 genannt. Die einzige damals greifbare Quelle zu diesem Werk war der Berliner Stimmensatz *Mus. ms. 10764* mit der von Johann Gottlob Immanuel Breitkopf stammenden Zuschreibung „del. Sign. Hoffmann"; die Autorschaft mußte daher seinerzeit noch als „nicht gesichert" bezeichnet werden.[8]

Bei der neu aufgefundenen Quelle zu der Missa brevis („Kyrie cum Gloria") in C-Dur[9] handelt es sich um ein 16 Seiten umfassendes Kompositionsautograph, dessen Schriftmerkmale eindeutig mit denen anderer, gesicherter Hoffmann-Autographe übereinstimmen.[10] Das mit Korrekturen übersäte

---

[6] Siehe D. I. Black, *Mozart and the Practice of Sacred Music, 1781–1791*, Diss. Harvard University 2007, S. 269, Fußnote 62: „An alleged mass autograph in D-B Mus. Ms. Autogr. Leop. Hoffmann 1 seems not to be in Hofmann's hand; Allan Badley, personal communication".

[7] A. Glöckner, *Neuerkenntnisse zu Johann Sebastian Bachs Aufführungskalender*, BJ 1981, S. 57–75; ders., *Die Leipziger Neukirchenmusik und das „Kleine Magnificat" BWV Anh. 21*, BJ 1982, S. 97–102; ders., *Leipziger Neukirchenmusik 1729–1761*, Beiträge zur Musikwissenschaft 25 (1983), S. 105–112; ders., *Handschriftliche Musikalien aus den Nachlässen von Carl Gotthelf Gerlach und Gottlob Harrer in den Verlagsangeboten des Hauses Breitkopf 1761 bis 1769*, BJ 1984, S. 107–116; ders. *Johann Kuhnau, Johann Sebastian Bach und die Musikdirektoren der Leipziger Neukirche*, in: BzBF 4 (1985), S. 23–32.

[8] Siehe A. Glöckner, *Die Musikpflege an der Leipziger Neukirche zur Zeit Johann Sebastian Bachs*, Leipzig 1990 (BzBF 8), S. 57. Auch im Werkverzeichnis des MGG-Artikels zu Melchior Hoffmann wird die Kurzmesse noch als „unsichere" Komposition Hoffmanns aufgeführt; siehe MGG², Personenteil, Bd. 9 (2003), Sp. 126 f. (A. Glöckner).

[9] Die Signatur lautete ursprünglich *Mus. ms. anon. 747*, später *Mus. ms. autogr. Hoffmann, L. 1 N*.

[10] Zum Beispiel mit den autographen Partituren zum Magnificat in d-Moll (D-B, *Mus. ms. autogr. Hoffmann, M. 1 N*; siehe die Abbildung in BzBF 8, S. 174) und zum Sanctus in a-Moll (D-B, *Mus. ms. 10765/3* [nur Partitur]).

Manuskript erlaubt uns, an zahlreichen Stellen den kreativen Prozeß zu verfolgen; der Terminus Konzeptschrift erscheint angemessen. Die bislang mit einem Fragezeichen versehene Zuweisung kann somit als sicher gelten. Bereits die Titelseite des Manuskripts läßt deutlich Melchior Hoffmanns Schriftzüge erkennen und trägt überdies sein auch andernorts verwendetes Signum „MH".[11] Am Beginn des Kyrie (S. 2 oben) sowie am Beginn des Gloria (S. 7 oben) befindet sich jeweils die für Kompositionsautographe jener Zeit typische Formel „J. J. N. A." (mit der Bedeutung „In Jesu Namen, Amen"). Diese Formel begegnet uns beispielsweise auch in der autographen Partitur des sogenannten Kleinen Magnificat („Meine Seele erhebt den Herrn"),[12] das sich heute in der Russischen Nationalbibliothek St. Petersburg befindet.[13] Die Bögen beziehungsweise Lagen der Partitur wurden in falscher Reihenfolge eingebunden;[14] eine ältere Lagenzählung (Nummern 1 bis 3, mit Bleistift notiert) deutet die ursprünglich richtige Reihenfolge noch an. Ein weiterer Bogen, der nach S. 16 hätte folgen müssen, ist heute nicht mehr vorhanden. Auf ihm waren offenbar die Abschnitte „Qui sedes ad dexteram" bis „Cum Sancto Spiritu" notiert, denn das Gloria bricht auf S. 16 nach „deprecationem nostram" ab.[15] Die Partitur ist – bis auf die von einem Kopisten notierten Schlüsselungen und Instrumentenangaben – vollständig autograph (siehe Abb. 1). Der Kopist notierte die Schlüssel jeweils immer nur am Beginn einer Doppelseite. Dort, wo Hoffmann – zum Beispiel aufgrund eines bevorstehenden Takt- oder Systemwechsels – gezwungen war, selbst die Schlüssel anzugeben, lassen sich seine eigenen Schriftzüge erkennen (etwa auf S. 4 vor Beginn des im 3/4-Takt stehenden Abschnitts „Laudamus te", auf S. 12 zu Beginn des Abschnitts „Domine Deus, Rex caelestis" sowie auf S. 2 unten, wo Hoffmann die Fortführung des „Christe"-Abschnitts von S. 5 notiert hat). Als Wasserzeichen läßt sich ein geteiltes Wappen mit gekreuztem Hammer und Schlegel in Kartusche ohne Gegenmarke erkennen (siehe Abb. 2). Dieser Wasserzeichentyp findet sich auch in Bach-Quellen und ist zudem für mehrere Quellen aus dem Repertoire der Leipziger Neukirche nachgewiesen.[16] Das Autograph ist in einem blauen Papierumschlag überliefert, der verkehrt herum eingebunden wurde. Auf der hinteren Innenseite ist ein Titel zu lesen,

---

[11] Siehe die Titelseiten in D-B, *Mus. ms. 10765/3* (Partitur) und *Mus. ms. 10763.*

[12] Das Werk ist bei Glöckner (wie Fußnote 7, S. 53) unter der Nummer A 35 verzeichnet.

[13] Ein Faksimile der ersten und letzten Notenseite der St. Petersburger Quelle findet sich in der Carus-Edition von Diethard Hellmann (1987).

[14] Entsprechend dem Werkverlauf folgen nach S. 2 (erste Notenseite) die Seiten 5–8, anschließend S. 3 und 4, und zum Schluß die Seiten 9–16.

[15] Der abschriftliche Stimmensatz (D-B, *Mus. ms. 10764*) überliefert die Kurzmesse dagegen vollständig.

[16] Siehe Glöckner (wie Fußnote 8), S. 29–33.

der verrät, daß der Umschlag ursprünglich zu einer anderen Quelle gehörte: „Magnificat di Hoffmann". Die Versuchung ist groß, hierin den Umschlag zu jenem Magnificat Hoffmanns zu sehen, das lange Zeit irrtümlich J. S. Bach und anschließend – erneut irrtümlich – G. P. Telemann zugeschrieben wurde,[17] doch erweist sich diese Vermutung als irrig. Der blaue Papierumschlag weist eine schwarze Zierbordüre auf, die seine Herkunft aus der Musikaliensammlung Voß-Buch belegt. Derartige Umschläge kennzeichnen Quellen aus der Sammlung des Grafen Otto Carl Friedrich von Voß (1755–1823) beziehungsweise seines Sohnes Carl Otto Friedrich von Voß-Buch (1786–1864).[18] Sie wurden von der Familie von Voß überwiegend für handschriftliche Stimmensätze verwendet, die aus dem Breitkopf-Archiv stammten.[19] Die Nummer „252." auf der Vorderseite des Umschlags führt innerhalb der Sammlung Voß-Buch zu Hoffmanns Magnificat in d-Moll. Zur Sammlung Voß-Buch sind in der Staatsbibliothek insgesamt vier handschriftliche Kataloge überliefert, die zum Teil von den Familienmitgliedern selbst erstellt wurden. Einige der verzeichneten Werke sind mit Incipits versehen, so daß eine genaue Zuordnung möglich ist. Das unter der Nummer 252 im zweiten Katalog[20] verzeichnete Incipit (fol. 21v) entspricht tatsächlich dem Beginn von Hoffmanns Magnificat in d-Moll.[21] Dieses Werk ist in einer autographen Partitur ebenfalls in der Staatsbibliothek überliefert (*Mus. ms. autogr. Hoffmann, M. 1 N*) und gehörte wohl ehemals zu diesem Umschlag. Dies wird auch durch die übereinstimmenden Abmessungen in Höhe und Breite (32,5 × 20,5 cm) bestätigt. Das hier besprochene Kompositionsautograph Hoffmanns dürfte hingegen einst bei dem erwähnten Stimmensatz (*Mus. ms. 10764*) gelegen haben: Auch dieser hat einen blauen Papierumschlag mit Zierbordüre, auf dem jedoch die Nummer „250" steht sowie die Ergänzung „Part.", die auf das Vorhandensein

---

[17] Zur Identifizierung siehe A. Glöckner, *Die Leipziger Neukirchenmusik und das „Kleine Magnificat" BWV Anh. 21* (wie Fußnote 7). Die beiden Originalquellen dieses Magnificat sind die autographe Partitur, die sich seit dem 19. Jahrhundert in der Russischen Nationalbibliothek St. Petersburg befindet, sowie ein teilautographer Stimmensatz in der Staatsbibliothek zu Berlin (*Mus. ms. autogr. Hoffmann, M. 3 N*). Die beiden Quellen besitzen weder Titelumschläge, noch nennen sie im Kopftitel den Komponisten.

[18] Siehe B. Faulstich, *Die Musikaliensammlung der Familie von Voß. Ein Beitrag zur Berliner Musikgeschichte um 1800*, Kassel 1997 (Catalogus Musicus. 16.), S. 110 f. Auch Glöckner (wie Fußnote 8) hatte zuvor verschiedentlich auf dieses Merkmal hingewiesen.

[19] Faulstich (wie Fußnote 18), S. 110.

[20] D-B, *Mus. ms. theor. Kat. 26* („Musik-Catalog. Enthaelt: Die Thema's der Partituren zur Vocal- auch Vocal mit Instrumental-Musik nach alphabetischer Ordnung").

[21] Bei Glöckner (wie Fußnote 8), S. 56, ist für das d-Moll-Magnificat (C 1) irrtümlich die Nummer 152 vermerkt.

einer Partitur hinweist. Der zweite Voß-Katalog (D-B, *Mus. ms. theor. Kat. 26*) enthält unter der Nummer 250 den Hinweis „mit ausgeschr. Stimmen". Solche Hinweise wurden offenbar immer dann notiert, wenn sowohl Stimmen als auch Partitur vorhanden waren. Waren nur Stimmen vorhanden, so findet sich im Katalog die Bemerkung „in ausgeschr. Stimmen", gab es dagegen nur die Partitur, fehlt ein entsprechender Zusatz. Dieser Befund legt die Vermutung nahe, daß bei der bibliotheksinternen Umordnung der Musikaliensammlung Voß-Buch, die 1851 durch Geschenk an die Königlich-Preußische Bibliothek gekommen war, der Umschlag des d-Moll-Magnificat versehentlich bei der Messenpartitur landete, welche ihrerseits – absichtlich oder versehentlich – von dem zugehörigen Stimmensatz mit der Nummer 250 getrennt worden war.[22] Die vorstehend diskutierte Partitur wird in der Musikabteilung der Staatsbibliothek zu Berlin künftig die Signatur *Mus. ms. autogr. Hoffmann, M. 4 N* tragen. Das entsprechende Katalogisat kann in Kürze unter der Nummer 464131272 im RISM-Opac aufgerufen werden; Links führen dann sowohl zum Digitalisat der Quelle als auch zur maßstabsgetreuen Thermographie-Aufnahme des Wasserzeichens.

Julia Neumann (Berlin)

---

[22] Faulstich (wie Fußnote 18), S. 112, erwähnt, daß bei Werken, die die Familie Voß-Buch sowohl in Stimmen als auch in Partitur besaß, sämtliche Quellen in der Regel gemeinsam in einem Umschlag aufbewahrt wurden. Diese Aufbewahrung sei jedoch bei der Einordnung in die Bestände der Königlich-Preußischen Bibliothek aufgegeben worden. Hierbei dürfte es in mehreren Fällen zu Verwechslungen von Umschlägen gekommen sein.

Abb. 1. D-B, *Mus. ms. autogr. Hoffmann, M. 4 N*, S. 4
(links: Schlüsselung des Kopisten, mittig: Schlüsselung Hoffmanns,
Notenschrift gänzlich von Hoffmann).
Mit freundlicher Genehmigung der Staatsbibliothek zu Berlin –
Preußischer Kulturbesitz, Musikabteilung mit Mendelssohn-Archiv

Abb. 2. D-B, *Mus. ms. autogr. Hoffmann, M. 4 N*, S. 3,
Aufnahme mit Thermographie-Kamera.
Mit freundlicher Genehmigung der Staatsbibliothek zu Berlin –
Preußischer Kulturbesitz, Musikabteilung mit Mendelssohn-Archiv

Mitglieder der Neuen Bachgesellschaft e.V. erhalten neben anderen Vergünstigungen das Bach-Jahrbuch als regelmäßige Mitgliedsgabe. Der jährliche Mitgliedsbeitrag beträgt nach dem Stand vom 1. Januar 2007:

Einzelmitglieder   € 40,–
Ehepaare   € 50,–
Schüler/Studenten   € 20,–
Korporativmitglieder   € 50,–

Beitrittserklärungen – formlos mit Angaben zur Person oder auf einer Kopie des untenstehenden Formulars – richten Sie bitte an die Geschäftsstelle der Neuen Bachgesellschaft, Postfach 100727, D-04007 Leipzig (Hausadresse: Burgstraße 1–5, Haus der Kirche, D-04109 Leipzig, Telefon bzw. Telefax 0341-9601463 bzw. -2248182, e-Mail: info@neue-bachgesellschaft.de).

Mitglieder der Neuen Bachgesellschaft können zurückliegende Jahrgänge des Bach-Jahrbuchs (soweit vorrätig) zu einem Sonderpreis erwerben. Anfragen richten Sie bitte an die Geschäftsstelle.

Beitrittserklärung:

Ich/Wir möchte/n Mitglied/er der NBG werden:

Vor- und Zuname: _____

Geburtsdatum: _____

Beruf: _____

Straße: _____

PLZ – Ort: _____

Telefon/Telefax: _____

Gleichzeitig zahle/n ich/wir € _____

als ersten Jahresbeitrag sowie € _____

als Spende auf das Konto Nr. 672 27 908
bei der Postbank Leipzig (BLZ 860 100 90) ein.

IBAN: DE08 8601 0090 0067 2279 08

BIC: PBNKDEFF

Einzugsermächtigung

Ich/Wir erkläre/n mich/uns damit einverstanden, daß mein/unser Mitgliedsbeitrag von meinem/ unserem

Konto Nr. _____

bei der _____
      (Bank/Sparkasse)

_____

BLZ _____

bis zum schriftlichen Widerruf abgebucht wird.

_____   _____
Ort, Datum   Unterschrift

_____
Datum/Unterschrift